本书受教育部高校示范马克思主义学院和优秀教学科研团队建设项目"马克思主义中国化研究专业师生学术共同体意识培养研究"（19JDSZK111）、国家社会科学基金一般项目"习近平总书记关于新时代学校思想政治理论课重要论述的逻辑体系和实践转化研究"（21BKS170）和西安交通大学马克思主义学院出版基金资助

高校思政学科
师生学术共同体构建新探

田建军 / 著

中国纺织出版社有限公司

图书在版编目 (CIP) 数据

高校思政学科师生学术共同体构建新探／田建军著
. -- 北京：中国纺织出版社有限公司，2023.8
　　ISBN 978-7-5229-0806-9

　　Ⅰ. ①高… Ⅱ. ①田… Ⅲ. ①高等学校—思想政治教
育—教学研究—中国 Ⅳ. ①G641

中国国家版本馆 CIP 数据核字（2023）第 143963 号

责任编辑：郭　婷　责任校对：寇晨晨　责任印制：储志伟

中国纺织出版社有限公司出版发行
地址：北京市朝阳区百子湾东里 A407 号楼　邮政编码：100124
销售电话：010—67004422　传真：010—87155801
http://www.c-textilep.com
中国纺织出版社天猫旗舰店
官方微博 http://weibo.com/2119887771
天津千鹤文化传播有限公司印刷　各地新华书店经销
2023 年 8 月第 1 版第 1 次印刷
开本：710×1000　1/16　印张：12
字数：200 千字　定价：78.00 元

前言

    2005 年，教育部设立马克思主义理论一级学科的主要目的，就是从整体上研究马克思主义基本原理及其形成发展，研究它在世界各国的传播及作用，特别是研究马克思主义中国化的理论与实践，同时把马克思主义研究成果运用于马克思主义理论教育、思想政治教育和思想政治工作等。就是说，马克思主义理论一级学科重点培养两方面的人才，一是专门从事马克思主义基本原理、马克思主义发展史、马克思主义中国化时代化、国外马克思主义等的学术研究队伍，二是从事各项思想政治工作的实践队伍。这两支队伍相互作用、相互促进、有机统一，共同承担为党育人、为国育才的神圣使命。马克思主义理论一级学科培养的研究生，必须是具有一定的马克思主义理论素养，具有科学社会主义和国际共产主义运动知识，能在党政机关、外事部门、高等院校从事理论宣传、教学研究和实际工作的高级专门人才。正因为如此，2005 年之前，该二级学科名称为马克思主义理论和思想政治教育。我们以马克思主义中国化研究二级学科师生学术共同体为依托，深化对思想政治教育理论与实践研究生培养规律的认识。

    党的二十大报告指出："实践告诉我们，中国共产党为什么能，中国特色社会主义为什么好，归根到底是马克思主义行，是中国化时代化的马克思主义行。"❶党的十九届六中全会通过《中共中央关于党的百年奋斗重大成就和历史经验的决议》，把"坚持理论创新"作为中国共产党百年奋斗的历史经验，指出："马克思主义理论不是教条而是行动指南，必须随着实践发展而发展，必须中国化才能落地生根、本土化才能深入人心。"❷马克思主义中国化时代化，就是以领导核心为代表的中国共产党历代中央领导集体，凝聚全党力量，不断应对时代条件和实践要求的新变化，运用马克思主义世界观和方法论，结合中华优秀传统文化，深刻分析中国革命、建设、改革和新时代发展中面临的各种问题，提出体系完备、内

---

❶ 习近平.高举中国特色社会主义伟大旗帜 为全面建设社会主义现代化国家而团结奋斗——在中国共产党第二十次全国代表大会上的讲话 [M]. 北京：人民出版社，2022:16.
❷ 本书编写组.中国共产党第十九届中央委员会第六次全体会议文件汇编 [M]. 北京：人民出版社，2021:96.

涵丰富、方法科学的解决方案，从而形成中国特色、中国风格、中国气派的马克思主义理论的过程。毛泽东思想、中国特色社会主义理论体系、习近平新时代中国特色社会主义思想都是马克思主义中国化时代化飞跃的理论成果。

毛泽东同志曾经指出："善于把党的政策变为群众的行动，善于使我们的每一个运动，每一个斗争，不但领导干部懂得，而且广大的群众都能懂得，都能掌握，这是一项马克思列宁主义的领导艺术。"❶2022 年 10 月，习近平总书记在二十届中央政治局第一次集体学习时也指出："每当党中央作出重大决策部署，我们就号召全党同志加强学习，以统一全党思想和行动，汇聚起攻坚克难、团结奋进的强大力量。这是党的一条成功经验。"抓住重点群体，运用宣传和教育的方式，以马克思主义中国化时代化理论成果作为核心内容，是党的政策被人民掌握，变为群众行动的重要途径。推动马克思主义中国化时代化领域的学术研究，增强理论的说服力、亲和力，会大大提高宣传教育的实际效果。马克思主义中国化研究学科正是在这种条件下应运而生的。

早在新民主主义革命时期，中国共产党就已经对马克思主义中国化达到理性自觉，并且形成了马克思主义中国化第一个理论成果——毛泽东思想。20 世纪40 年代，各根据地开展的整风运动和宣传教育，核心内容之一就是帮助党员干部和普通民众理解认识毛泽东思想。中华人民共和国成立后，马克思主义中国化及其理论成果的教育经过了"课程—专业—学科"的历史演变过程。1949 年 10月，开国大典仅一周后，华北人民政府高等教育委员会就发布《华北专科以上学校一九四九年度公共必修课过渡时期暂行办法》（高教秘字 1729 号），要求各年级必须开设"新民主主义论（包括近代中国革命运动史），第二学期学完，每周三小时，共三学分"。其主要目的是对青年学生进行毛泽东思想和党的方针政策教育，内容包括中国革命的历史特点、中国新民主主义革命史、中国革命的主要经验、新民主主义的政治、新民主主义的经济、新民主主义的文化、中国革命的前途等，北京大学成立了"新民主主义论教学委员会"。1956 年 5 月，中国人民大学成立历史系，下设"中国革命史"和"马列主义基础"两个专业，9 月初，第一届中国革命史专业四年制本科生入学，1958 年成立中共党史系。1987 年 3月，国家教委颁布《关于进一步改革高等学校马克思主义理论课（公共课）教学的意见》，一是 11 所高校开设"马克思主义基础""中国革命史""中国社会主义建设"本科专业或第二学士学位班；二是中国人民大学、北京大学、清华大学、

---

❶ 毛泽东. 毛泽东选集（第四卷）[M]. 北京：人民出版社，1991:1319.

上海交通大学、哈尔滨工业大学试办的"中国革命史""马克思主义原理""中国社会主义建设"研究生班，而且明确表示要增加马克思主义理论教育相关专业本科生、第二学位生和研究生的培养规模。1988年首批中国社会主义建设专业硕士学位点开始招生，这是很多高校马克思主义中国化研究学科点的前身。1996年教育部修订研究生专业目录，新增马克思主义理论与思想政治教育专业，1997年马克思主义理论与思想政治教育变为二级学科，归于法学门类政治学一级学科。2004年1月，中共中央发布《关于进一步繁荣发展哲学社会科学的意见》（中发〔2004〕3号），提出实施马克思主义理论研究和建设工程的要求，首次将毛泽东思想、邓小平理论和"三个代表"重要思想作为马克思主义中国化的三大理论成果。2005年12月23日，国务院学位委员会、教育部联合发布《关于调整增设马克思主义理论一级学科及所属二级学科的通知》（学位〔2005〕64号），决定增设马克思主义理论一级学科，暂置于"法学"门类内，下设五个二级学科，马克思主义中国化研究位列五个二级学科之中。

从2005年到今天，马克思主义中国化研究学科已经有20来年的发展历史，在学科建设、队伍扩大、课程完善、人才培养、学术研究、社会服务等方面都发挥着极其重要的作用。在学科建设和人才培养方面，截至2023年3月，全国马克思主义中国化研究二级学科硕士招生院校共171家，把马克思主义中国化研究学科作为马克思主义理论一级学科研究方向的硕士招生单位共124家，马克思主义中国化研究二级学科博士招生单位35家，把马克思主义中国化研究学科作为马克思主义理论一级学科研究方向的博士招生单位共59家，在所有的招生单位中，37家全国重点马克思主义学院招生数量相对较多。截至2021年12月，清华大学马克思主义理论一级学科在读研究生336人，其中博士239人，硕士97人；2021年入学研究生119人，其中统招博士55人，校内定向博士3人，硕士推免18人，全国统考录取硕士20人；2023年马克思主义理论8个二级学科拟招收硕士19名，博士151名，不含推免，按照硕士推免与统招1∶1比例计算，清华大学马克思主义理论一级学科2023年共录取200余名博士、硕士研究生，马克思主义中国化研究二级学科招收博士、硕士生25名。北京大学招生目录中马克思主义中国化研究二级学科2023年统招录取博士2名，推免3名，硕士研究生推免7名，招生录取4名，总计16名。西安交通大学马克思主义理论一级学科2023年统考招收硕士58名，推免51名，博士招生50名，总计159名，马克思主义中国化研究二级学科博士、硕士招生总量为 25 名。综合目前各高校招生情况分析，全国马克思主义中国化研究二级学科每年招收研究生数量约为 2100 人。

马克思主义中国化研究二级学科研究生招收数量的迅速扩大，以及考核要求的不断提升，使导师与研究生以学术关系为核心的各种问题不断凸显。马克斯·韦伯认为，现代学术研究一定要通过团队合作来完成。因为学术已达到了空前专业化的阶段，无论就表面还是本质而言，个人只有通过最彻底的专业化，才有可能具备信心在知识领域取得一些真正完美的成就。赫曼法则（The Laws of Herman）第 19 条 "Whatever is best for you is best for your adviser"（对你有好处的事情，对你的导师也应该有好处）和第 20 条 "Whatever is best for your adviser is best for you"（对导师有好处的事情，对你自己也应该有好处），2005 年，《自然》（Nature）杂志创立了 the Nature awards for mentoring in science，用于表彰在指导研究生方面卓有成效的导师，"Building a community"（培养一个共同体）、"在研究组里培养和谐的关系与社区归属感，鼓励合作而非竞争"成为重要经验和广泛共识。如何构建一个真正的马克思主义中国化研究学科学术共同体呢？首先，要培养求同存异的合作意识；其次，要树立和而不同的民主观念；再次，要坚持互利共赢的价值取向；最后，要确立严谨科学的行为规范。

著者

2023 年 5 月

目录

第一章　绪论

一、选题背景

党的十九届五中全会通过《中共中央关于制定国民经济和社会发展第十四个五年规划和二〇三五年远景目标的建议》，把建成人才强国确立为二〇三五年基本实现社会主义现代化的远景目标之一，指出："深化人才发展体制机制改革，全方位培养、引进、用好人才，造就更多国际一流的科技领军人才和创新团队，培养具有国际竞争力的青年科技人才后备军。"[1]2021年中央人才工作会议围绕"为什么建设人才强国、什么是人才强国、怎样建设人才强国"等重大理论和实践问题，明确提出加快建设世界重要人才中心和创新高地的历史任务，并规划了三步走人才发展战略，即到2025年，全社会研发经费投入大幅增长，科技创新主力军队伍建设取得重要进展，顶尖科学家集聚水平明显提高，人才自主培养能力不断增强，在关键核心技术领域拥有一大批战略科技人才、一流科技领军人才和创新团队；到2030年，适应高质量发展的人才制度体系基本形成，创新人才自主培养能力显著提升，对世界优秀人才的吸引力明显增强，在主要科技领域有一批领跑者，在新兴前沿交叉领域有一批开拓者；到2035年，形成我国在诸多领域人才竞争比较优势，国家战略科技力量和高水平人才队伍位居世界前列。[2]当前，我国进入了全面建设社会主义现代化国家、向第二个百年奋斗目标进军的新征程，我们比历史上任何时期都更加接近实现中华民族伟大复兴的宏伟目标，也比历史上任何时期都更加渴求人才。

习近平总书记多次强调人才的重要性，认为要秉持"人才是第一资源的理念，兼收并蓄，吸取国际先进经验"[3]。2013年10月，习近平总书记在欧美同学会成立100周年庆祝大会上指出："'致天下之治者在人才。'人才是衡量一个国家综

---

[1] 中共中央关于制定国民经济和社会发展第十四个五年规划和二〇三五年远景目标的建议 [M]. 北京：人民出版社，2020:11.

[2] 习近平在中央人才工作会议上强调 深入实施新时代人才强国战略 加快建设世界重要人才中心和创新高地 [N]. 人民日报，2021-9-29（1）.

[3] 习近平.在欧美同学会成立100周年庆祝大会上的讲话 [N].人民日报，2013-10-22（2）.

合国力的重要指标。没有一支宏大的高素质人才队伍，全面建成小康社会的奋斗目标和中华民族伟大复兴的中国梦就难以顺利实现。""综合国力竞争说到底是人才竞争。"❶ 将人才与全面建成小康社会、中国梦及综合国力联系到一起。在党的十九大报告中，习近平总书记指出："人才是实现民族振兴、赢得国际竞争主动的战略资源。要坚持党管人才原则，聚天下英才而用之，加快建设人才强国。"❷ 将人才的重要性上升到了战略资源的高度。我国虽然具有人力资源大国优势，但高水平领军人才不足一直是我国发展的短板。时代对教育提出更高要求，习近平总书记指出："教育、科技、人才是全面建设社会主义现代化国家的基础性、战略性支撑。""教育是国之大计、党之大计。培养什么人、怎样培养人、为谁培养人是教育的根本问题。"❸

习近平总书记关于人才工作的重要论述，表达了党中央对人才培养的殷切期望，也为新时代高等教育的发展指明了方向。高校是人才培养的摇篮，研究生处于人才的顶端，高校应勇担重责，促进研究生教育内涵式发展，形成人才充分涌流的体制机制，让更多的人才脱颖而出。正如习近平总书记所言："新时代是奋斗者的时代。新时代是在奋斗中成就伟业、造就人才的时代。我们要激励更多科学大家、领军人才、青年才俊和创新团队勇立潮头、锐意进取，以实干创造新业绩，在推进伟大事业中实现人生价值，不断为实现中华民族伟大复兴的中国梦奠定更为坚实的基础、作出新的更大的贡献。"❹

人才的基本特征就是具备专业技能和创新意识，而研究生教育则是形成专业技能和创新意识的重要途径。2020 年 7 月，习近平总书记致信全国研究生大会，指出：研究生教育在培养创新人才、提高创新能力、服务经济社会发展、推进国家治理体系和治理能力现代化方面具有重要作用。他要求各级党委和政府高度重视研究生教育，推动研究生教育适应党和国家事业发展需要，坚持"四为"方针，瞄准科技前沿和关键领域，深入推进学科专业调整，提升导师队伍水平，完善人才培养体系，加快培养国家急需的高层次人才，为坚持和发展中国特色社会主义、实现中华民族伟大复兴的中国梦作出贡献。习近平总书记的指示，让我们对研究生教育功能及其主体有了更全面的理解。导师和研究生的学术关系，是研究生教

❶ 习近平. 在欧美同学会成立 100 周年庆祝大会上的讲话 [N]. 人民日报，2013-10-22（2）.
❷ 习近平. 决胜全面建成小康社会夺取新时代中国特色社会主义伟大胜利——在中国共产党第十九次全国代表大会上的报告 [M]. 北京：人民出版社，2017:64.
❸ 习近平. 高举中国特色社会主义伟大旗帜 为全面建设社会主义现代化国家而团结奋斗——在中国共产党第二十次全国代表大会上的讲话 [M]. 北京：人民出版社，2022:34.
❹ 习近平会见探月工程嫦娥四号任务参研参试人员代表 [J]. 国防科技工业，2019,225(3):9-10.

育诸多关系中最关键、最紧要的关系，学术共同体应该成为双方学术合作最佳选择。

瞿振元指出："现代的师生关系是构建一个学习共同体，高等教育现代化的核心是提高育人水平，而育人的关键就在教师的'教'与学生的'学'。对正在努力建设'双一流'的中国大学来说，重塑师生关系，关系到每一所大学，不仅是'双一流'大学。"早在两千多年前，儒家思想的创始人孔子就提出过"教学相长""三人行必有我师"的教学思想，并在《学记》中提到"独学而无友，则孤陋寡闻"，倡导学习者相互合作、相互沟通来拓展眼界，提升自己的知识面。导师与研究生是师生关系构建、研究生培养的重要主体。提升研究生的培养质量、实现研究生教育的内涵式发展和促进我国建设成为高等教育现代化强国，都离不开导师与研究生的学术合作。知识体系的复杂化和交叉融合技术突飞猛进，个人单兵作战能够真正解决的难题越来越少，必须加强学术合作，师生学术共同体的共情、共知、共享特点，能够最大限度地利用资源、提高效率。然而，从目前我国高校发展情况来看，师生学术共同体的构建并未得到充分理解和重视，导师与学生之间的联系不紧密，师生学术共同体多未形成，即使是已经形成的师生学术共同体，其实质多是上下级、领导与被领导的关系，学术共同体内部的关系极不平衡。

二、研究综述

追溯西方学术史的发展，我们也可以了解到学术共同体的发展过程，学术共同体历经古典时期的分散型个人学术活动，到中世纪具有区域团体特征的大学、皇家科学院和修道院，再到现代的学术界学术共同体发展演进。❶

古典时期，学术活动主要表现为以私人讲学、书院和围绕某个人形成的门派等的一种私人行为，例如古希腊时期柏拉图所创造的"学院"、亚里斯多德的"逍遥学派"，以及我国春秋战国时期诸子百家大多如此，这种学术团体均是围绕某个核心人物建立起来的，❷团体的活动受核心人物的影响很大。在团体中，成员拥有较大的自主权，可以自主地安排学习，自由辩论，自由评价。这是"伟大导师"的时代，学术团体紧紧围绕核心人物，学术活动相对封闭，学术排他性较强。虽然也会进行团际交往，但存在偶然性和不确定性，缺乏科学机制，各团体多奉行内外有别的原则，各自为政，相互影响比较小，这是师生学术共同体的雏形。

中世纪之后，随着大学、皇家科学院以及修道院的建立，个人色彩开始弱化，

❶ 程巍. 学术制度 [J]. 外国文学，2005(6):38.
❷ 程巍. 学术制度 [J]. 外国文学，2005(6):38.

各国学者通过游学和书信沟通，在爱好、思想以及观念上日渐趋同，通过交流沟通，世界各地的学者汇集在一起，学术共同体成为可能。但是此时的学术机构依附于宫廷和教会，受到政权和教会的干预。在封建神权的高压统治下，真正学术研究无法充分开展。这一时期有松散的研究团队，但缺乏机制化的学术共同体。

19世纪洪堡创建柏林大学，可以看作世界高等教育史上的转折点。柏林大学是一所崇尚学术自由、大学自治和科研至上精神的高等学府。洪堡的改革使科研与教学相统一，明确界定教师和学生都是科学研究的重要组成部分。柏林大学为高校学术组织建构了一个基本的框架，使教授能够自由地交流学术心得体会，学生们能够独立地钻研和探索知识，在这样的学术共同体中，各个成员都得到了很好的发展，也优化了学术资源，降低了学术生产成本。随后美国借鉴了德国模式，在建设自己大学的过程中结合自身文化传统构建了适合自己的高校学术组织模式，美国大学全体成员形成了学术自由、大学自治的共同理念，并且通过学术人员的共同努力，形成了高校学术共同体，并建立了一套支撑大学的制度框架。❶

20世纪中后期，随着教育规模的迅速扩大和专业化程度的不断提高，高等院校学术共同体日渐衰落。"追求知识的最佳途径，是依靠学者在充满活力与挑战的学术共同体中所进行的工作，而不能依靠在孤立状态下进行的研究"这一高等教育办学理念遭到破坏。❷ 构建新型的学术共同体已经成为当前时代的呼吁，也是一项艰巨而迫切的任务。

论著在中国知名（CNKI）学术期刊数据库上，将数据来源类别设置为"CSSCI"和"北核"，按主题"学术共同体"进行检索得到的文献共有1417篇（截至2023年1月14日），手动剔除会议报告、报纸报道、广告等非研究型文献后最终有效样本为1232篇。将检索范围进一步精准缩小，不限数据来源，以"师生学术共同体"为主题进行检索，初步筛选后得到的相关文献仅有24篇。因此鉴于"师生学术共同体"文献资料过少，不便于进行可视化分析，故以"学术共同体"的样本用可视化分析软件CiteSpace（版本为6.2.R2）对此1232篇样本文献进行分析，对学术界关于学术共同体的相关研究进行定量分析，便于把握目前学术界的研究现状。

运用CiteSpace6.1.R6软件对1232篇样本文献可视化分析，具体步骤如下：

第一，数据转化。CiteSpace软件对于WOS数据源不能直接识别，因此，所

❶ 蒋晓虹. 大学师生学术共同体新构摭论 [J]. 高教发展与评估，2011(5):42.
❷ 弗兰克·H.T. 罗德斯. 创造未来：美国大学的作用 [M]. 北京：清华大学出版社，2007:57.

选取的样本文献需经过一定的预处理：在知网上以"Refwords"格式导出并命名为"download_01""download_02""download_03"，再将已下载好的数据导入软件中，通过"Data"功能完成数据格式转化。

第二，新项目夹的创建。在桌面上分别建立"data""project""input""output"文件夹，进入 NewProject 后创建新的项目夹，并命名为"community"。

第三，知识图谱的绘制。在主菜单"TimeSlice"一栏将样本文献时间设置为"2000 年 1 月到 2023 年 1 月"，时间切换设为"1"；在 NodeType 节点类型一栏分别选择作者、机构、关键词等关键字；在 SelectionCriteria 阈值一栏确定"TopN=50"；在"Pruning"网络运算一栏选择"Pathfinder"算法。至此，便形成了学术共同体研究的科学知识图谱，分析作者共现情况、关键词共现情况和作者机构双因素共现网络情况，更加直观地显示出目前我国学术共同体领域研究的发展趋势以及领军人物和研究机构相互之间的关系。

发文量年度趋势变化分析。发文量的年度趋势变化能够直观地展现学术界对某个问题的研究进展和热度。通过中国知网得出的发文量年度趋势的可视化分析结果（图 1-1）可知，从整体上看，专家们对学术共同体的研究呈波动上升趋势，分别在 2011 年、2014 年、2016 年、2020 年达到若干峰值。2016 年的峰值，与习近平总书记提倡"构建人类命运共同体"主张有很大关系。在提出构建人类命运共同体之后中国连续举办了三届世界互联网大会，主题是"构建网络命运共同体"，所以 2016 年很多关于学术共同体的文献都是以网络学术共同体为主。2020 年的峰值，则与 2019 年 3 月 18 日学校思想政治理论课教师座谈会召开有很大关系，习近平总书记对思政课、思政课教师发表了重要讲话，引起了专家们关于学术共同体中教师这一角色的关注，因而这一阶段有很多关于学术共同体的教师相关研究。

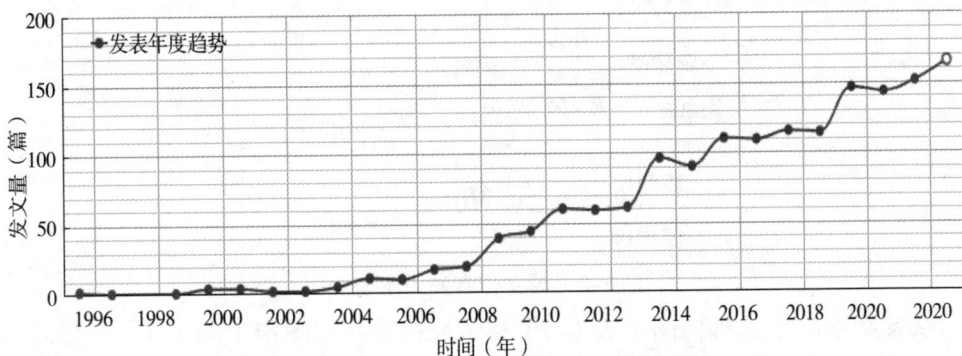

图1-1　学术共同体研究的发文量及年度趋势

　　研究作者和机构共现分析。通过对研究作者和机构的分析可以了解学术界某个问题研究的领军人物和主要研究中心，能更有效地把握学术动态。由 CiteSpace 得出的论文发表数量前十的作者是陈亮、朱剑、叶继元、阎光才、张应强、刘小强、刘宇、江波、刘尧、兰国帅（表1-1）。其中朱剑主要从学术评价方面对学术共同体进行研究；阎光才主要从学术权力方面对学术共同体进行研究；张应强主要从高等教育学角度对学术共同体进行研究。从 CiteSpace 绘制出的研究作者共现图谱（图1-2）可知，学术界关于习近平新时代思政课重要论述研究的作者知识图谱共有 465 个节点、116 条连线，网络整体密度为 0.001。这说明该研究领域的作者整体联系较少，仅部分学者之间有明显连线，如刘宇、叶继元等，其余学者都较为分散，联系不紧密，缺乏合作。这使得该研究领域暂未形成稳定集中的核心研究团队。

表1-1　论文发表数量前十的作者

作者	陈亮	朱剑	叶继元	阎光才	张应强	刘小强	刘宇	江波	刘尧	兰国帅
年代	2016	2009	2010	2007	2008	2009	2011	2022	2009	2015
数量	15	12	6	6	5	3	3	3	3	3

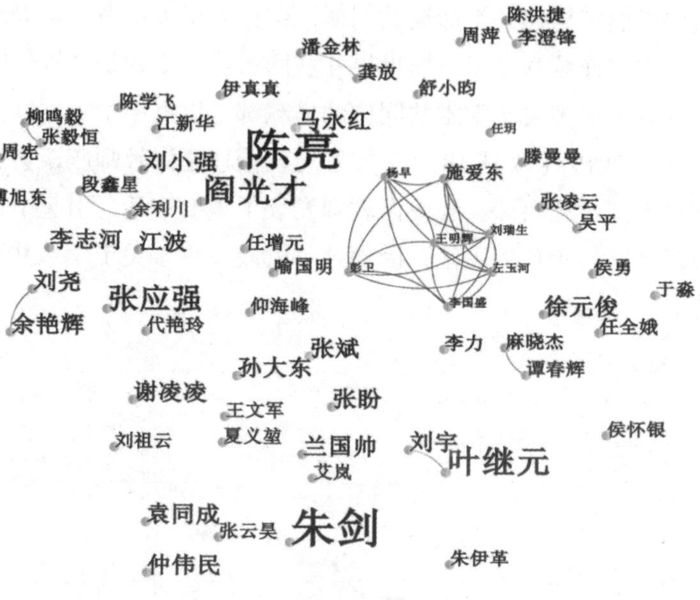

图1-2　论文作者知识图谱

　　从发文量前十的机构图（表1-2）和研究机构知识图谱（图1-3）可知，北京大学、陕西师范大学、上海大学、西南大学、华东师范大学、中国人民大学、南京大学、华中科技大学、厦门大学等大学在此研究领域比较活跃，发文量较多，而研究机构的网络密度仅有 0.001，只有中国社会科学院各研究所之间有清晰的连线，从整体来看，研究机构间缺乏合作，联系不紧密，暂未形成有力的研究中心。

表1-2　发文量前十的机构

机构	北京大学教育学院	陕西师范大学教育学院	上海大学图书情报档案系	西南大学教育学部	华东师范大学高等教育研究所	中国人民大学新闻学院	南京大学学报编辑部	南京大学信息管理学院	华中科技大学教育科学研究院	厦门大学教育研究院
年代	2007	2015	2011	2015	2008	2012	2009	2013	2008	2009
数量	13	9	9	9	9	8	7	7	7	7

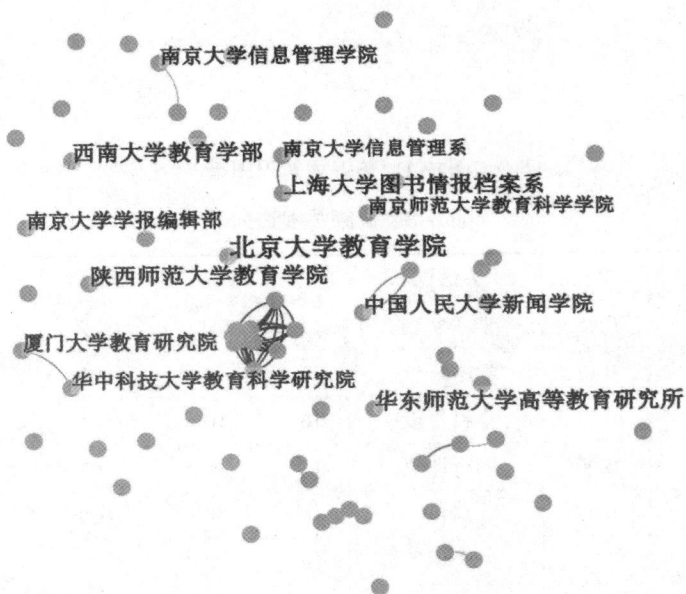

图1-3　研究机构知识图谱

第三，关键词的共现、突现和聚类分析。文章的关键词能够直接体现研究的切入点和视角。由 CiteSpace 绘制出的关键词知识图谱（图1-4）可知，"学术期刊""学术评价""学科建设"等关键词频次和中心性都较高，表明其是学术共同体研究中的重点。同时从表 1-3 能够突出地看到，词频数排名前几十的部分关键词的中心性非常低。例如"研究生""科研评价"的中心性都为"0"。这说明虽然这些关键词都是学术界关注的热点问题，但是在研究过程中并未对这些内容进行有效的陈述，反映出学术界对这些问题研究尚不深入。

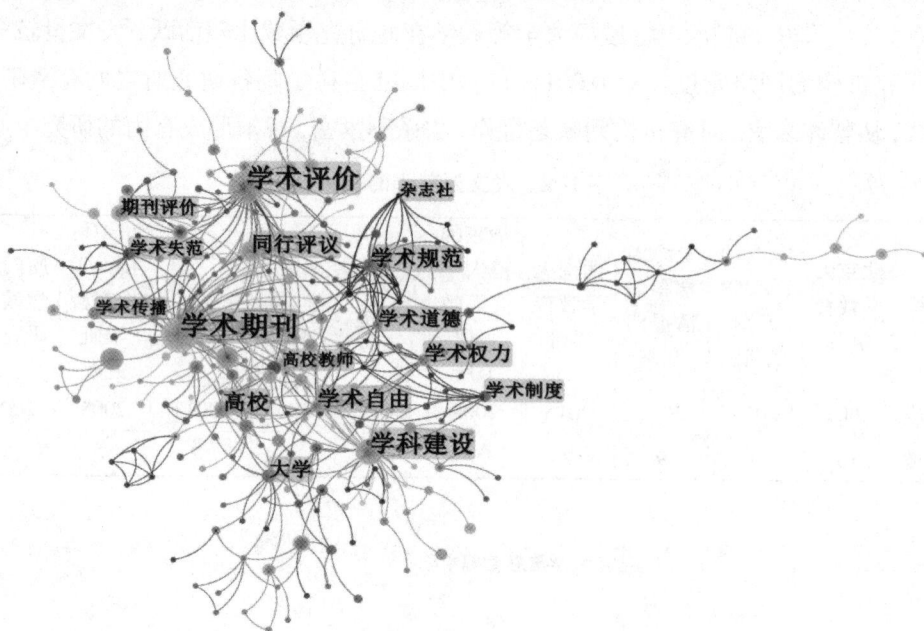

图1-4 关键词知识图谱

表1-3 高频关键词列表

序号	频次	中心性	关键词	序号	频次	中心性	关键词
1	83	0.25	学术期刊	14	10	0.02	教学学术
2	68	0.17	学术评价	15	10	0.00	研究生
3	35	0.13	学科建设	16	10	0.01	知识生产
4	25	0.06	同行评议	17	9	0.02	高等教育
5	21	0.07	高校	18	9	0.00	科研评价
6	18	0.05	大学	19	8	0.02	高校教师
7	18	0.07	学术规范	20	8	0.00	学科发展
8	17	0.06	学术权力	21	8	0.01	研究范式
9	17	0.06	学术自由	22	7	0.01	学术出版
10	16	0.02	知识图谱	23	7	0.02	学术职业
11	16	0.02	学术不端	24	7	0.03	学术失范
12	12	0.03	范式	25	7	0.00	科技期刊
13	12	0.02	期刊评价				

关键词突现分析能够了解学术前沿。由 CiteSpace 分析得出的关键词突现结果（图 1-5）可知，"大学教师""大学""教学学术""知识图谱""学术治理""高校教师"是学术共同体研究中热度较高的六个关键词。"学术治理"这一关键词爆发的开始时间是 2018 年，结束时间是 2019 年，此关键词研究时间不长，结合表 1-3 可以看到，"学术治理"这个关键词虽然有较高的研究热度，但其中心性不强，这也进一步说明目前学术界对此研究领域的热点问题关注度很高，但是存在专门研究不深入的问题。"高校教师"这一关键词爆发于 2020 年，这与前文说到的学术界关于学术共同体的总体研究在 2020 年达到一个峰值时相关，这也印证了 2020 年学术界关于学术共同体的总体研究呈现上升趋势与 2019 年 3 月 18 日学校思想政治理论课教师座谈会召开有着很大的关系。

关键词	年份	强度	开始年份	终止年份	1999—2023
大学教师	2009	3.67	2009	2012	
大学	2005	3.41	2012	2017	
教学学术	2014	3.61	2014	2016	
知识图谱	2015	5.09	2015	2018	
学术治理	2018	3.45	2018	2019	
高校教师	2020	3.47	2020	2023	

图1-5　关键词突现结果分析

CiteSpace 还能对关键词进行聚类分析。具有联系的关键词之间会形成一个主题，因而能够通过关键词聚类分析得出当前研究领域所形成的热点主题。由 CiteSpace 绘制出的关键词聚类图谱（图 1-6）可知，Q 值 =0.7759（>0.3），S 值 = 0.9104(>0.7)，意味着聚类结果是有效和具有说服力的。聚类分析图谱以 #0 学术评价为核心，向 #1 学术期刊、#2 学术规范、#3 大学、#4 学科建设、#5 高校、#6 高校教师、#7 同行评议、#8 价值取向、#9 学科、#11 学术失范、#12 知识图谱热点研究方向有效扩散。根据关键词聚类分析结果，结合对学术界研究的分析，将 10 个研究热点分为四组：学术评价（#0 学术评价、#1 学术期刊、#7 同行评议）、学术规范（#2 学术规范、#11 学术失范）、学科建设（#3 大学、#4 学科建设、#5 高校、#9 学科）、价值取向（#6 高校教师、#8 价值取向）。下面将主要从这四个方面热点主题对学术界关于学术共同体研究现状进行分析。

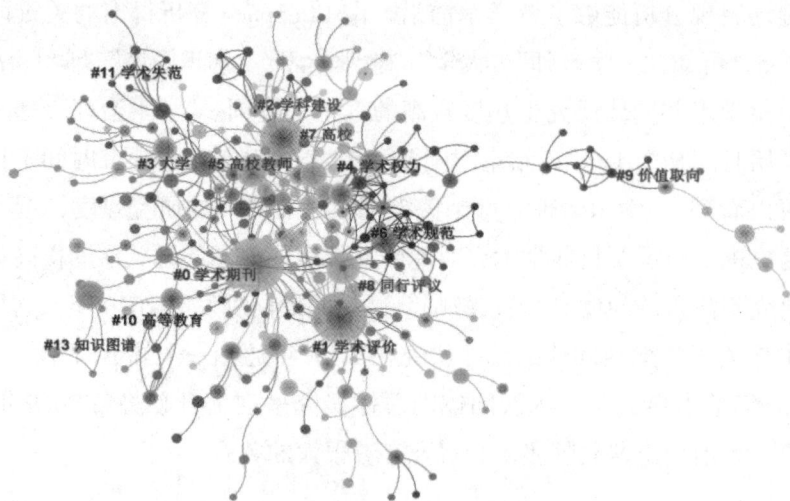

图1-6　关键词聚类分析

学者研究的领域及主要观点聚焦在以下方面：

1.围绕学术评价的学术共同体建设

学术评价的标准和机制一直是学术界广泛关注和讨论的问题。叶继元教授给学术评价下的定义是："学术评价是指根据一定的目的和标准，采用一定的理论和方法，对学术成果、人员、机构、学术媒体展开的价值判断活动，以衡量学术活动及其相关事项的有无、多少、作用和价值。"❶学术评价不是目的。其实，当学术共同体之间出于个人爱好或者兴趣进行相互之间的讨论和评价时，这种学术评价并不是一种权力行为。但当学术评价的结果能够成为学术资源及利益的分配依据时，学术评价也就从学术活动演变为参与分配学术资源和利益的权力行为。学术评价应以何为标准？是否有绝对完美的学术评价机制？学术评价如何才能做到完全公平公正？学术界一直在不断探索。学者们大多批判看待以影响因子、期刊级别为判定标准的学术评价机制，认为这种唯科学主义、以数字排行为标准的评价体系并不能真正判定论文的价值，严重阻碍了学术研究的发展，必须要予以改进。

（1）关于学术评价的改进举措

学者普遍认为学术评价是制约学术共同体发展的关键问题，并且都表示现有的学术评价有一定的弊端，特别是量化的排行榜的学术评价形式，使当前的学术评价并不能公正地评价论文的价值，同时还引发了一系列学术风气的问题，亟须从各个方面进行改进。例如有学者认为学术评价会对学者产生两种影响，一种是

❶　叶继元.人文社会科学评价体系探讨 [J].南京大学学报，2010,47（1）：97-100.

后果逻辑，另一种是正当性逻辑。后果逻辑强调学术评价的结果及根据结果确定的奖罚措施，即评价的直接目标；正当性逻辑强调学术本身的性质。要超越"唯论文、唯帽子、唯职称、唯学历、唯奖项"的"五唯"评价标准，就必须从后果逻辑向正当性逻辑转变。❶也有学者深入分析了学术期刊评价体制存在的原因、造成的影响、学术评价面临的困境，指出评价机构有着自己的理论支撑和数据支持，其以"三大核心"为代表的排行榜得到了行政权力事实上的采信；但因专业能力的缺乏，其理论、数据和算法及结果都有经不起推敲之处，其排行榜在学术评价实践中的运用更是导致了一系列严重问题。在现行科研体制下，行政权力既不能无视排行榜带来的问题，但在资源分配与科研管理中又无法舍弃它，故而左右为难，举棋不定，而代价就是学术评价陷于困境、学术研究遭受伤害。清理"四唯""五唯"行动迈出了重建学术评价机制实质性的一步，但关键还在于能否找到"三大核心"的替代品。❷还有学者从学术共同体个人自身的品行出发，提出"自律的学术共同体"这一概念，认为"从欧美国家学术评价的经验来看，构建自律的学术共同体，既是学术评价存在的前提，也是其良性运作的基础……自律性是学术共同体最重要的特性，也是学术共同体能否发挥作用的关键。"❸

（2）关于同行评议的学术评价方式

学者普遍认同建立学术评价新机制，首先要从制度保障上进行完善，建立学术评价制度，健全相关法律法规，其次要建立多元的学术评价体系，同时都认同学术评价应该由学术权威在内的学术共同体承担，由学术共同体为主体的同行评议是最为可行的路径，也是最科学的做法。"同行评议是学术共同体履行学术责任伦理的具体体现，也是学术共同体进行学术自治的权利诉求。"❹"如果离开了同行的制约、批评和评价，学术的尊严与学术的繁荣几乎就无从谈起，更不用说如何对学术腐败进行制衡和监督了。"❺也有学者根据布迪厄的社会实践理论，将大学教学同行评价视为一种场域，指出其具有的自身运行逻辑、特点与困境，认为作为从科学场域中分化出来的子场域，大学教学同行评价承袭了科学场域的惯

❶ 李立国,赵阔.超越"五唯"的学术评价制度:从后果逻辑到正当性逻辑 [J].大学教育科学,2020(6):4-7.
❷ 朱剑."三大核心":拿什么来取而代之?——学术评价的困境 [J].济南大学学报（社会科版）,2019,29(2):5-25.
❸ 仲伟民.关于人文社会科学学术评价的几个问题——从学术评价的实质性标准谈起 [J].学术界,2014(7):41-52.
❹ 田贤鹏.高校教师学术代表作制评价实施:动因、挑战与路径 [J].中国高教研究,2020(2):85-91.
❺ 袁广林.大学学术共同体:特征与价值 [J].高教探索,2011(1):12-15.

习，在评价的民主性、专业性和公正性三个方面具有天然的独特优势；但作为一种新生的场域，在发展中又面临场域自主性弱、惯习潜沉、资本不足等方面的困境。走出困境的路径是进行制度构建以提升场域自主性、倡导教师文化以促进惯习更迭、动员资本以增加场域活力。❶

（3）关于其他学术评价方式

有学者分析了代表作制评价的实施情况，指出在量化制评价受到严重危机的情况下，代表作制评价在实践中受到推崇，具有促进评价过程的学术性回归，彰显出学术共同体的学术自治诉求以及尊重知识生产创新的内在要求，推动更多学术精品的产出的突出意义，但其实践探索仍面临重重危机，需要进一步的改革。❷还有学者分析了学术影响力这一评价方式，指出学术影响力原本是生发于学术共同体内部的一个自然而然的传播机制，因为社会环境与科学研究本质的变化而逐步扩展为内部影响与外部贡献兼顾，但其仅是特定情势中的一种临时性政策手段，不能作为一种合理的评价方式。合理的学术评价应以围绕研究内容本身的同行评议为主，辅之以更为丰富的定性、定量与案例信息作为证据支撑。❸

（4）关于大数据时代下的学术评价

有学者研究了大数据对于学术评价的影响，认为不同的评价主体和评价方式使学术评价面临分裂的现状，而大数据的介入对学术评价来说是机遇与陷阱并存，要抓住大数据提供的机遇以改进学术评价，要务就是让分裂的评价走向统一。被权力和利益撕裂了的学术评价要走向统一，并不取决于技术，而是取决于造成评价分裂的科研体制是否有所改变。❹

（5）关于学术评价、学术共同体、学术期刊三者

有学者清楚地阐明了"学术评价""学术共同体""学术期刊"三者之间的关系，即学术共同体是学术评价的主体，由学术共同体构成的同行评议机制是学术评价的途径，学术期刊是进行同行评议的平台。唯有学术共同体才具有评价学术的能力，学术共同体民主评价最合适的平台莫过于学术期刊，因而建立合理的期刊体系是重建学术评价的起点。❺

❶ 周玉容，沈红．大学教学同行评价：优势、困境与出路 [J]．复旦教育论坛，2015,13(3)：47–52.
❷ 田贤鹏．高校教师学术代表作制评价实施：动因、挑战与路径 [J]．中国高教研究，2020(2)：85–91.
❸ 阎光才．学术影响力评价的是非争议 [J]．教育研究，2019,40(6)：16–26.
❹ 朱剑．大数据之于学术评价：机遇抑或陷阱？——兼论学术评价的"分裂" [J]．中国青年社会科学，2015,34(4)：66–78.
❺ 朱剑．重建学术评价机制的逻辑起点——从"核心期刊"、"来源期刊"排行榜谈起 [J]．清华大学学报（哲学社会科学版），2012,27(1)：5–15.

2. 围绕学术规范的学术共同体建设

学术规范是学术共同体共同建立和共同认可的一套规则，它贯穿于学术研究的全过程，约束着学术共同体成员的行为，保障着学术研究领域的正常运作。学术不端的具体表现形式包括抄袭、一稿多投、不当署名、造假、买卖版面、第三方代写等形式。20 世纪 90 年代，学术界（尤其是人文社科领域）的学者们因不满于当时存在的、普遍的学术不端问题，发起了一场"中国学术规范化运动"。这场运动引发了一场深刻的大讨论，并最终达成了一系列有关学术规范的共识，推动了"论文匿名评审""论文答辩""论文查重"等一系列规范的生成。这场运动的直接结果是，教育部制定颁布了《高等学校哲学社会科学研究学术规范（试行）》（以下简称《试行规范》），全国各大高校、科研院所先后建立相关的学术规范体系。学术规范的建立，使学术界的学术不端问题得到了有效遏制，至今仍为维护整个学术界的正常秩序发挥着重要作用。

（1）关于学术不端行为屡禁不止的原因和对策

学术界普遍认同其原因包括社会环境和风气的影响、学术制度的不完善、规范教育的缺失等因素，提出的对策大多从制度、学术氛围、监督等方面进行改善。一是学术不端行为发生的原因。有学者分析了大学学术不端行为问责的发生机理，认为大学社群组织需要依靠学术共同体的信任、合作等深度互动来达成，这种理想互动交往模式的达成需要学术秩序的维系。秩序是大学生存与发展的基石，学术规范是大学学术发展所必需遵守的共同道德，学术不端行为的发生是对学术场域共同道德的践踏，学术不端行为问责是学术共同道德规范发挥效力的"强制善"。大学学术不端行为问责是以"教育善"的价值为灵魂守候，倡导塑造学术人的学术责任伦理，呼唤学术人理性学术精神回归。❶有学者明确提出科研体制导致了学术乱象，认为以科研资源分配和管理为中心的科研体制规约着行政权力部门—学术评价—学术界交织的学术权力与利益的链条，行政权力部门垄断了所有的资源，因此改革不合理的科研体制是终止乱象的根本途径。这一观点从根本上阐明了学术风气问题与学术评价的关系，指出学术评价并不是学术乱象的根源，其背后的本质是科研体制的不合理。❷二是查处学术不端行为的困境。有学者分析了高校在查处学术不端行为过程中面临的困境，指出由于缺乏正当程序以及统一的学术不端行为判定标准，往往出现"叠权式权力结构"和判定标准上

❶ 陈亮.论大学学术不端行为问责的发生机理 [J].现代大学教育,2018(6):15-21.
❷ 朱剑.科研体制与学术评价之关系——从"学术乱象"根源问题说起 [J].清华大学学报（哲学社会科学版）,2015,30(1):5-15.

的多重模式，应以正当程序的规范性要求改造"叠权式权力结构"，防控查处中可能滋生的恣意；通过学术共同体制定判定标准，导引人们对学术不端行为的认知。❶ 三是防止学术失范的举措。有学者借梁启超"学术乃天下之公器"和章太炎"学在民间"的名言，揭示和批判了学术严重失范和失序的种种情况，指出其表现为学术研究的环境继续恶化，教学研究机构官僚化，学人行为已经冲破了为学做人的底线。在此基础之上，提出了反思不思、拿起批判武器和学人民间自愿采取集体行动，重建学术秩序的思路和建议。❷ 也有学者从道德层面进行了探讨，指出研究生学术道德关乎研究生教育的水平和未来学术共同体学术规范的走向。在现实层面，政府和高校强力的政策规训凸显了学术道德教育的"他律"逻辑，对治理学术不端行为起到了敲山震虎的作用。而以自觉性、自主性和自省性为特点的"自律"逻辑建构的学术道德教育体系，从理论上解释了学术道德教育可以内隐于心外显于行。基于道德认知发展理论，分析了两种逻辑在社会环境、个体认知水平、教育者行动以及学术环境等方面存在差异，需要辩证地思考研究生学术道德教育的他律和自律逻辑。认为强化道德他律，激发道德自律，让自律成为自觉，是研究生学术道德教育的必然路径。❸ 还有学者认为学术不端不仅是个人的责任，也是群体的责任，指出学术不端不单是个体为了学术名利而实施的违反学术准则、违背学术诚信的行为。从缄默层面看，学术不端更是群体性层面的学术失范，是现代性社会、传统文化思想以及人性特征等社会文化基因在高校学术场域中的外在显现。高校要根除学术不端，除完善优化学术评价制度外，更为关键的是要摒弃表层化治理，澄清"学术不端"的缄默层面，唤醒高校学术人的社会良知，激活学术主体的学术旨趣。❹

（2）关于学术风气、学术评价、学术期刊

有学者阐明了学术风气、学术评价、学术期刊三者的关系，指出"几乎所有的论者在谈论学术风气和学术评价时，又都会或多或少地提及学术期刊，这是因为三者之间存在着许多割不断的联系。学术期刊从来就是学术链条中不可或缺的一个中间环节，原本它一头连接着作者，另一头则连接着读者；如今它还连接着一个特殊的机构——学术评价机构；而学术评价机构又与政府权力部门有着错综

❶ 谢小瑶,叶继元.高校查处学术不端行为的双重困境与制度选择[J].南京大学学报(哲学·人文科学·社会科学),2016,53(4):70-83.
❷ 张曙光.学术共同体的自治和自律[J].学术界,2011(6):35-41.
❸ 姚志友,董维春.他律与自律:研究生学术道德教育的逻辑与路径[J].学位与研究生教育,2018(4):31-37.
❹ 么加利.高校学术不端的缄默向度及治理[J].吉首大学学报(社会科学版),2018,39(2):35-41.

复杂的关系，使原本就比较复杂的学风问题变得更加复杂。"学术评价与学术风气相关联，"原因在于学术评价不仅越来越深地介入学术资源和利益的分配中去，而且大有主导资源和利益分配的势头。"因而进一步分析到，"学术期刊是杜绝学术不端行为的最后关口"，因为学术不端行为要依靠发表在学术期刊后才算完成，如果学术期刊能够把好最后这一关口，那学术不端的行为在一定程度上能够得到遏制。"建立良好的学术风气有待于评价主体向学术共同体的回归，而由学术共同体主导的学术评价则有待于学科边界清晰的专业期刊这一公共平台的建立。"❶

（3）关于学术自由

谈及学术规范，就离不开学术自由。学术规范约束学术共同体的学术研究，学术自由则是给予学术研究权利。学者普遍认为学术自由既是一种基本组织原则，也是一种学术信念与价值观，更是一种制度环境，要确保学者享有高度的学术自由。"事实上，所谓教学学术的自由，是指教师在教学上享有自由探讨、发现、出版、教授在各自专业领域内所发现的真理的权利，并且这种权利不听从任何权威的指挥，任何政治、党派和社会舆论不得加以干涉。"❷ 有学者从法律的视角探讨了学术自由权，指出学术自由权是学术共同体及其成员，在探查、研究、探讨记录、生产、创造、教学、讲演以及写作等活动中享有的追求、发展、传授知识的自由权。作为一种精神自由权，学术自由权具有非政治性、消极否定性等宪法权利属性。学术自由权的实现需要宪法与法律的保障。目前，学术自由权在我国还难以得到充分有效的保障，应当建立各种相关机制有效保护学术自由权的实现。❸ 但学术自由并非完全是赋予学术研究权利，有学者从法解释学对学术自由进行了全面的剖析，从消极权利、积极权利与国家基本权利保护义务三个角度阐述了我国宪法学术自由条款在规范意义上的三重性质构造，并且强调应极力避免将学术自由与大学自治混淆在一起，从而淡化了学术自由的独立意义。对学术自由进行的法学研究使得学术自由不仅作为一种浪漫主义理想，更能够作为拥有具体内容、具备可操作性的规范要求出现在法律世界的舞台上更近了一步。❹

3. 围绕学科建设的学术共同体建设

学科建设与学术共同体是相辅相成的，学科建设能够促进学术共同体的发

---

❶ 朱剑.学术风气、学术评价与学术期刊 [J].苏州大学学报（哲学社会科学版）,2011,32(2):7-13.
❷ 张旸.高等学校教学学术的价值意蕴及其制度建构 [J].高等教育研究,2015,36(2):39-45.
❸ 何生根,周慧.论学术自由权的保障与救济 [J].法制与社会发展,2005(2):79-90.
❹ 湛中乐,黄宇骁.再论学术自由：规范依据、消极权利与积极义务 [J].法制与社会发展,2017,23(4):89-102.

展,学科的不断发展总是伴随学术共同体的形成和发展。当学科还未完全形成前,以暂未形成的学科聚集在一起的学术共同体的存在能够集中研究该学科的问题,从而使该学科的学术成果日益显著,学科的形成得以成为可能。随着学科建设的发展,学术共同体也在这个过程中得到发展,并围绕学科新的问题进行深入的研究,学术共同体也能够不断壮大和成长。"学科治理作为维系学术共同体开展学术交往共生对话的互动规制方式",不断促进学术共同体的发展。❶ 有学者总结了哈佛大学的经验,认识到学术共同体对学科发展的促进作用,提出"学科需要在长期的办学过程中逐渐发展形成,构建卓越学术共同体是学科发展的原动力和出发点"❷。还有学者探讨了学术期刊与一流学科之间的关系,以 137 所"双一流"建设高校为研究样本,分析学术期刊单位在样本高校机构中的位置,得出了应加强"双一流"建设高校学术共同体与学术期刊的相互促进,加快建设承载一流学科成果的一流学术期刊。❸

（1）关于学科建设模式

学科建设离不开学术共同体的构建和完善,学术界普遍认同学科建设必不可少的举措就是学术共同体的构建。除此以外,还需要其他举措协同发力,进一步促进学科建设。有学者从学科的组织性出发,认为在知识转型背景下,学术自由不断"萎缩",一流学科建设不只是自由的学术,更要遵从科学、政治和市场等多元逻辑,充分满足不同主体的需求。走向有组织的一流学科建设,要强化行政力量对一流学科建设的规划组织;强化作为行政负责人的院长的组织领导;强化绩效考核的推动和督促。❹ 也有学者更是提出未来的世界一流学科建设模式还必须从"他组织"走向"自组织",认为以前的学科组织以学科要素构成论为认识前提,采用择优扶持策略,通过学科评估制度来促进学科发展水平,不利于学科组织持续走向一流水平,未来的世界一流学科建设模式有必要从"他组织"走向"自组织"。❺ 还有学者从知识生产模式与学科建设的相关性出发,提出应从学科建设理念、学科体系、学科组织等方面推进学科建设模式创新,以适应知识生产

❶ 陈亮.学科治理能力现代化:"双一流"建设的逻辑旨归 [J].高校教育管理,2019,13(6):55-63.
❷ 李力,杜芃蕊,于东红.从学科构建到卓越学术共同体的形成:哈佛大学学科发展的内涵与经验 [J].中国高教研究,2012(4):65-70.
❸ 尚利娜,牛晓勇,刘改换.我国"双一流"建设高校学术期刊与一流学科建设关系分析 [J].中国科技期刊研究,2019,30(9):929-936.
❹ 刘小强,蒋喜锋.从自由的学科建设走向有组织的学科建设——知识转型背景下一流学科建设的转向 [J].苏州大学学报(教育科学版),2020,8(2):32-40.
❺ 武建鑫.走向自组织:世界一流学科建设模式的反思与重构 [J].湖北社会科学,2016(11):158-164.

模式转型的新要求。❶

（2）关于不同学科的建设

不同的学科其发展建设有不同的规律，需要从本学科自身出发，根据本学科的特性和发展目标提出具有建设性的学科建设要求。有学者从人工智能教育学科出发，分析了人工智能教育学科发展与学术共同体的关系，指出人工智能教育处于发展阶段，具有学科多样性、知识复杂性等特点，不能单依靠个人以及单个理论，因而需要把各类领域的专家学者整合在一起构建学术共同体就显得尤为重要。❷也有学者从高等教育学的学科角度，认为学科化是学术共同体形成的重要基础，指出必须要坚持高等教育学的学科化发展方向，因为我国高等教育学与美国实行的学科的设立和资源配置由各学术共同体自行决定的学术共同体学科制度根本上不同。❸还有学者谈到学科建设和学术共同体之间的相互作用，认为学科建设有利于高等教育学术共同体的形成，"学科是学术共同体形成的基础，任何一个学术共同体的形成，都是围绕相应的学科知识领域，通过聚集研究人员，开展学术研究和学术交流，形成不同学派等方式而形成的。"同时，学术共同体能够促进学科的发展，"建设一级学科的高等教育学，需要高等教育学术共同体增强学科凝聚力和促进学科发展的使命感"❹。除此以外，还有学者从家庭传播学的学科角度，提出要凝聚学术共同体，强化主体性认同，"凝聚中国家庭传播研究的学术共同体，以学术为中心，以提升共同体的学术创新能力、话语权和归属感为核心使命，形成广泛认同的学术理念和共同的价值追求，强化主体性认同，是促进家庭传播研究繁荣和学术创新的重要路径。"❺

（3）关于跨学科

随着学科的不断发展，单个学科不足以解决本研究领域的相关问题，需要借助不同的理论和研究视角对问题进行研究，这就使学科之间的跨越与协同合作成为学科建设的重要一环。有学者从统一与多元、部落与文化、专业化与劳动分工、市场与组织等一般性分析范式，探讨学科的多维性与复杂性，以解释学科性与跨学科性之间的矛盾。综合运用各个学科提供的范式比较学科性与跨学科性的

❶ 马廷奇,许晶艳.知识生产模式转型与学科建设模式创新[J].研究生教育研究,2019(2):66-71.

❷ 刘永,胡钦晓.论人工智能教育的未来发展：基于学科建设的视角[J].中国电化教育,2020(2):37-42.

❸ 张应强.当前我国高等教育学的危机与应对[J].高等教育研究,2017,38(1):8-11.

❹ 张应强.高等教育学的学科范式冲突与超越之路——兼谈高等教育学的再学科化问题[J].教育研究,2014,35(12):13-23.

❺ 朱秀凌.家庭传播研究的逻辑起点、历史演进与发展路径[J].国际新闻界,2018,40(9):29-46.

支持性因素以及二者的平衡机制。认为跨学科的发展并不能消解传统学科存在的意义，二者的矛盾关系仍然是今后一段时期大学组织学术细胞发展的主要矛盾。❶还有学者认为"学术共同体的基础是学术共识，不是对所谓学科边界的固守"，提出传播学重建在于跨学科，障碍来自"传统学科和专业对自己既得利益的维护"。❷"跨学科学术共同体的建立，恢复已逝的学科间的对话，将不同学科和背景的教师和学者组合起来，以使他们能够在学科间或者跨学科的氛围中对预设于学术研究中的一些基本问题进行广泛而深入的了解，为学者开展某一特定问题的研究奠定坚实的基础，改变目前普遍存在的基础狭窄、学科割据、进行排他性研究的局面"❸，促使大学学科向网状化态势发展，推动科学和知识走向整体化。

（4）关于地方院校学科治理

有学者从区域差异的视角，分析了地方院校与部属重点大学相比在学科治理上的相对落后，指出地方院校学科治理失范主要表现在学科决策"非组织化"、学科团队"虚置化"、学科资源配置行政化及学科文化生态庸俗化等方面，并相应地提出了地方高校学科治理科学化的实现路径。❹

4.围绕价值取向的学术共同体建设

如果一个学术共同体，它内部以追求名利为价值标准，那这个学术共同体的一切学术研究都是为了外在的收获，而不是单纯的学术研究。这样做出来的研究，大多是为了迎合市场的产物，研究者真正静下心来探索和思考学术问题就变得式微。有学者将学术共同体中的价值尺度称为"学术共同体的契约精神"，"学术共同体的契约精神是在正式的或非正式的学术王国中，系统内部成员之间的一种无言的、约定俗成的、休戚与共的精神盟约"。包括对真理的追求的信仰契约、对理论原则遵守的理智契约、对笃行等人格特征的人格契约、对共同使命感的心灵默契的学术自律契约。❺

（1）关于师生的共同价值取向

如果导师和研究生之间没有共同的价值取向，那么师生学术共同体就会因为不同的价值取向而分崩离析。导师是研究生思想政治教育的关键主体。习近平总

❶ 王占军.何谓学科：学科性与跨学科性的争论 [J].学位与研究生教育,2017(11):34-38.
❷ 孙玮.为了重建的反思：传播研究的范式创新 [J].新闻记者,2014(12):50-58.
❸ 袁广林.大学学术共同体：特征与价值 [J].高教探索,2011(1):12-15.
❹ 谢凌凌,陈金圣.学科治理：地方高校学科建设的核心议题 [J].教育发展研究,2017,37(7):38-45.
❺ 唐松林,魏婷婷.学术共同体的契约精神：本质、背离与回归 [J].教育发展研究,2015,35(7):70-75.

书记指出："要加强师德师风建设，坚持教书和育人相统一，坚持言传和身教相统一，坚持潜心问道和关注社会相统一，坚持学术自由和学术规范相统一，引导广大教师以德立身、以德立学、以德施教。"❶对于师生关系，梅贻琦先生在《大学一解》中有过精辟的论述："学校犹水也，师生犹鱼也，其行动如游泳也。大鱼前导，小鱼尾随，是从游也。从游既久，其濡染观摩之效，自不求而至，不为而成。"❷也就是说，老师不仅是知识的讲授者，其行为举止、生活作风也会在潜移默化中对学生产生影响。老师应在日常教学和生活中，注重学生的价值观念引导，帮助学生树立正确的价值取向，从而使师生学术共同体能够顺利发展。有学者分析了导师立德树人的学术逻辑，指出导师和研究生是致力于寻求真理的学术共同体、致力于恪守学术道德的道德共同体、致力于实现创新人才培养使命的命运共同体。应以导师的学术忠诚唤醒研究生的学术激情、当好学术传导人；以导师的学术操守涵养研究生的学术格局、当好学术训导人；以导师的学术心态优化研究生的学术生态、当好学术引导人。❸"导师与研究生在日常学术活动中所贯穿、渗透的精神交流和思想互鉴，联结为导学双方深层次情感的纽带，进而构筑起稳固、持久的共同价值。"❹还有学者从心理契约理论视角出发，对学术共同体中导致"导师—研究生"之间心理契约破裂的问题进行剖析，指出学生方"求学动机多样化""学术胜任力欠缺"；导师方"指导不足""功利心强""权利滥用"等是影响师生心理契约达成的具体因素，并以心理契约建立期、稳定期、违背期三个阶段为线索，提出完善沟通机制、开设心理门诊和健全督导制度等构建"导师—研究生"良好心理契约的路径。❺

（2）关于内化学科文化

学科文化是一个学科在长期发展过程中形成的学科内部普遍认同的原则、制度等意识的集合。学术共同体中的成员对学科进行研究，就要有学者从学科文化出发，指出研究生为融入学术共同体应内化学科文化："研究生教育需要以学科文化为依托，有意识地将学科文化中的价值取向、思维方式、行为规范和语言系

---

❶ 习近平在全国高校思想政治工作会议上强调：把思想政治工作贯穿教育教学全过程开创我国高等教育事业发展新局面 [N]. 人民日报，2016-12-9.
❷ 涂又光. 中国高等教育史论 [M]. 武汉：湖北教育出版社，2003:334.
❸ 郑忠梅. 立德树人：研究生导师职责的学术逻辑及其实现 [J]. 学位与研究生教育，2019(6):1-5.
❹ 张荣祥，马君雅. 导学共同体：构建研究生导学关系的新思路 [J]. 学位与研究生教育，2020(9):32-36.
❺ 郑文力，张翠. 基于心理契约视角的"导师—研究生"关系构建研究 [J]. 研究生教育研究，2019(5):16-20.

统等方面的传承纳入教学过程，帮助研究生更好地获取从事本学科研究的合法性基础，更好、更快地融入学术共同体。" ❶

（3）关于人类命运共同体理念下的学术共同体价值取向

构建人类命运共同体基本方略表征了人类社会存在方式与发展理念的重大变革，彰显了新时代中国特色社会主义的世界意义和人类价值，也标定了学科创新的时空坐标。在人类命运共同体理念引领下，学者之间的高等教育国际合作要超越自我利益，"以人类命运共同体引领的高等教育国际合作不再是以传统意义上成功或者失败的博弈作为出发点，相反，应该以关注各个组织和国家的整体利益，并且吸收各自优点作为交流的基础。参与教育合作的国家和院校应该承认他人的利益与自我的利益一样重要，以他人的存在和全人类共同利益为前提去思考问题和做出行为选择，反对以牺牲他人利益为代价发展自己。这样的合作形态是一种面向未来的形态，是对曾经主导世界的斗争和竞争社会中交往形态的超越。" ❷ 有学者从思想政治教育学科的角度，提出在构建人类命运共同体基本方略的指引下，思想政治教育应当树立推动全球治理体系变革的实践自觉与构建人类文明新形态的理论自觉，从转变思维方式、拓展研究领域和坚定文化自信三重向度明确学科创新的基本路向，聚焦培育思想政治教育学术共同体、深化思想政治教育比较研究以及提升思想政治教育国际传播能力等关键领域，真正将思想政治教育的创新追求提升到构建人类命运共同体的思想境界上来。❸

5. 聚焦师生关系的类型

对于师生关系的类型，许克毅等在《导师与研究生关系透视》一文中把研究生同导师之间的关系分为以下几种模式：权威型、和谐型、松散型和功利型。❹ 陈世海等把研究生教育中的师生关系分为老板雇员型、父母子女型、纯学术研究型、平等朋友型和其他类型。❺ 李文靖则认为研究生教育师生关系因研究考察的方面和参照系的不同，可以分为不同的类型。根据师生关系的内容层面，师生关系主要分为四类：教学关系、道德伦理关系、心理关系、人际关系；根据师生间

---

❶ 唐安奎. 学科、学科文化与研究生教育 [J]. 学位与研究生教育,2005(12):6–10.
❷ 周作宇,马佳妮. 人类命运共同体：高等教育国际合作的价值坐标 [J]. 教育研究, 2017,38(12):42–50.
❸ 曲波. 构建人类命运共同体视阈下的思想政治教育创新 [J]. 学校党建与思想教育, 2019(13):90–93.
❹ 许克毅,叶城,唐玲. 导师与研究生关系透视 [J]. 学位与研究生教育,2000（2）：59–62.
❺ 陈世海,宋晖,滕继果. 高校导师与研究生关系研究——以华中地区某高校为个案 [J]. 青年探索,2003（6）:27–30.

的心理距离，师生关系主要分为四类：亲密型、平淡型、冷漠型、冲突型；根据师生关系的性质特点，可将师生关系分为五类：专制型、管理型、放任型、挚爱型、民主型。❶方华梁、李忠云在其《导师与研究生之间的和谐关系探析》一文中阐述了研究生阶段师生关系包含的四层关系：制度意义上的负责与被负责的关系、传统意义上的师傅与徒弟的关系、伦理意义上的长辈与晚辈的关系、组织意义上的团队合作关系。❷按导师的指导方式及风格划分，毛丹等将研究生与导师的关系归纳为：紧密型、民主型、控制型和松散型。❸楚永全、陈文婷、陈姗姗在《研究生与导师关系的比较分析与改进对策》一文中将研究生教育的师生关系分为四种类型：纯粹师生型，即职业意义上的师生关系，以专业指导为主；亦师亦友型，兼有师生与朋友关系，除学习上的联系外，还有思想、生活等其他方面；老板雇员型，接近于公司雇用的金钱交换关系；松散疏离型，导师与学生联系不紧密，关系松散。❹高鹏等将研究生师生互动关系划分成普通师生型、良师益友型、家长子女型和老板员工型四类。❺毛如雁、江莹在《导师类型与师生互动分析》中通过经济资本和文化资本两个关键变量，将研究生和导师的关系分为四个类型：奋斗拼搏型、经济实利型、顺其自然型和学术至上型。❻蔡翔、吕芬芬运用"管理方格论"的管理理论，根据研究生导师对学生与学术的关注程度的不同，将其分为5个类型：贫乏型、关怀型、团队型、任务型、大众/中庸型，并通过对研究生导师类型的划分及"T-P互动"特殊性的分析，提出了以"T-P互动"内容中的"情感交流"与"学术交流"作为主要分类标准，将研究生师生互动分为以下几个类型："全面互动"型、"家庭互动"型、"放羊互动"型、"目标/传统互动"型，最后将"关系型互动"作为一种补充。❼

综上，学术界目前关于学术共同体的研究基于学术评价、学术规范、学科建设、价值取向、师生关系五个方面进行了一定的探索，取得了一系列成果。但已有研究也存在着一些不足：一是研究视角过于狭窄。目前学术界关于学术共同体

❶ 李文靖.我国高校和谐师生关系的营造[D].曲阜：曲阜师范大学，2009.
❷ 方华梁，李忠云.导师与研究生之间的和谐关系探析[J].当代教育论坛,2009(3):28-29.
❸ 毛丹，沈文钦，武迪，等.控制抑或支持：博士生学术指导模式及其影响因素分析[J].教育发展研究,2022,42（3）：77-84.
❹ 楚永全，陈文婷，陈姗姗.研究生与导师关系的比较分析与改进对策[J].教育与教学研究,2011,25（12）：65-68.
❺ 高鹏，李媛，张伟倩.关于导师与研究生关系的调查和实证分析[J].科学学与科学技术管理,2007,307（4）：144-147.
❻ 毛如雁，江莹.导师类型与师生互动分析[J].学位与研究生教育,2007（9）：26-29.
❼ 蔡翔，吕芬芬.研究生导师类型及"导师—研究生"互动模式分析[J].现代教育管理,2010,247（10）：66-68.

的研究大多从管理学、组织学、文化学的研究视角出发，这使学者分析学术共同体的角度千篇一律，从而得出的改进举措如出一辙，虽话术不同，但其实质落脚点仍是老生常谈的几点建议，创新点不足。二是研究方法单一。已有的研究或是单纯的解释理论，文章逻辑和框架毫无新意，虽致力于讲清理论，但其结论总因缺乏确凿的根据而难以信服；或是运用了定量研究方法，但也仅仅只是简单的调查问卷，数据并不有效和充足。三是缺乏对学术共同体的成员要素进行研究。如前所示，在知网中查询"师生学术共同体"主题的文章，检索出来的文献仅有二十几篇，由此可见，学术界目前对师生关系这一学术共同体重要关系网络的关注不够，这也是本书试图努力的方向。

三、研究方法

本书运用的研究方法包括文献法、计量法、质性研究方法。

1. 文献法

本研究通过知网、维普、万方等中文数据库和中国期刊全文数据库文献检索平台，全面查阅了有关学术共同体相关的研究文献。主要包括学位论文、核心期刊、专著等，还访问了相关网站，包括国家教育部网站、部分高校科研网站等。对大量的文献进行查阅、分析和整理，为本研究提供了研究思路和理论支撑。

2. 计量法

Cite Space 全称为 Citation Space（引文空间），是一款着眼于分析科学文献中蕴含的潜在知识，在科学计量学、数据可视化背景下逐渐发展起来的一款引文可视化分析软件。通过可视化手段来呈现科学知识的结构、规律和分布情况，因此也将通过此类方法分析得到的可视化图形称为科学知识图谱，用于探究某一研究领域的研究热点、研究前沿、知识基础（关键文献）、主要作者和机构等，同时帮助预测某一研究领域的未来发展走向。

3. 质性研究方法

本文采用质性研究中的非结构式访谈法和参与式观察法对某大学马克思主义中国化研究学科研究生学术共同体的老师和硕士研究生进行深入访谈。使用录音笔对访谈进行录音，将录音转化为文字资料以后，运用扎根理论方法进行资料分析。在质性研究中，1967 年格拉斯等人提出了"扎根理论"。扎根理论作为质性研究中的一种重要研究方法，其目的是"将实证研究和理论建构结合起来，采取自下而上的方法和步骤,在对原始资料系统分析的基础上归纳和建构出理论。"在国内,陈向明将其定义为"一种自下而上建立理论的方法,是在系统收集资料的基础上,寻找反映社会现象的核心概念。通过对材料进行开放式编码、关联式编码和选择式编码,在这些概念之间建立起联系而形成理论。"比较是扎根理论的主要分析思路,比较通常包括 4 个步骤:首先,对资料进行细致的编码,将资料归到尽可能多的概念类属下面;其次,将有关概念类属与它们的属性进行整合,同时对这些概念类属进行比较,考虑它们之间存在什么关系,如何将这些关系联系起来;再次,勾勒出初步呈现的理论,并将其返回到原始资料进行验证,同时不断优化现有理论;最后,将所掌握的资料、概念类属、属性的特征及概念类属之间的关系一层层描述出来。

四、主要创新

研究视角上,本书着眼于马克思主义中国化研究学科,探索了其师生学术共同体构建的类型、重大意义、现状、SWOT 分析、基本路径。首先,学术界目前并无专门针对马克思主义中国化研究学科进行的学术共同体研究。因而,本书从马克思主义中国化研究学科出发,将马克思主义的立场、观点、方法贯穿于全书,使得笔者始终以批判的眼光进行阐述。本书也立足于马克思主义经典作家的共同体思想,不仅将其作为本书立足的理论基础,也将其放在当下新时代我国学术共同体发展的现状进行分析,吸收其可借鉴的思想做法,以此期冀能够更有力地提出构建马克思主义中国化研究学科师生学术共同体的路径。其次,如前所言,目前学术界关于师生学术共同体的研究少之又少,学者们对学术共同体的研究多围绕学术评价、学术规范、学科建设等方面,而对于构成学术共同体的学术人本身却少有对其的单独研究。本书对师生学术共同体的探讨也是希望能够丰富这一理论。

研究方法上,以往对学术共同体的研究,大多都是单一的定量研究或者单一的质性研究,并未真正将两者结合起来。本书拟采取实证研究的方法进行,打破了传统的研究形式,不局限于理论阐述和理论思辨。本书从提出问题假设、到数据分析,最后得出结论,分析了马克思主义中国化研究学科师生学术关系的现状,从而使本书不仅有浓厚的理论色彩,也具有实践意义。

分析框架上,本书着重分析了马克思主义中国化研究学科师生学术共同体构建的 SWOT 分析。所谓 SWOT 分析,即基于内外部竞争环境和竞争条件下的态势分析，是指将与研究对象密切相关的各种主要内部优势、劣势和外部的机会和威胁等，通过调查列举出来，并依照矩阵形式排列，然后用系统分析的思想，把各种因素相互匹配起来加以分析，从中得出一系列相应的结论，而结论通常带有一定的决策性。运用这种方法，可以对研究对象所处的情景进行全面、系统、准确的研究，从而根据研究结果制定相应的发展战略、计划以及对策等。学术界目前关于学术共同体构建的分析上，虽有研究涉及构建学术共同体的优劣势和机遇挑战，但在研究过程中，并未以完整的理论对其进行系统研究。因而，本书不仅阐述了马克思主义中国化研究学科师生学术共同体构建的重大意义，更是根据SWOT 模型分析了马克思主义中国化研究学科师生学术共同体构建的优劣势和机遇挑战，从而更有理有据地提出马克思主义中国化研究学科师生学术共同体构建的基本路径，使该研究更具有逻辑性和说服力。

第二章 核心概念和理论基础

逻辑学认为概念是对客观事物特征一般、本质、抽象的反映，定义是对概念内涵或语词意义所做的简要而准确的描述。形成一种概念并进行科学界定，是人类认识事物的主要方法，也是理论体系形成的基础。

一、核心概念

1.共同体

"共同体"概念最早起源于古希腊，"Koinonia"表示一种具有共同利益诉求和伦理取向群体的生活方式，指的是对一种特殊的群体生活的描述，它不仅是指一群人共同居住在一起的状况，还指他们有相同信仰，在共同生活过程中建立起可以相互依靠、相互依存的密切关系，以及可以和谐共融的价值皈依。共同体是建立在群体成员本能中意或习惯制约的适应与共同记忆之上。血缘共同体、地缘共同体、宗教共同体等都是共同体的基本形态，共同体不仅是组成部分的简单相加，更是一个有机、浑然的整体。马克思、恩格斯在《德意志意识形态》《共产党宣言》《〈政治经济学批判〉序言》等中就频繁使用共同体概念。德国社会学家斐迪南·滕尼斯在他的《共同体与社会》一书中指出，人类群体生活有两种类型：共同体与社会，共同体的出现要早于社会，但是两者也有一定的不同，他认为："共同体本身应该被理解为一种生机勃勃的有机体，而社会应该被理解为一种机械的聚合和人工制品。" ❶ 在滕尼斯看来，共同体是由于特殊自然感情而紧密联系的交往共同体，社会则是一种比较表面的团体生活。共同体和社会的主要区别在于共同体有基于信念的信仰存在，也就是共同的价值观，这种基于认同的态度不止让共同体内部的成员有一致的社群观念，还促使他们在群体生活的过程中承担起一份责任感和使命感，这正是共同体和社会的最本质的不同，正是这种天然的不同情感，使共同体成为一个浑然而成的整体，而社会则是机械地结合起来的组合。尽管二者都是作为一种生活方式存在的，但区别很大。共同体是主动选择的，社

---

❶ 斐迪南·滕尼斯.共同体与社会 [M].北京：商务印书馆，1999.

会是被动机械的；共同体是有机统一的，社会是需要计划协调的，有一定的目的性。德国社会学家马克斯·韦伯认为，在个别场合、平均状况下或者在纯粹模式里，如果而且只要社会行为取向的基础是参与者主观感受到的情感或者传统的共同属于一个整体的感觉，这时的社会关系，就应当称作为"共同体"❶。英国思想家齐格蒙特·鲍曼在他的《共同体》一书中指出，共同体是社会中存在的、基于主观上或客观上的共同特征而组成的各种层次的团体、组织，既包括有形的共同体，也包括无形的共同体❷。

Community（共同体）由拉丁文前缀"Com"（"一起""共同"之意）和伊特鲁亚语单词"Munis"（"承担"之意）组成。我国将 Community 翻译为"社区"，但是在 Community 和社区的问题上学者们并没有达成一致。❸有学者认为，将 Community 翻译为社区，强化了它的地域性，而忽视了它的情感性。后来又出现了许多共同体的衍生词：学习共同体、科学共同体、法律职业共同体、实践共同体、知识共同体，企图从其外延中重新探寻其本源，这种将共同体的精神实质进行分解的方式，进一步深化了共同体的内涵，拓展了外延。

我国学者江涛认为："所谓'共同体'就是基于自然意志如情感、习惯等以及基于血缘、地缘关系而形成的一种社会有机体。"❹吴文藻先生直接把"共同体"解释为"自然社会"，而把"社会"解释为"人为社会"。自然社会以感情、血缘等为纽带，而人为社会则以利益和契约关系为纽带。

综上所述，所谓共同体，实际上就是一种真实的共存，一种归属精神，一种可信的权威架构，一种源于每个人的互惠利益的观念，一种分享和分享的精神指引。随着通信工具和信息技术的不断发展，现代化传播方式给人们带来极大的便利，人际交往和社会联系已经不再仅限于地域和精神方面。在社交互动媒体中，人们可以构建一个超越现实世界的群体和组织等，从而在信息化时代构建出一个精神社区，一个精神共同体。可以说，随着全球一体化、信息化的不断发展，社区、共同体的内容不断被充实，其空间含义也在不断拓展。

---

❶ 马克斯·韦伯.社会学的基本概念 [M].胡景北，译.上海：上海人民出版社，2005.
❷ 鲍曼.共同体：在一个不确定的世界中寻找安全 [M].欧阳景根，译.南京：江苏人民出版社，2003:2.
❸ 入江昭.全球共同体：国际组织在当代世界形成中的角色 [M].颜子龙，李静阁，译.北京：社会科学文献出版社，2009:48.
❹ 江涛，杨兆山.构建师生学术共同体的实践探索 [J].黑龙江高教研究，2014（7）：99-101.

2. 学术共同体

现代意义上的"学术"这一概念主要来自西方，指系统的、专门的学问。学术活动主要从事的工作是知识的生产、传播与应用，往往特别指知识的生产。17世纪英国哲学家布朗首次提出"学术共同体"这一概念。在《科学的自治》一文中，他将专家、教师及学生作为一个具有共同信念、共同价值和共同规范的社会群体，以区别于一般的社会群体组织，这样的群体称为学术共同体。[1]他指出："他们经常在学习过程中沟通交流，分享各种学习资源，共同完成一些学习任务，因为有共同信念和价值的支持，学术共同体会更愿意为最终的成果付出努力。"[2]之后康德在《学部冲突》中，对大学的学术目的、性质和秩序给出了理念层次上的规定，认为大学是从事学术大生产的组织，是一个"学术共同体"[3]。随后洪堡对康德学术理念进行发展，将大学看作以纯学术研究为任务的教育机关，认为在机关内应该实施人性化与个体化教育，培养出具有完美人性的人。大学应保持学术自由和学术自治，兼顾研究与教学，不受政府及其他外界势力的左右。雅斯贝尔斯在康德与洪堡对学术共同体界定的基础上，认为大学就是学者与学生求真的共同体，是一切形式上无条件地求真的地方，所公认的无非是求真的责任。[4]德国社会学家斐迪南·滕尼斯在社会学上的最主要贡献就是发现并深刻阐明人类的群体生活中两种结合的类型即共同体与社会，认为共同体的形式主要在群体中实现。[5]美国科学史家、科学哲学家库恩发表的科学哲学著作《科学革命的结构》，在本书中阐述过"科学共同体"，库恩所论述的科学共同体与我们现在所说的学术共同体有着共同体的特征，应该说学术共同体包含科学共同体，学术共同体是科学共同体的上位概念。[6]学术共同体的发展类型和形式是多样的，比如学者齐格蒙特·鲍曼认为："共同体是社会发展过程中存在的形式，一致的精神状态和价值观凝聚成的各种组织、机构团体等。既包括显性的又含有隐性的学术共同体。"[7]韩启德指出，所谓的学术共同体就是指一群志同道合的学者遵守共同的道德规范，相互尊重、相互联系、相互影响，共同推动学术的发展，由此而形成的

[1] 李力，杜芃蕊，于东红. 重塑大学学术共同体：基于大学学科发展的研究 [J]. 国家教育行政学院学报，2012(8):49.
[2] 赵帅. 网络时代"最好"的时代 [M]. 北京：北京工业大学出版社，2014:232.
[3] 宜勇. 大学组织结构研究 [D]. 上海：华东师范大学，2004:27.
[4] 范立舟. 论南宋书院与理学的互动 [J]. 社会科学战线，2008(7):88.
[5] 斐迪南·滕尼斯. 共同体与社会 [M]. 北京：商务印书馆，1999.
[6] 托马斯·库恩. 科学革命的机构 [M]. 北京：北京大学出版社，2012.
[7] 齐格蒙特·鲍曼. 共同体：在一个不确定的世界总寻找安全 [M]. 南京：江苏人民出版社，2003.

群体。❶ 马骁将其定义为，由遵循同一范式的学术人所组成的科学研究群体，在这种范式的约束和自我认同下，其成员掌握大体相同的文献和接受大体相同的理论，并拥有相近的价值、观念和目标。❷

综上，学术共同体应该具备以下特征：首先要有一个共同的研究范围，即一个学术团体所研究学术领域必须是相同的，只有如此，该团体的成员才能够进行有效沟通，比如文学共同体、物理共同体、化学共同体等。一个好的共同体，必须要有一个好的学术平台，比如期刊、协会等。其次是要有一个共同的奋斗目标。由于共同体的研究范围是一样的，共同体成员研究目标也应该是一样的，概括地说，共同体研究目标应该都是为了学术的进步和发展。最后要拥有相应的制度。一个学术共同体的发展，离不开制度的支持。制度建立了成员之间的互信，维持了秩序❸。若无相关的制度作保证，则会导致学术行为的不规范，进而影响到学术共同体的正常运行。最后是要把学术共同体作为思想沟通的平台。学术社区必须以推动科学发展为目的，若其成员总是为一些与学术无关的问题争论不休，那合作就失去了存在的根基，也就没有任何意义了。在一个好的共同体平台上，学者们才会更用心去探索，去思考，去交流，去碰撞，去合作，去推进学术发展。

学术共同体有其自身的特点，具体包括以下三个方面：

第一，探索性。学术共同体是一个充满活力的结构体系，课题确立、主体协同、机制建构都应该在传承中得到发展，并在探索超越中进一步完善，这种特征，我们将其称为学术共同体的探索性。学术共同体的探索性，是学术共同体生存的依据和发展的内在要求。学术共同体从萌芽、发育到成熟的过程，就是各类主体不断碰撞、充分磨合、相互协作、逐步默契的过程。正如托姆（1989年）所说："斗争"不但发生于个体与物种之间，而且发生于有机体发育的每一时刻❹。共同体成员、机制等从无到有，由少到多、从简到繁，充分体现出学术共同体探索性特征。

第二，协同性。学术共同体是一个由生命组成的组织，为了达到个人或团队的研究目的，其成员都会自发地进行相互交流、相互协作、相互促进。这种协同性并非外界环境的强迫，而是由共同体成员自身的主观能动性决定。每位学者都

❶ 2009年9月8日，全国人大常委会副委员长、中国科协主席韩启德在第十一届中国科协年会致开幕词.
❷ 马骁.学术共同体及其组织理论研究[D].淮北：淮北煤炭师范学院,2009.
❸ 王天晓.治理之于高校学术共同体建设的适切性[J].首都师范大学学报（社会科学版），2011(6):61-65.
❹ 苌光锤，李福华.学术共同体理论研究综述[J].中国电力育,2010(21):8-10.

有各自的学术理念、学术志趣与学术情感，在自我反省中不断调整，为目标不懈努力。学术共同体要求学者超越个人视野局限，在更高的平台上重新审视学术研究的方向和内容，在与其他成员合作中实现共赢。

第三，持续性。持久性是一个长期保持的进程或状况。学术共同体是具有一定结构、有序和可持续性等特点的研究组织。学术共同体的持续性主要表现在学术共同体的成员相对稳定，学术共同体活动具有持续性，学术共同体的研究课题相对稳定，大家共同认可的科学精神和价值规范逐渐趋向一致，凸显持续性发展，学术共同体的学术交流、研究生专题讨论、成果分享等活动，也很好地促进了学术共同体成员自身的主体精神和创新能力提升，保持成员相对确定。

学术共同体的活动形式主要有学术讨论会（Seminar）、专题讨论会（Workshop）和科研项目（Program）等。学术成果主要涉及工作报告（Working Paper）、会议论文（Conference Paper）与公开发表的论文（Paper）等❶。

综上所述，学术共同体可以定义为：以学术研究者为主体，在特定区域，具有共同学术范式、学术旨趣、目标理念的学者们，按照显性或隐形的契约，以不同形式结合在一起，进行学术互动交流、产出学术成果的学者群体。它的作用主要有：学术交流、维护竞争与协作、把个人知识变成公共知识、共同致力于问题解决和成果转化运用、塑造学术规范和方法、为学术研究和评价守门把关、培育新人、争取和分配资源、社会适应和良性互动等。师生学术共同体的核心内容是学术研究，组织方式是共同体。参与者是研究生和导师，就是研究生和导师围绕学科专业的基本理论和实践问题进行学术研究，这种研究既不是各自为阵、互不往来，也不是包办代替、越俎代庖，而是分工明确、相互协作、成果共享。导师既要对学科基本理论和实践问题具有深刻见解，又愿意耗费时间和精力，通过共同体机制，主动讲授、辅导学术前沿问题，鼓励、支持学生自主研究，培养、激发研究生的学术热情和动手能力，并在学术交流中以身作则、言行一致，帮助学生树立正确的学术观、道德观、人生观和价值观；研究生既要对本学科的各个领域有浓厚兴趣和钻研精神，又要接受共同体的基本学术安排和规则约束。

3. 马克思主义中国化研究学科

马克思主义中国化研究作为学科兴起于 21 世纪初，确立为马克思主义理论一级学科所属的二级学科之一，2005 年设立，至今已有十多年时间了。习近平总书记在庆祝中国共产党成立 100 周年大会上明确指出："以史为鉴、开创未来，

---

❶ 丁云龙. 国外学术共同体学术研究体例述评 [J]. 东北大学学报（社会科学版）,2002(4):238.

必须继续推进马克思主义中国化。""中国共产党坚持马克思主义基本原理，坚持实事求是，从中国实际出发，洞察时代大势，把握历史主动，进行艰辛探索，不断推进马克思主义中国化时代化，指导中国人民不断推进伟大社会革命。中国共产党为什么能，中国特色社会主义为什么好，归根到底是因为马克思主义行！"❶

关于马克思主义中国化这一概念的内涵和外延，综观目前已有的各种研究和定义，最具权威性的界定来自党的十九届六中全会《中共中央关于党的百年奋斗重大成就和历史经验的决议》及党的二十大报告，就是把马克思主义基本原理同中国具体实际相结合，同中华优秀传统文化相结合。

关于马克思主义中国化研究学科内涵的界定，学术界存在两种不同的思路：一是把"马克思主义中国化研究"与"马克思主义中国化"概念等同，认为马克思主义中国化研究的学科内涵就是"相结合"，包括马克思主义理论同中国的实践相结合、马克思主义理论同中国的历史传统相结合、马克思主义理论同中国的民族文化相结合。二是以马克思主义理论一级学科及所属二级学科的划分为依据诠释学科内涵，但具体表述上也有差别。有的把基本内涵归纳为两个方面：其一，研究马克思主义中国化的历史进程、基本经验和基本规律；其二，研究中国化的马克思主义，也就是马克思主义中国化的主要理论成果。有的认为，马克思主义中国化研究学科的基本内涵除了上述两方面，还应当包括马克思主义中国化视野下当代中国的重大理论与实践问题，马克思主义中国化研究要以马克思主义中国化为主线，以中国化的马克思主义为主题，以建设中国特色社会主义的理论与实践为重点。还有的认为，马克思主义理论一级学科所属各二级学科各有特点，马克思主义中国化研究学科的关键词是"中国化"，这意味着马克思主义中国化研究学科要注重对中国国情、中国现实进行深入的研究，并概括出其中的规律。❷

二、理论基础

1. 马克思主义经典作家共同体思想

马克思从满足人类生存的需求出发，对共同体进行了分析和阐释，他以物质生产为基础，提出共同体并不是一个简单的、永恒不变的规定，它是一个持续产生的过程，这一过程体现在对人类社会形态变化的整体把握上。

---

❶ 习近平：在庆祝中国共产党成立 100 周年大会上的讲话 [M]. 北京：人民出版社，2021：12 — 13.

❷ 罗本琦. 马克思主义中国化研究学科建设 [N]. 光明日报，2011-1-31.

（1）以人的相互依赖为基础的"自然共同体"

人类在共同体中呈现出一种什么样的状态是马克思探讨共同体的出发点。马克思指出，人类通过劳动来维系家族和共同体的正常生存，但是人类不能打破自己的地域限制，这也是自然共同体的一个缺点。在自然共同体中，人的依赖性得到了充分体现，但是却经常忽略了个性发展。马克思并没有批评这种自然共同体的缺陷，而是在各个地域的基础上，对其给予充分的关注，并将着眼点放在了对自然共同体基础和特征的深入挖掘上。

马克思在撰写《资本论》的过程中，对历史上各种类型的共同体进行了追溯。1859 年马克思在《〈政治经济学批判〉序言》中写道："大体说来，亚细亚的、古希腊罗马的、封建的和现代资产阶级的生产方式可以看作是经济的社会形态演进的几个时代。"[1]马克思开启的"东西方"的比较研究，拓展了历史唯物主义的视野。"自然形成的部落共同体，或者也可以说群体———血缘、语言、习惯等的共同性，是人类占有他们生活的客观条件，占有那种再生产自身和使自身对象化的活动（牧人、猎人、农人等的活动）的客观条件的第一个前提。"[2]马克思在这里讲的共同体，是从历史发展、人类起源的视角对氏族部落进行解读，认为居住在部族的人们由于相互的需要而结成统一体，共同面对外部冲击，共同维护生存环境，这样就形成自然共同体。在撰写《资本论》的过程中，他分析了资本主义经济之前各个民族共同体的基本特点，包括亚细亚、古典古代形式及日耳曼形式。

马克思认为自然共同体在不同地域具有不同的表现形式，其呈现出来的状态：一是生产力极度低下，人类不得不集体作战，靠天吃饭，依赖集体才能生活；二是人类认知能力极为有限，无法左右外界事物，只能集中力量保持生存状态，彼此相依，听命于自然。亚细亚共同体非常依赖土地，认为土地事关人的健康发展，马克思针对这种现象深刻描述到，土地是共同体的坚实基础，因为它发挥着不可替代的作用，提供人们劳动过程中的所需，拓展人们栖居的空间。[3]他指出，在亚细亚方式中，土地使用权如果被束之高阁，就会陷入动荡的乱局。个体基于血缘、地缘的联系来获得自己生存所需要的物质条件，必然会受到自然共同体的限制和束缚，个体虽然能占用土地而劳作，但却未拥有土地所有权。土地是人们

❶ 马克思.《政治经济学批判》序言，马克思恩格斯文集（第 2 卷）[M]. 北京：人民出版社，2009:592.

❷ 马克思.《政治经济学批判》序言，马克思恩格斯文集（第 2 卷）[M]. 北京：人民出版社，2009:123－124.

❸ 马克思恩格斯选集（第 2 卷)[M]. 北京：人民出版社 ,2012:726.

开展生产活动的现实基础，血缘是维持人们生存方式的现实支撑。马克思强调亚细亚所有制共同体的重要趋势，指出："自然形成的共同体：家庭和扩大成为部落的家庭，或通过家庭之间互相通婚而组成的部落，或部落的联合。"❶其共同体成员主要表现为以家庭为主的自然基础，家庭是人类的重要存在方式，在这样的自然基础上，面对大自然的种种危机，人们认为凭一己之力无法战胜，必须集众人之力来解决问题，从而开始了部落的联合。在亚细亚方式中，个人对共同体依赖性极强，没有共同体，个体就无法生存。这种自然的狭隘性，表现出个体完全被共同体所遮蔽，个体仅仅是共同体的附属品，一方面表现为物质生产活动中呈现的彼此相互信任、相互依靠，另一方面体现在共同体成员间没有利益区分，同时还会存在要把自己的劳动成果让渡给共同体成员，成为公共成果的行动。在以古希腊、古罗马为代表的古典古代所有制形态中，共同体的基础不是土地而是城市，"耕地表现为城市的领土，而不是村庄表现为土地的单纯附属物。"❷这种共同体是"一个存在着的统一体"，出现了"单个人的存在和需要"和"公社成员的特殊经济存在"。❸个人在共同体内拥有构成其私有财产、小块土地所有权，个人的私有财产只有在其作为共同体成员的基础上才能获得。共同体作为自由和平等的私有者之间的相互关系，是人们共同对抗外界的联合保障。日耳曼共同体的基础是"孤立的、独立的家庭住宅"，每一个家庭就是一个经济整体且本身就构成一个独立的生产中心和经济整体，共同体表现为一种联合而不是联合体，只有在战争、宗教活动、解决诉讼等暂时集会中表现为实体。

马克思认为，在自然共同体中，人无法摆脱客观环境约束，出于生存保障和繁衍需求，每个人都不可避免地选择与他人结盟。共同体成员受外在的血缘和地缘关系约束，而失去其自身的独立性。个人想要保护自己的利益，使其不被团体利益所淹没，就必须努力去消解团体中的不公平现象，个人与团体之间深层次矛盾愈演愈烈，随着生产力水平的不断提高，科学技术的快速发展，个人能力很快增强，共同体内部的矛盾也会随之提升，自然共同体也就不可避免地走向了破灭。

（2）批判以物的依赖性为基础的"虚幻共同体"

在《资本论》中，马克思从商品开始，分析资本主义经济运行过程，涉及商品、货币、生产等要素。在对经济要素分析的过程中，他同时分析了经济活动背后的社会关系，包括各类共同体。一是所有制形式及作为商品交换基础的生产关系。

❶ 马克思恩格斯选集（第2卷）[M]. 北京：人民出版社,2012::725.
❷ 马克思恩格斯全集（第30卷）[M]. 北京：人民出版社,1995:469.
❸ 马克思恩格斯全集（第30卷）[M]. 北京：人民出版社,1995:476.

他指出："某一个共同体，在它把生产的自然条件——土地（如果我们立即来考察定居的民族）当作自己的东西来对待时，会碰到的唯一障碍，就是业已把这些条件当作自己的无机体而加以占据的另一共同体。因此战争就是每一个这种自然形成的共同体的最原始的工作之一，既用以保卫财产，又用以获得财产。"❶ 在马克思看来，共同体把财产和语言都看作自己赖以存在的基础和属性，❷ 但他更侧重财产和生产，指出："共同体以主体与其生产条件有着一定的客观统一为前提的，或者说，主体的一定的存在以作为生产条件的共同体本身为前提的所有一切形式（它们或多或少是自然形成的，但同时也都是历史过程的结果），必然地和有限的而且是原则上有限的生产力发展相适应。生产力的发展使这些形式解体，而它们的解体本身又是人类生产力的发展。人们先是在一定的基础上——起先是自然形成的基础，然后是历史的前提——从事劳动的。"❸ 共同体是历史发展的产物，必将随着经济的发展而不断变换形式。二是在对大量历史资料分析的基础上，马克思把共同体问题聚焦到资本主义社会的共同体："生产力—财富一般—从趋势和可能性来看的普遍发展成了基础，同样，交往的普遍性，从而世界市场成了基础。这种基础是个人全面发展的可能性，而个人从这个基础上出发的实际发展是对这一发展的限制的不断扬弃，这种限制被意识到是限制而不是被当作神圣的限制。个人的全面性不是想象的或者设想的全面性，而是他的现实联系和观念联系的全面性。由此而来的是把他自己的历史作为过程来理解，把对自然界的认识（这也作为支配自然界的实践力量而存在着）当作对他自己的现实躯体的认识。"❹ 在《资本论》中，马克思从生产、消费、分配、交换等因素出发，对隐藏在它们背后的社会关系进行剖析，重视经济的基础性作用和经济关系变化对个人、个性解放的影响。在马克思看来，社会意义上的共同体，即人们的社会关系模式，是随着经济活动不断拓展的，他认为世界市场将成为交往的基础，人们在此基础上进一步延伸自己的社会关系。他从社会生活入手，从所有制关系开始，将自己的分析延伸到商品交换和整个生产过程，进而从部落之间的交换拓展到全球市场，这些都表明马克思主义经典作家对共同体的认识是沿着历史线索，层层递进，步步

❶ 马克思.政治经济学批判（1857—1858手稿）摘选.马克思恩格斯文集（第8卷）[M].北京：人民出版社，2009:141.
❷ 马克思.政治经济学批判（1857—1858手稿）摘选.马克思恩格斯文集（第8卷）[M].北京：人民出版社，2009:140.
❸ 马克思.政治经济学批判（1857—1858手稿）摘选.马克思恩格斯文集（第8卷）[M].北京：人民出版社，2009:146.
❹ 马克思.政治经济学批判（1857—1858手稿）摘选.马克思恩格斯文集（第8卷）[M].北京：人民出版社，2009:170-171.

深入。

对政治经济学的深入研究，使马克思真正认识到了资本主义国家生产力快速发展背后的残酷现实。在《1844年经济学哲学手稿》中，马克思通过转述、摘录、研究以往哲学思想以及国民经济学的重要内容，深入剖析了产品异化、劳动异化、私有财产、共产主义以及"人的本质"等重要问题，逐步得出共产主义就是科学的人道主义，真正的人道主义就是共产主义的基本判断。马克思认识到资本主义国家中工人被拘定在特定分工中，丧失了自己劳动和创造的能力，只能听命于资本家，以消耗生命为代价实现资本家的财产积累，社会劳动沦为孤立的个体劳动。工人在异化劳动里生产的越多，丧失的就越多，在工作中获得的不是本质力量的确证，而是自我的进一步陷落。在资本主义生产方式下，共同体和个人的关系发生了改变，成了片面的物与物的关系，劳动生产的目的是资本积累，资本不断积累又进一步加深了资本家对资本增殖的贪念。就这样，资本和物成为主宰一切的威权，成为统摄共同体的最高力量。只有通过扬弃私有财产和异化劳动，重新占有人的主体性和创造性，以一种全新的方式占有人和人的本质，才可能建立一种非异化的共同体形态。在《德意志意识形态》中，马克思详尽描述了资本主义制度的产生历程，统治阶级的私人利益与人民大众的普遍利益无法和谐共生，因为一方的实现就意味着另一方的失去，而谁都不愿意出让自己的利益。因此必须创设一种有效形式使单个利益与特殊利益彻底独立，这种有效的形式便是国家，即虚幻的共同体形式。某一阶级在扫清一切障碍夺取政权并确立自身统治地位后，就要进一步让人民大众成为自己的忠实信徒。为了让普罗大众信服自己所宣扬的共同利益的合法性和普遍性，他们就必须把特殊利益美化包装成普遍利益，让共同体内的成员为这种虚假的共同利益不断牺牲自我。这样就会导致所谓自由只局限于极其狭小的统治阶级内部。"因此对于被统治的阶级来说，它不仅是完全虚幻的共同体，而且是新的桎梏。"❶对政治经济学深入考察的基础上，马克思发现资本主义是通向共同体更高的发展阶段必经的中间环节，终将会被取代和消灭，这为马克思真正共同体思想打下了坚实的现实基础。

（3）实现自由人联合体的"真正共同体"

在对资本主义基本矛盾深刻分析的基础上，马克思主义经典作家把共产主义视为人类社会发展的最高形式，作为理想类型的共同体，认为只有在这种共同体中，人类才能得到自由、全面的发展，这种自由和全面发展是通过人的自由联合

❶ 马克思恩格斯选集（第1卷）[M]. 北京：人民出版社，2012：199.

实现的。马克思恩格斯在《德意志意识形态》中阐述，共同体有原始的共同体、虚假的共同体和真正的共同体三种类型，他想借此勾画人类社会发展的脉络，构成其唯物史观的基本内容："只有在共同体中，个人才能获得全面发展其才能的手段，也就是说，只有在共同体中才可能有个人自由。在过去种种冒充的共同体中，如在国家等等中，个人自由只是对那些在统治阶级范围内发展的个人来说是存在的，他们之所以有个人自由，只是因为他们是这一阶级的个人。从前各个人联合而成的虚假的共同体，总是相对于个人而独立的；由于这种共同体是一个阶级反对另一个阶级的联合，因此对于统治的阶级来说，它不仅是完全虚幻的共同体，而且是新的桎梏。在真正的共同体的条件下，各个人在自己的联合中并通过这种联合获得自己的自由。"❶ 这段话可以从三个角度理解：一是马克思表达了他关于社会的基本观点，在马克思看来，人的本质是一切社会关系的总和，个体只有在社会关系、生产关系中才能够实现生产和再生产，才能生存和发展。二是他对当时盛行的有关共同体的各种论述，把它们看作是一种虚假的共同体。在这种共同体中，个人没有自由，而且还得从属一种阶级，从而限制了人类的本性，限制了自由。三是只有在真正的共同体意义上，即在个人的联合中实现人的自由发展的共同体才是真正意义上的共同体。

马克思并未夸大"真正共同体"的美好样态，而是围绕"发展生产力、国家的自行消亡以及带领人民实现这一美好愿景的领导力量——共产党人"等问题展开分析。首先，他认为想实现生产力的极大发展，不彻底消灭私有制是不可能的。只有消灭私有制，个人才可以真正占有自己的劳动产品，确保自己的劳动活动不再是迫于无奈，而是自觉自愿的。所有制的变革，是新的社会生产力和生产方式对资本主义旧的生产力和生产方式的超越，宣告着新世界的到来。其次，他认为人们在真正的共同体中，将从事真正意义上的劳动并成为自己精神的主人。不同于虚假共同体中人们不断抽象化和物化，越来越失去人之为人的自主性、创造性和尊严，在真正的共同体中，传统生产方式的消灭和社会分工的消亡，将把人们从自己的固定劳动中解放出来，不再像以往那样仅仅履行机器的职能，人可以真正自由地按照自己的兴趣从事任何劳动。再次，传统的价值观和思想将随着私有制的灭亡不复存在，人们不再受制于固有的价值观念，而真正拥有了自己的精神世界。最后，实现真正的共同体不能只靠观念上的革命，必须革命。共产党人领

---

❶ 马克思，恩格斯.德意志意识形态.马克思恩格斯文集 (第 1 卷)[M]. 北京：人民出版社 2009:571.

导的无产阶级革命的目标即"坚持整个无产阶级共同的不分民族的利益"❶。《德意志意识形态》《共产党宣言》等著作的发表，体现了马克思对人类社会发展规律的内在把握，是马克思共同体思想形成过程中的关键一环。

马克思对真正共同体的建构，自始至终就站在整个人类社会历史发展的高度和物质实践基础上。"真正共同体"即"自由人的联合体"具有以往任何一个历史阶段共同体都不具备的超越性和真实性。真正共同体彻底剥离了人的抽象性，使人与人之间的交往彻底打破了物的限制，摆脱了资本主义生产条件下人和人的关系的片面化和异化。因此，人与人的交往在真正的共同体中是"建立在个人全面发展和他们共同的、社会的生产能力成为从属于他们的社会财富这一基础上的自由个性"❷。由此可见，在真正的共同体中，个人自由的实现并不意味着要以牺牲他人的自由为代价，而是把他人自由的实现看作自己自由实现的前提。真正认识到了自己与他人关系的深层性和交互性，很大程度上克服了个人利益和共同体利益的矛盾冲突。在历史共同体中从未得到妥善解决的个人与共同体之间缠绕对峙、割裂斗争终于迎来了转机。"每个人的自由发展是一切人的自由发展的条件"❸，深刻说明了个体与共同体相互成就、共同实现，真正的共同体消灭了阶级和阶级对立，尊重个人自由，并为个人自由的实现指明方向。

2. 中国化马克思主义关于共同体的重要论述

中国共产党在领导革命、建设、改革和新时代发展的整个历史过程中，非常重视团结一切可以团结的力量，为实现共同目标而努力奋斗。新民主主义革命时期，毛泽东强调要结成统一战线，就必须团结同盟者为共同目标而奋斗，必须给同盟者以物质福利，至少不损害其利益。社会主义革命和建设时期，毛泽东撰写《论十大关系》《关于正确处理人民内部矛盾的问题》等文章，提出统筹兼顾、长期共存等处理经济、政治、文化领域矛盾和问题的战略思想，对于形成合作共赢的政党关系、经济关系具有重要意义。改革开放和社会主义现代化建设过程中，中国共产党对共同体认识逐渐清晰。党的十八大以来，中国特色社会主义进入新时代，习近平总书记对人类命运共同体理念进行了深刻论述，对我们正确理解共同体的内涵、本质、特点、价值具有重要指导意义。

---

❶ 马克思恩格斯文集（第 2 卷）[M]. 北京：人民出版社，2009：44.
❷ 马克思恩格斯全集（第 30 卷）[M]. 北京：人民出版社，1995：107-108.
❸ 马克思恩格斯文集（第 2 卷）[M]. 北京：人民出版社，2009：53.

（1）人类命运共同体

习近平总书记关于人类命运共同体的重要论述，内涵丰富，逻辑严密，层层推进，符合当今时代发展方向，是马克思共同体思想与新时代中国实际相结合的产物，综合了中华优秀传统文化精华，吸收借鉴了西方共同体思想的有益成果，立足于当今世界面临的各种问题，突破了过去理论与实际之间的严重脱节，有着深厚的历史底蕴和时代特色。2007年9月7日，《人民日报》发表的一篇题为《人类"命运共同体"意味凸显，APEC采用"大家庭"观念》的文章中首次提出了"命运共同体"这一概念，这是"人类命运共同体"概念的酝酿。2012年9月国务院新闻办公室发表了《中国和平发展》白皮书，正式提出"命运共同体"。这一时期，"命运共同体"概念虽然提出，但并未引起学术界的广泛关注，也未能得到整体性、系统性的梳理与解读。2012年11月8日，党的十八大报告中首次出现"人类命运共同体"这一概念，指出"要倡导人类命运共同体意识，在追求本国利益时兼顾他国合理关切，在谋求本国发展中促进各国共同发展。"❶ 此后，人类命运共同体理念不断发展，逐渐成为中国外交战略的重要组成部分，成为中国致力于推进人类和平与发展崇高事业的理论指导和鲜明旗帜。2013年3月23日，习近平主席在对俄罗斯进行访问的过程中，发表了题为《顺应时代前进潮流，促进世界和平发展》的演讲，首次全面详细阐释了"人类命运共同体"这一科学理念，他明确指出："这个世界，各国相互联系、相互依存的程度空前加深，人类生活在同一个地球村里，生活在历史和现实交汇的同一个时空里，越来越成为你中有我、我中有你的命运共同体。"❷ 人类命运共同体理念开始受到越来越多国家的认可与关注。在此基础之上，习近平总书记在多次重要讲话中又先后提出了构建"中非命运共同体""中国—东盟命运共同体""亚太命运共同体""中拉命运共同体""亚洲命运共同体"等倡议，极大丰富了人类命运共同体内涵和外延，推动了构建人类命运共同体的进程。2015年7月，习近平主席在金砖国家领导人第七次会晤上的讲话中指出："要打造金砖国家利益共同体"，并从四个方面对打造"金砖命运共同体"提出了建设性的意见，不仅丰富了人类命运共同体理念的相关内容，还提出了构建人类命运共同体的具体践行路径。9月，习近平主席在纪念联合国成立70周年的大会上发表题为《携手构建合作共赢伙伴，同心打

❶ 胡锦涛. 坚定不移沿着中国特色社会主义道路前进为全面建成小康社会而奋斗：在中国共产党第十八次全国代表大会上的报告[N]. 人民日报,2012-11-9(2).

❷ 习近平. 顺应时代前进潮流，促进世界和平发展：在莫斯科国际关系学院的演讲[N]. 人民日报,2013-3-24(2).

造人类命运共同体》的重要讲话，将打造人类命运共同体与建立新型国际体系相联系，首次系统阐述了构建人类命运共同体五位一体的总路径和总布局，这一讲话标志着人类命运共同体理念基本形成。此后，以习近平同志为核心的中央领导集体，在多个国际场合对人类命运共同体理念进行了积极传播与宣扬，并将推动构建人类命运共同体与"一带一路"倡议有机的结合起来。"一带一路"和构建人类命运共同体，实践推动理论创新，理论指导实践发展，两者相互促进、相得益彰，使人类命运共同体这个相对抽象的概念逐渐变为具体的、可操作的实践方案。12 月，习近平主席在第二届互联网大会开幕式演讲中指出："各国应该共同构建网络空间命运共同体。"❶2016 年 4 月，习近平主席在第四届核安全峰会上提出："要以开放包容的精神，努力打造核安全命运共同体。"❷这些讲话大大丰富了人类命运共同体的主要内容，完善了构建人类命运共同体的路径举措。2017 年 1 月，习近平主席在联合国日内瓦总部演讲中，对人类命运共同体的科学内涵、时代意义以及推动构建人类命运共同体的践行举措做出了全面系统的阐释，这一讲话标志着人类命运共同体理念的成熟。自此以后，人类命运共同体理念获得越来越多国家的认可与赞同，成为国际关系和全球治理话语体系中的重要内容，成为新的历史阶段中国特色大国外交实践的指导思想，并在 2017 年写入联合国安理会相关决议中。

（2）全人类共同价值

2015 年习近平主席在第 70 届联合国大会发表演讲时指出，"'大道之行也，天下为公。'和平、发展、公平、正义、民主、自由，是全人类的共同价值，也是联合国的崇高目标。"❸首次提出"全人类共同价值"的概念，全人类共同价值是人类命运共同体的思想基础。此后习近平总书记多次强调"全人类共同价值"，2020 年，在纪念"中国人民志愿军抗美援朝出国作战 70 周年"大会讲话时，他指出："作为负责任大国，中国坚守和平、发展、公平、正义、民主、自由的全人类共同价值，坚持共商共建共享的全球治理观，坚定不移走和平发展、开放发展、合作发展、共同发展道路。"❹2021 年 7 月，他在中国共产党与世界政党领导人峰会上发表重要讲话，强调"各国历史、文化、制度、发展水平不尽相同，

❶ 习近平. 在第二届世界互联网大会开幕式上的讲话 [N]. 人民日报,2015-12-17(2).
❷ 习近平. 加强国际核安全体系，推进全球核安全治理在华盛顿核安全峰会上的讲话 [N]. 人民日报,2016-4-3(2).
❸ 习近平. 论坚持推动构建人类命运共同体 [M]. 北京：中央文献出版社，2018：253-254.
❹ 习近平. 习近平谈治国理政：第 4 卷 [M]. 北京：外文出版社，2022：78.

但各国人民都追求和平、发展、公平、正义、民主、自由的全人类共同价值。"❶
2021年11月，党的十九届六中全会审议通过的《中共中央关于党的百年奋斗重大成就和历史经验的决议》提出："面对复杂严峻的国际形势和前所未有的外部风险挑战，必须统筹国内国际两个大局，健全党对外事工作领导体制机制，加强对外工作顶层设计，对中国特色大国外交作出战略谋划，推动建设新型国际关系，推动构建人类命运共同体，弘扬和平、发展、公平、正义、民主、自由的全人类共同价值，引领人类进步潮流。"❷2022年，习近平主席在博鳌亚洲论坛年会开幕式主旨演讲中提到："我们要践行共商共建共享的全球治理观，弘扬全人类共同价值，倡导不同文明交流互鉴。"❸2023年3月，中国共产党与世界政党高层对话会上召开，习近平总书记发表主旨讲话，指出："我们要共同倡导弘扬全人类共同价值，和平、发展、公平、正义、民主、自由是各国人民的共同追求，要以宽广胸怀理解不同文明对价值内涵的认识，不将自己的价值观和模式强加于人，不搞意识形态对抗。"❹

虽然"全人类共同价值"的概念2015年才首次提出，但是它所包含的基本理念早已在中国共产党内达成共识。当今世界，百年未有之大变局加速演进，世界之变、时代之变、历史之变正以前所未有的方式展开。一方面，和平、发展、合作、共赢的历史潮流不可阻挡，人心所向、大势所趋决定了人类前途终归光明。另一方面，恃强凌弱、巧取豪夺、零和博弈等霸权霸道霸凌行径危害深重，和平赤字、发展赤字、安全赤字、治理赤字加重，人类社会面临前所未有的挑战。世界又一次站在历史的十字路口，何去何从取决于各国人民的抉择。❺全人类共同价值是中国对中国之问、世界之问、人民之问、时代之问的科学回答。习近平总书记强调："各国人民有权选择自己的发展道路和制度模式，这本身就是人民幸福的应有之义。"❻"各国都应成为全球发展的参与者、贡献者、受益者。"❼对于国

❶ 习近平．习近平谈治国理政：第4卷[M]．北京：外文出版社，2022：425．
❷ 中共中央关于党的百年奋斗重大成就和历史经验的决议[M]，北京：人民出版社，2021：60．
❸ 习近平：携手迎接挑战，合作开创未来——在博鳌亚洲论坛2022年年会开幕式上的主旨演讲，人民日报，2022-4-22．
❹ 习近平．携手同行现代化之路——在中国共产党与世界政党高层对话会上的主旨讲话[M]．北京：人民出版社，2023：4．
❺ 习近平．高举中国特色社会主义伟大旗帜，为全面建设社会主义现代化国家而团结奋斗——在中国共产党第二十次全国代表大会上的报告[M]．北京：人民出版社2022:60．
❻ 习近平．习近平谈治国理政：第4卷[M]．北京：外文出版社，2022：426．
❼ 习近平：谋共同永续发展 做合作共赢伙伴——在联合国发展峰会上的讲话[N]．人民日报，2015-9-27．

际关系中出现的各种霸权主义和不民主的现象，习近平总书记指出"垄断国际事务的想法是落后于时代的，垄断国际事务的行动也肯定是不能成功的。"❶

"为了人民"是全人类共同价值的核心主张。"为了人民"是贯穿于习近平关于全人类共同价值重要论述的灵魂和主线。在现实中，人民既期待和平、发展，也期望公平、正义，更希望民主和自由。因此，在习近平关于全人类共同价值的重要论述中，处处体现着"人民至上""为了人民"等观点，这些观点集中体现了全人类共同价值的人民旨向。可以说，为全世界的人民群众谋幸福，使各国人民都能过上美好生活，是弘扬全人类共同价值的核心主张。❷共同发展是全人类所期待和追求的，也是全人类共同价值的根本内容。那是因为全人类共同价值所倡导的价值观念需要通过发展的途径来达成。在全人类共同价值倡导下，在开放、包容的世界环境下，世界各国人民相互帮助、互相支持，实现发展道路、发展技术、发展理念的共享、共用，推动普惠式、平衡性发展和协调性、可持续的发展，最终实现人民对发展成果的共同享有，即"我们要……引导经济全球化朝着更加开放、包容、普惠、平衡、共赢的方向发展。"❸凝聚共识是全人类共同价值的思想保障。和平、发展、公平、正义、民主、自由的全人类共同价值的实现，是要所有国家、所有人民共同参与其中，共同建设、共同创造、共同进步的。因此，要凝聚人类社会的共识，使不同国家的人民承认世界文明的多样性，摒弃意识形态之争，找到价值和利益的交汇点。一方面，凝聚共识可以让全世界所有人民认识到人类社会根本利益的重要性，在思想上、观念上接受全人类共同价值；另一方面，凝聚共识可以为世界文明发展扫清思想障碍，团结一切力量，全方位推进人类文明的发展。因此，世界各国"要担负起凝聚共识的责任"❹，把凝聚共识作为推进、弘扬全人类共同价值的思想保障。激发活力是全人类共同价值的内生动力。弘扬全人类共同价值，使其中蕴含和平、发展、民主、自由等价值观念真正落到实处，影响人们的思想、引导人类文明的进步，需要激发各个国家及其人民的参与积极性，为弘扬共同价值提供内生动力。具体来说，需要从推动建设新型国际关系、科技创新及其应用、鼓励各国走自己的路等多个角度着手，激发弘扬全人类共同价值的内生动力。

❶ 习近平.论坚持推动构建人类命运共同体 [M]. 北京：中央文献出版社，2018：133.
❷ 王海建，郝宇青.习近平关于全人类共同价值重要论述的理论意蕴 [J]. 思想教育研究，2022(4):23-29.
❸ 习近平.在亚太经合组织领导人非正式会议上的讲话 [N]. 人民日报,2021-7-17.
❹ 习近平.在中国共产党与世界政党领导人峰会上的主旨讲话 [N]. 人民日报,2021-7-7.

人类命运共同体是全人类共同价值的实践指向，坚持和弘扬全人类共同价值，根本上是要在现实世界中践行这一价值取向。全人类共同价值落到具体的实践中，需要有现实的承载物，需要有一定的机制、制度、平台去弘扬、实践、保障这一价值观念的"落地"，而这一现实承载物，就是人类命运共同体。对此，习近平总书记指出，"中国人民愿同各国人民一道，秉持和平、发展、公平、正义、民主、自由的人类共同价值……共同构建人类命运共同体"。❶

3. 西方学者关于共同体的主要观点

"共同体"作为人的存在方式，在西方哲学、政治学视野中早已出现并作了大量富有成效的论述。尽管西方传统哲学家们更多只是抽象表述"共同体"的内涵意蕴，缺乏历史唯物主义眼界和魄力，但毕竟给马克思主义经典作家提供了批判的靶子和借鉴的基础。马克思主义经典作家吸收西方传统"共同体"思想的进步成分，注入时代性考察，提炼出"真正的共同体"思想就不难理解了。因此，不能否认西方传统哲学家对"共同体"研究所作的贡献。

（1）古希腊时期学者的"共同体"思想

马克思共同体思想的理论渊源最早可以追溯到古希腊时期，主要代表人物苏格拉底、柏拉图、亚里士多德等学者围绕着"城邦共同体"这一内容进行了研究。其产生的重要观点和研究方法，为马克思主义共同体思想提供了理论基础。其中主要有：苏格拉底认为城邦就是"共同体"，并呈现出血缘和宗教形式的共同体。在这个"共同体"中，强调道德是"城邦共同体"的基础，这里所说的"共同体"更多的是具有道德指向性的，运用道德的方式来确立城邦治理机制，将道德贯穿于人类生活的方方面面，制约着城邦的整体。他的核心思想在于道德规范着城邦，而城邦中私人财富的不断弱化，不能遵循自己的意愿去从事自己想做的事情，一切以城邦的利益为主。柏拉图的"城邦共同体"思想，表达了对城邦理想生活的追寻与期盼。在这里，已经可以探索到马克思共同体思想的历史源头，柏拉图认为"城邦共同体"里不存在"你的""我的"之分，但是他忽略了个体的个性发展。但是，柏拉图也忽略了人与家庭、村落之间的关系这一个关键性的问题。他设想将城邦共同体中"监护人"有着极高的要求，认为"监护人"只能扎扎实实地在公共领域无私奉献，抑制个人活动的延伸，满足自己的生活需求，从而达到联合状态。

亚里士多德从伦理道德的视角认为"共同体就是所谓的城邦或政治共同

❶ 习近平. 坚持走符合国情的人权发展道路 促进人的全面发展 [N]. 人民日报,2018-12-11.

体"❶，他认为在城邦共同体中公民追求理性的至善生活，强调城邦是先于个人，是自然而然形成的自然产物，个人的价值与城邦是息息相关的，一旦离开了城邦就不能实现其价值。亚里士多德所阐述的城邦共同体呈现出个性淹没于共性，也为马克思共同体思想形成构成了文化底蕴。亚里士多德强调了人与人之间的关怀与彼此分享的情感是形成美好共同体的条件，他的内心渴望这样共同体生活的到来。他认为，"所有共同体都是为着善而建立的"❷，而人类在本性上是政治动物，即在本性上与他人相互联系。因而，人类秉承善意的道德为城邦共同体提供资源，但"不能在社会中生存的东西或因为自足而无此需要的东西，就不是城邦的一部分，它要么是只禽兽，要么是个神"❸。亚里士多德更多是倾向于伦理层面来阐述共同体，阐述人类是为谋取利益或善通往共同体，人们因善在共同体中达成共识。

（2）近代启蒙思想家的"共同体"思想

以霍布斯为关键点的契约共同体日趋活跃，人们长期禁锢在契约中，服从统治者的要求。霍布斯强调军权的存在而舍弃了善，指明统治者权力的重要性，将自己的一部分权力通过签订契约的形式让渡给统治者，并进一步把签订契约形式落在统治者保护人民的具体实施上。但前提是，签订契约的共同体成员要无条件地服从统治者的要求，要肯定统治者所做的一切。霍布斯的《利维坦》契入了"签订契约"核心问题，在共同体中展现出强权制度。❹霍布斯认为人生中的第一步就是做到自我保全，指出人性中不仅包括欲望的部分，还有理性的成分所在，在理性的成分中包含签订契约等状态，不用克服个人的欲望，从而呈现出其私欲的最大化。

洛克认为共同体只是发挥着一种职能作用，比如保障人身安全等，个人与他人联合也仅仅是为了自己本身的利益以及权利的保障，而共同体就是起到平衡和协调的作用。❺洛克突破了霍布斯关于人私欲最大化的局限性，认为个人的自我保全是有尺度和界限的，是依靠自在的客观权利，而达到自我保全。每个人都是有天赋权利，利用这种天赋权利努力实现自我保护。

法国学者的卢梭对"契约共同体"进行了研究。他强调沿着契约的形式，推动人民公意的正当性，打破霍布斯所提倡的权力让渡的不合理性，即"全体个人

❶ 苗力田.亚里士多德全集（第9卷）[M].北京：中国人民大学出版社,1994:3
❷ 亚里士多德.政治学[M].颜一，秦典华，译.北京：中国人民大学出版社,2003:1.
❸ 亚里士多德.政治学[M].颜一，秦典华，译.北京：中国人民大学出版社,2003:5.
❹ 霍布斯.利维坦[M].黎思复，黎廷弼，译.北京：商务印书馆,1985:62-63.
❺ 洛克.政府论·下卷[M].叶启芳，瞿菊农，译.北京：商务印书馆,1964:59.

的结合形成的公共人格，以前称为城邦，现在则称为共和国或政治体"。❶但是他并没有清晰认识和把握权力之间的合理性。随着私有财产的多寡，卢梭认为不妥善解决个人与共同体之间的平衡关系，就会陷入人与人之间不平等的深渊中，基于伦理道德视角，他认为通过签订契约弥合人与共同体之间的鸿沟。

（3）德国古典哲学家的"共同体"思想

马克思对德国古典哲学家的"共同体"思想并没有进行全盘的否定，而是在合理的继承中进行批判与超越。

康德在《道德形而上学原理》一文中，认为"正是在幸福的观念中，一切爱好集合为一个总体"❷，强调"幸福"是"爱好"的集合体。在"幸福"中达成一个"共同体"。在这一认识基础上，康德认为马克思在真正共同体的探讨提供了诸多的借鉴，他认为在"真正共同体"中，人们依据自己的爱好取向做自己喜欢的事情倾向日益明晰。

费希特将"国家"看作是一个"共同体"，他坚信人是活动着的人，并且为"共同体"做出自己的贡献。阐明"共同体"是与当时的社会政治制度紧密结合一起的，"共同体"的形成前提一定与当时的社会政治制度体系有紧密的联系，有着独特的政治意味。

黑格尔主张"国家共同体"思想，认为真正的共同体就是政治国家，只有国家才能把一个民族汇聚起来成为一个有机的整体，在此产生的民族精神促使人们联合起来维护自己的利益。即"一群人为共同体保卫自己整个所有权而联合起来，这才能把自己叫做一个国家"。❸同时，黑格尔将"个人"融入到"共同体"，认为"个体"和"共同体"是从属关系，他在《法哲学原理》一书中，探讨到"单个人是次要的，他必须献身于伦理整体。所以当国家要求个人要献出生命的时候，他就得献出生命"。❹这也体现出个人利益的实现紧紧围绕着共同体的条件需要，在共同体中个人利益才能得到积极的响应。进而，黑格尔把共同体置于理性和伦理理念氛围的情境中，从人存在的精神层面认为劳动在创造财富中是处于工具性的理念。黑格尔没有关注到资本主义的现实生活中，雇佣工人是受奴役的，受资本主义制度的约束和剥离，人的精神自由受到外在强度的束缚，在其本质上是不自由的。黑格尔没有意识到真正超越人被劳动异化的层面，没有把雇佣工人从资本主

❶ 卢梭.社会契约论[M].何兆武，译.北京：商务印书馆,2003:50.
❷ 伊曼努尔·康德.道德形而上学原理[M].苗力田，译.上海：上海世纪出版集团,2019:11.
❸ 黑格尔.黑格尔政治著作选[M].薛华，译.北京：中国法制出版社,2008:28.
❹ 黑格尔.法哲学原理[M].范扬，等译.北京：商务印书馆,1961:79.

义的异化劳动中解放出来，他将人主观性的内在本质外化，对象化依托在精神客体上，认为人在劳动过程是不断贯彻自己的意图，克服外在的环境资料形式，但是没有把人自由自觉的本性活动具体化、客观化、现实化，仅仅意识到人的精神劳动、体力劳动完全依附于自我意识，从而通过劳动的结果折射出人自己本身是什么样的。黑格尔从认识论的角度指出了我们寻求理想性的、存在的本体在哪里，最终目的地又在何方。然而他却把注意力落在精神活动展开的过程中，没有把人放在时代中去理解和把握其本质，仅仅是先验逻辑的思维方式。

费尔巴哈虽摆脱了唯心主义的感性生活，实现了人的生活化和情感化，但忘记了人的革命性变化。在对历史的诠释和对人性的界定中，费尔巴哈转向了唯心，把人作为类本质的存在进行整体性的考察，这将无法避免地陷入对人抽象化地认识的困境，离开现实环境去关注和诠释人的社会性，模糊了人的本质与类的界限，沉浸于抽象化地理解。费尔巴哈揭露意识是隐含在人背后的特征，他错误地认为自己在宗教批判理论中注入了现实的依据，但事实上，并没有使人摆脱现实的困境。并且，他漠视和遮蔽了国家是作为人的活动而产生的，把它理解为高于人存在的产物。费尔巴哈重视人的社会性的理解，但没有推进到生产性的层面进行落实。在贯彻人的本质观念时，过多地注意到抽象的一面，从而对主体把握对象有所忽视，这导致他深陷唯心史观的困境。

（4）空想社会主义者的"共同体"思想

随着资本主义社会的不断发展，社会弊端的不断显现，空想社会主义者开始对未来共同体进行思考和憧憬。他们对资本主义社会进行质疑和批评，力图消解资本主义在对个人利益与共同体利益之间的偏失，想要为未来共同体提供合理的根据，描绘出人人向往的理想图景。在一定程度上，马克思对共同体的理解得益于空想社会主义者关于共同体思想的启发，为其奠定了坚实的文本基础，提供了有益的思想资源，空想社会主义者试图刻画和描述一幅关于美好生活的愿景。圣西门、傅里叶、欧文关于擘画未来理想社会制度的图谱，为马克思提供了共同体思想的智慧源泉，也在价值根基上具有共通性，都反映了人类对现实生活及其发展道路的探求，以及人们向往美好未来的愿景。但对现实问题的思考中，空想社会主义者在其理论上的漏洞就由此显现出来了。

圣西门将未来共同体称为实业体系，其核心切入点在于"实业制度"，对当时各种丑恶现象进行深刻的批判，力图改变当时的社会现状，认为任何人都应该为共同利益而奋斗和牺牲，批判资本主义的腐化和罪恶，认为资本主义并没有消除社会的动乱，反而变本加厉地压榨工人，对人类生命的漠视等，圣西门对资本主义制度充满了担忧。因此，他认为"实业制度"弥合了理想与现实之间的鸿沟，为人类寻求安定的生活。

傅里叶认为资本主义社会不能满足和保证人本身需要的最基础的生活条件，甚至还要面对猝不及防的失业风险。他认为人们应该根据自己的兴趣去从事自己喜欢的事情，将自己的最大优点展现出来，让最终的劳动成果会落实在个人身上，由个人享有，但他却把希望寄托在少数人身上，即政客和富人，呼吁他们来帮助自己搞试验，但最后结果却是一场空。❶

欧文设想通过"合作社"进行消灭私有制，试图为劳动者们化解被资本主义剥削的难题。他为改变工人命运做出了重大的努力，对辛勤工人的不幸表达了同情之情。但没有捕获到他们所处的社会背景现实条件是不允许有这样的追求和愿望的。1842 年，他开启的"新和谐公社"进行实验，表明了对美好生活的构想，但最终都是入不敷出，成了空中楼阁。

马克思吸纳了他们的积极因素，同时系统地阐发其理论实质的弊端，并对其进行了深刻批判，他认为空想社会主义者拘泥对资本主义进行道德说教的批判方式，没有透过道德的谴责破解资本主义的狭隘视域，从而找不到实现美好理想的动力。由此，马克思开启了寻找替代资本主义社会的理想社会方案的篇章，避免了空想社会主义者关于共同体理论的空疏。

---

❶ 旭杰. 马克思共同体思想及其现实启示研究 [D]. 乌鲁木齐：新疆师范大学，2022.

第三章 导师与研究生学术关系的实证考察

学术是研究生教育的生命。研究生跟本科生最大的区别，就是围绕导师形成科学研究的团队，他们与导师之间、研究生彼此之间的合作友爱关系，往往成为推动学术创新的直接动力。

一、我国研究生教育事业的快速发展

1.中国特色学位制度确立

中华人民共和国成立到改革开放之前，我国学位制度基本上学习苏联模式，虽然曾经多次试图形成中国自己的现代学位制度，但一直没有成功。1980年2月，五届全国人大常委会第十三次会议通过《中华人民共和国学位条例》，标志着中国特色现代学位制度正式确立。1981年国务院学位委员会下达首批博士和硕士学位授予单位名单，硕士授予单位共358个，博士授予单位151个，博士授权点318个，硕士授权点3185个。首批博士生导师1196人，北京大学黄枬森副教授获聘马克思主义哲学博士生导师，中国人民大学肖前教授获聘辩证唯物主义与历史唯物主义博士生导师，吉林大学关梦觉教授、复旦大学蒋学模教授、中国社科院于光远研究员和许涤新研究员获聘政治经济学博士生导师。1983年2月，国务院学位委员会和北京市人民政府在人民大会堂联合召开我国首批博士和硕士学位授予大会，18名达到条件的学生被授予博士学位，成为我国自主培养的第一批博士生。1983年10月，葛剑雄等第一批文科博士毕业，加上获得硕士学位的18143人，我国学位制度趋于完善。20世纪90年代末科教兴国战略付诸实施以来，研究生招生规模迅速扩大，1984年2.3万，1994年5.1万，1997年6.3万，1998年7.3万，1999年9.2万，2000年12.1万，2001年15.6万，2002年20.3万，2003年26.9万，2004年32.6万，2005年36.5万，2007年41.8万，2009年51.1万，2013年61.1万，2017年80.6万，2018年91.7万，2020年110.6万，2021

年 117.7 万。总体来看，2.3 万增加到 5 万，用了 10 多年时间；从 5 万增加到 10 万，用了 6 年多时间；接下来平均都是 2 年时间增加约 10 万，直到目前的 120 余万（图 3-1）。

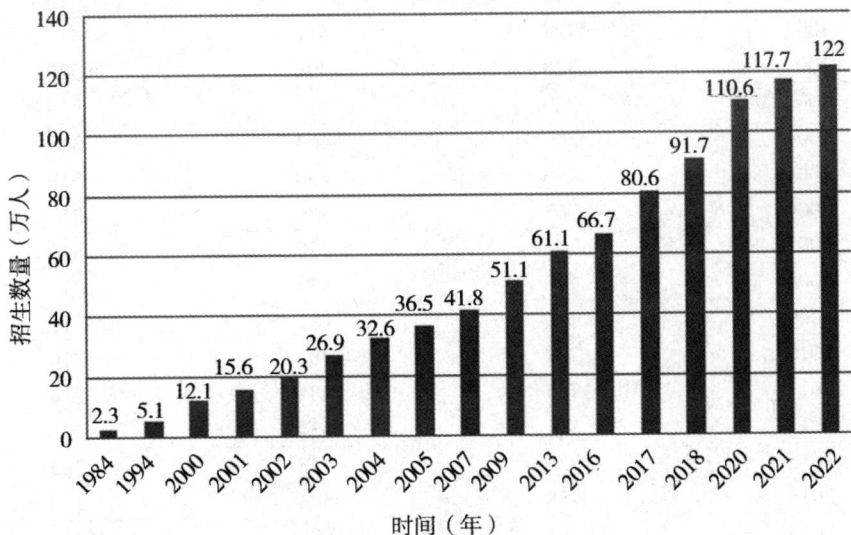

图3-1　研究生招生数量

2. 研究生培养机构迅速增加

我国研究生培养机构主要包括普通高校和科研机构两类，从变化趋势看，首先是总量不断增加，但波动幅度不大。1997 年培养机构 735 家，2012 年突破 800 家，2020 年达到 827 家，此后，一直在 830 家上下徘徊。2003 年是数量最少的，720 家，2013 年是最多的，830 家，平均每年增减 4～5 家。其次是具有培养资格的普通高校数量总体呈上升态势，而科研机构数量则不断下降。2020 年，具有研究生培养资格的普通高校达到 594 家，比 1997 年增加了 182 家，科研机构数量 2020 年则下降到 233 家，比 1999 年的 329 家下降 96 家，在科研机构中，企业所占比重非常少，2020 年具有培养资格的地方企业只有一家。再加上很多科研机构依托高校进行课程学习和专业培养，所以研究生学习生活的主要场所在普通高校，导师与研究生关系也主要发生在高校，见表 3-1、图 3-2。

表3-1　研究生培养机构数量

年度（年）	总计（家）	普通高校	科研机构
1997	735	412	323
1998	736	408	328

续表

年度（年）	总计（家）	普通高校	科研机构
1999	775	446	329
2000	738	415	323
2001	728	411	317
2002	728	408	320
2003	720	407	313
2004	769	454	315
2005	766	450	316
2006	767	450	317
2007	795	479	316
2008	796	479	317
2009	796	481	315
2010	797	481	316
2011	755	481	274
2012	811	534	277
2013	830	548	282
2014	788	571	217
2015	792	575	217
2016	793	576	217
2017	815	578	237
2018	815	580	235
2019	828	593	235
2020	827	594	233

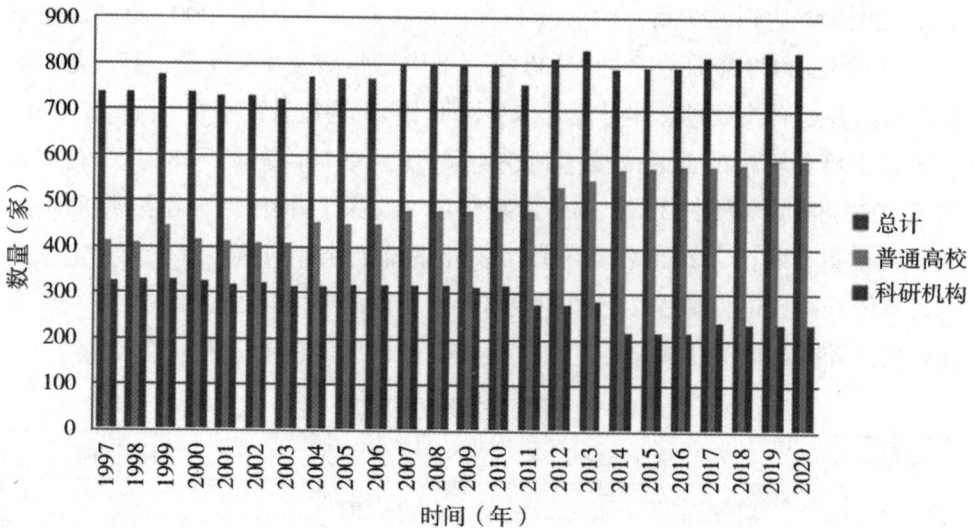

图3-2　1997~2020年研究生培养机构柱状图

3. 导师队伍迅速壮大

导师是研究生培养的第一责任人，肩负着培养高层次创新人才的崇高使命。导师是研究生培养的基本主体，是维系研究生关系的关键性因素，围绕导师，在读或毕业的研究生都会建立伴随一生的交往关系，也会结成紧密的研究团队。改革开放以来，随着学位制度的确立和成熟，我国研究生导师数量急剧扩张，质量不断提升，到 2020 年全国研究生导师数量已经突破 50 万，达到 500906 人，每位导师平均指导研究生 6 人。从统计数据分析，研究生导师数量 2001 年突破 10 万，2007 年超过 20 万，2012 年达到 30 万，2017 年达到 40 万，2020 年突破 50 万，1997 年到 2020 年共增长 429308 名导师，年均增长 17887 名，其中 1997 年到 2012 年共增长 226840 名，年均增长 14177 名，2013 到 2020 年共增长 185091 名，年均增长 23136 名。党的十八大后导师增长速度大大加快，占到增长总量的 43%。从年龄结构看，40 ~ 50 岁导师比重最大，50 ~ 60 岁导师数量位列第二，35 ~ 40 岁导师数量迅速增长，中青年导师逐渐占据优势，导师队伍稳定且成熟。从学历结构看，教育部统计数据中并没有给出明确的导师学历状况，但基本常识就是普通高校或科研机构具备导师资格的一般都有高级职称，即教授或副教授，根据高等教育专任教师、外聘教师学历与导师数量对比，大概能获得基本数据信息。由于 2006 年之前教师学历统计数据不完备，我们只对比 2006 年以来每五年的情况，以期获得导师总体学历大概认识。2006 年高等教育专任教师、外聘教师中具有博士或硕士学历的教授、副教授共 184296 人，同年研究生导师总量为 188835 人，差额为 4539 人，说明导师中 98% 具有研究生学历；从 2010 年之后，导师基本都具有博士或硕士学位。从职称结构看，2020 年导师中教授职称的 230159 人，副教授职称的 221369 人，中级职称 49378 人。2022 年 6 月，教育部学位管理与研究生教育司司长洪大用在新闻发布会上指出，2012 年以来，我国研究生导师发展体系不断完善，导师队伍由 2012 年的 29.8 万人增加到 2021 年的 55.7 万人，结构不断优化，质量稳步提升；构建了国家典型示范、省级重点保障、培养单位全覆盖的三级导师培训体系，助力导师能力提升。2019 年我国共有研究生导师 46 万多人，比 2015 年增加近 10 万人，45 岁以下导师增加约 4.5 万人，其中博士生导师 11.5 万人，50 岁以下的占 46.7%，导师队伍年轻化趋势明显。2021 年博士生导师达到 12.6 万人，比 1981 年的 1196 人增加了 100 多倍，见表 3-2、表 3-3、图 3-3、图 3-4。

表3-2 导师数量及年龄结构

年份	数量（人）	年龄结构（岁）					
		30以下	31～35	36～40	41～50	51～60	61以上
1997	71598	283	6330	7238	7614	32176	10884
1998	75460	315	6966	9209	29736	29736	10849
1999	80813	319	6894	13090	21612	27674	11224
2000	88825	322	7056	17722	25355	26718	11652
2001	101097	327	6772	24850	31188	26202	11758
2002	115462	431	6136	31260	38539	26099	12997
2003	128652	500	7340	33232	47481	27170	12929
2004	150798	618	8645	34045	64474	29837	13179
2005	162743	794	9860	32114	45951	46849	13614
2006	188835	1118	12284	34449	92288	35003	13693
2007	205034	1318	13840	35533	101981	39422	13940
2008	223944	1567	15717	39058	108711	44903	13988
2009	239857	2064	17806	41874	116236	48567	13310
2010	260465	2336	20607	45537	126444	52519	13022
2011	272487	2825	22539	48651	132707	54137	11628
2012	298438	2603	25917	52206	145686	60360	11666
年份	数量（人）	年龄结构（岁）					
		29以下	30～34	35～39	40～49	50～59	60以上
2013	315815	1456	24808	52398	143816	79851	13486
2014	337139	1149	24112	55499	142385	98433	15561
2015	363218	1402	24867	60344	145183	113264	18158
2016	378947	1664	24913	64054	146705	121743	19868
2017	403135	1725	25900	70695	156149	127016	21650
2018	430233	1964	28371	74655	165728	137324	22191
2019	462099	2247	31802	77647	179698	147659	23046
2020	500906	2228	37953	82831	197038	156965	23891

表3-3 高校专任、外聘教师

时间（年）	高校专任、外聘教师				专任总计	导师总计
	教授		副教授			
	博士	硕士	博士	硕士		
2020	147214	34413	189103	144378	515108	500906
2015	99194	34652	129251	116586	379683	363218
2010	62106	33062	74327	94810	264305	260465
2006	38253	27988	40978	77077	184296	188835

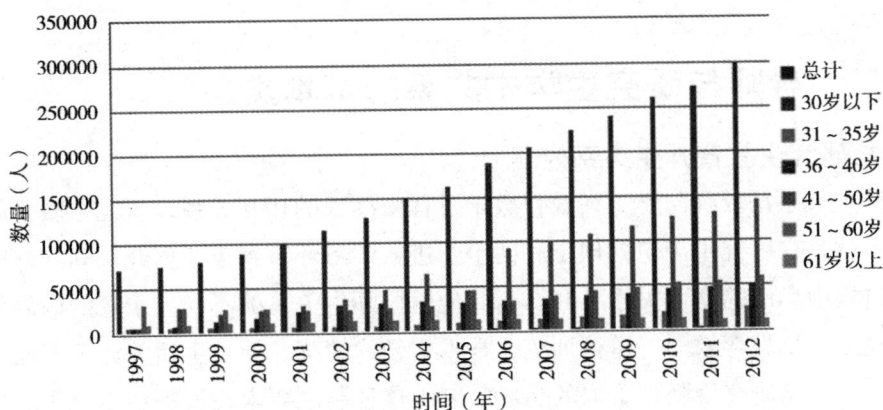

图3-3 1997～2012年导师队伍数量及年龄结构

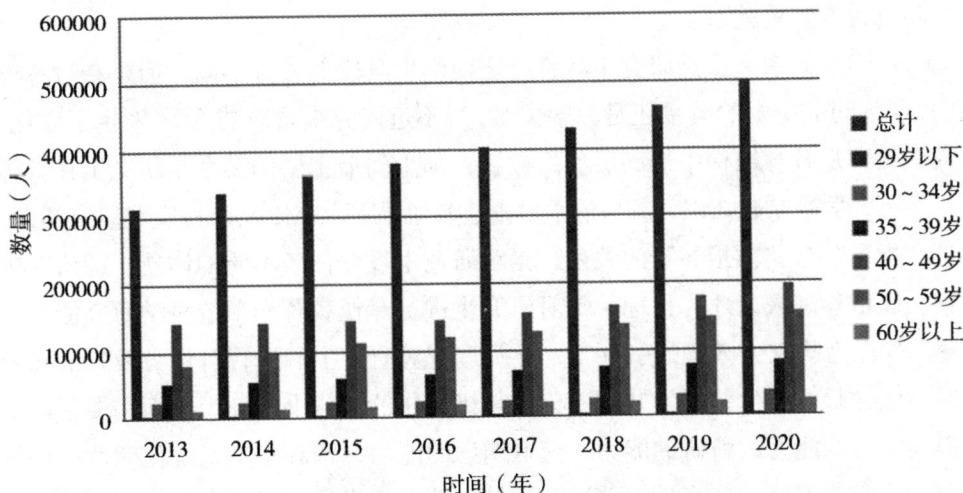

图3-4 2013～2020年导师队伍数量及年龄结构

1983年到2023年，为适应改革开放和社会主义现代化建设的要求，我国研究生教育坚持为党育才、为国育人，培养了数以千万计德才兼备的国家栋梁，他们在各行各业都发挥着重要作用。2007年我国就业人群中研究生学历人数占比为0.2%，2019年城镇就业人数4.4亿，其中具有研究生学历者480多万，占劳动者总数的1.1%，也就是说每100名就业者中就有1位拥有研究生学历。

总之，经过40多年的规范化建设，我国研究生教育在体制政策方面不断成熟，很好地化解了规模数量急剧扩张带来的压力和挑战，研究生教育始终保持良性发展的态势，逐步形成具有中国特点的研究生招收培养体系，研究生与导师关系相对融洽。

二、导师与研究生学术关系的基本类型

1.研究生教育师生关系内涵

师生关系是教师与学生在教育教学过程中结成的相互关系，研究生教育的师生关系就是在研究生（包括硕士和博士）进入学习环节到毕业离开期间与导师在交往过程中形成的全部关系总和。与其他阶段师生关系的不同在于它的内涵外延更加宽泛，是教育教学、道德训练、学术引领、情感疏导、生活关怀等方面的有机统一。中国研究生教育采取的是导师制，这种制度要求在教师和学生之间建立一种"导学"关系，以指导学生思想、科研与生活。导师在从事教学科研以外，对学生思想、心理等方面的教育和指导也应该是工作的一部分，所以研究生教育师生间包含着多重关系。

（1）学术关系。虽然研究生教育与之前学生阶段的教育不同，但是在教育模式中，师生间最主要的关系还是教学关系，只不过研究生阶段的"教"发生了变化。研究生教育是教育结构中最高层次的教育，师生间最主要的关系是研究生在导师的指导下，学习专业知识、参与学术讨论、参加课题研究以及各种实践研究活动。这种"指导"与"被指导"的关系，是对研究生教育任务本质的体现，即研究生教育是以培养高级人才为目标，是对研究生进行专业教育和塑造科学研究能力的培养。❶ 作为研究生教育的引领者，导师理应对研究生们进行言传身教式的知识传授，但导师对学生传授的知识不仅仅是机械化的灌输书本知识，而是要帮助学生提高学习的能力、科研的能力、获取知识的能力，指导学生系统化阅读、提供高质量的专业书目、分享学术前沿的文献或著作、指导他们向高水平刊物投寄论文、引导研究生参与合适的科研课题、鼓励其参加高水平的学术会议、引介高水平科研机构进修学习等，以达到研究生知识增值和能力增长的目的。在培养和发挥独立研究能力的阶段，研究生的学术交流比教学更为重要，研究生要与导师形成良好的学术互动关系。研究生们也应培养自己发现问题和解决问题的能力，增强科研意识、摆正科研态度、积极参与学术相关活动，主动找导师交流想法，认真听取导师意见等。导师与研究生在学习知识与科研活动中双向互动，这就是研究生教育师生关系中的学术关系，也是最主要的关系。

❶ 李洁.研究生师生和谐关系构建之探索[J].苏州科技学院学报(社会科学版)，2012,29(2):90—94.

（2）德育关系。导师除了要进行学术上的指导外，价值观的引领也至关重要。导师是研究生德育的第一责任人，导师的个人品质、治学态度、待人接物等都有机地融合在师生间的德育关系中，都会对研究生的人格塑造产生潜移默化的影响。从社会案例中不难发现，有很多研究生师生关系冲突是由于其中一方素质不高造成的，导师的师风、学风、生活作风都会直接影响到学生。而导师向好的人格魅力、学术水平和品德修养甚至会对研究生的一生产生重要而深远的影响。所以，导师应以身作则，严格要求自己，给学生树立良好榜样，做好研究生的德行示育，让他们真正意识到，导师不光在科研学习上给予帮助指导，在成长道路上也产生了不可磨灭的贡献。培养研究生的感恩之心，并使其从对导师个人的感恩延展到对他人、对科研、对事业、对社会、对国家的感恩与责任心上去，形成良好的德育外部效应。在师生德育关系中，除导师应明确自己在研究生师生德育关系中的第一责任者身份外，研究生也要加强自身品德修养的建设，构建和谐师生关系。

（3）情感关系。研究生教育期间，导师与研究生的关系相较于之前学习阶段的教学关系，导师不仅指导教学，还要在生活上给予关心帮助学生，帮其树立正确的世界观、人生观和价值观。同时，研究生师生间的情感交流更强调平等和民主，因为研究生的心智和行为都更趋成熟和社会化，个性突出，追求独立，对待事情有自己的想法和看法。因此，双方要相互尊重、相互促进、求同存异才是师生情感关系和谐的保证。相对于老师在为人师事业的成熟和稳定状态，学生是处于更新变化中的，导师如果不适时了解学生个性、兴趣爱好、价值观的变化，便无法从真正意义上有效地引导学生。代沟问题日渐成为影响师生情感关系不容忽视的因素，年轻学子们阅历有限，看问题不够全面，常出现对导师教学和培养方式的不理解甚至怨恨。对此，导师应以更宽大的心胸，寻求合理方法和渠道有针对性地关心学生，帮助他们度过求学、求职、婚恋等人生的困难时刻，以愉快和感恩的心情去面对人生。所以，导师及时把握学生的特点和心理需求，同时学生也要适时与导师的沟通交流。

2. 研究生教育师生关系特性

作为一种特殊的人际互动，师生互动是指在师生之间因教学关系而产生的一种相互作用和影响的社会交往活动。而研究生教育的师生互动关系又是一种特殊的师生互动，自然又有它特殊的含义。具体来讲，研究生与导师互动的特性表现在以下几点。

（1）互动形式上，研究生教育不再局限于传统的课堂授课模式，互动形式更多样和自由，导师与研究生互动可以通过课题组会、读书会、报告会、学术沙龙等进行学术上的交流，也可以通过聊天、聚餐、游玩等非正式途径去沟通情感。而且导师和研究生互动交流的场所也日渐丰富，如咖啡厅、茶餐厅等，而不仅局限于校园、教室或研究所。

（2）互动内容上，研究生师生关系不仅局限于知识的传授，还扩展延伸到诸如日常行为、心理情感、工作生活等更为广阔的信息沟通。这些互动内容主要表现在情感互动与学术互动两个方面，情感互动主要以情感沟通为基础，而学术互动主要围绕着理论研究、课题项目而进行。不同于本科时的师生之间主要限于课堂上教与学的交往，在研究生阶段导师承担了更多的责任，与研究生在学业、思想、心理、情感、生活、就业等方面都有着更为密切和更为深入的交流。这不仅有利于师生之间建立起牢固而深厚的师生情谊，而且对于发现和解决研究生思想、情感、学习、生活、就业中的种种压力与困惑有着重要的意义。

（3）互动程度上，不同于之前的教育阶段，研究生教育更需要学生有自主意识，自主学习、自主科研、自主与导师沟通交流等。那么，研究生与导师的互动程度也取决于多方面因素，于导师而言，时间精力、教学任务、科研进度、高校考核等都会影响到导师与研究生沟通的频率与时间；于研究生而言，科研压力、社交能力、情感状况等也是影响双方互动的重要因素。另一方面，在学术互动上，研究生与导师的互动已经不再满足于完整地、系统地、科学地讲授与把握学科知识与技能，而是更加注重对学生思维的独立性、批判性等深层次思维方式的训练与培养，乃至面向社会信仰、人生理想、态度情感等高层次的富有精神思想价值内涵的学习。

3.和谐研究生师生关系本质

研究生教育和谐师生关系是指在研究生教育阶段，导师与其指导的研究生之间达到一种心理满足和行为健康的良好关系状态，是导师和研究生共同参与，以平等对话、情感互通、民主管理、加深交流为主要特征的一种师生关系。❶研究生阶段是人才培养的重要时期，和谐的师生关系在研究生教育中十分重要，师生关系的融洽及和睦程度与研究生的培养和进步息息相关。和谐的师生关系可以提高研究生的培养质量，激发学术激情，促使师生互相尊重、共同进步。我们明确

❶ 薛艳.研究生教育和谐师生关系的构建[D].桂林：广西师范大学，2011.

了构建和谐师生关系的重要性，在此之前要对和谐研究生师生关系的本质有所掌握。具体来讲，和谐研究生师生关系主要是指以下三个方面。

（1）和谐的师生关系是平等民主的师生关系。在交往过程中，导师要平等看待学生，认真听取学生的内心想法和需求，特别是在学术指导上，导师不要一味灌输式地进行知识传授，也不要领导式地下发指令，而研究生要尊重老师，认真听取老师教导，积极与导师沟通交流。

（2）和谐的师生关系是沟通互动的师生关系。生活中不乏有放养式的模式，这种模式是非良性的一种师生互动模式，在这种模式下双方互动交流极少，致使双方都不是一个很了解的状态，对于学术进步更是百害而无一利。交流是相互了解和增进关系的基础，和谐的师生关系是建立在平等对话和有效沟通基础上的。导师作为一个长者，在很多方面都有自己的见解和体会，可以对学生进行引导与分享；学生也要真诚对待导师，将自己的一些困惑如实告知，不管是学习还是工作生活上，这样才能得到正确的解决方法，双方才能达到良性互动。

（3）和谐的师生关系是体贴友爱的师生关系。较之本科阶段的教育形式和教育内容来说，研究生师生关系更加亲密，交往更加频繁和开放，导师不仅是一个传道受业的角色，还可以在方方面面解惑。学生素质的提高与导师的悉心教导密切相关，导师的责任重大，不仅要在学术研究上对学生进行指导，还要对学生生活乃至人生道路上的一些困惑给予关注，导师给予学生关怀照顾；学生对导师尊重敬仰，从而形成亲密无间的情感关系。❶

三、社会感知视阈下导师行为对学术关系的影响

社会感知是人对自身所处环境及相互关系的一种判断与认识，这种判断和认识常常带有较强的个人体验和主观色彩，同个人的知识水平、能力素养、社会阅历等密切相关。社会感知能力主要是指人们对当前出现的社会现象或公共政策的敏锐度和洞察力，正确把握其发展规律，作出科学判断与认知的能力。社会感知能力强、理性思维充分，群众的包容度就比较高。近年来，随着信息网络技术的迅猛发展，很多过去相对隐秘的领域不断公开，受到广泛关注。研究生教育正是如此。研究生，这个曾经世人眼中的天之骄子，正逐渐褪去神秘光环，研究生本人以及他们与导师之间出现的一些消极事件，不断考验着社会感知。我们从经验

❶ 周鲜华,张方方,魏颖晖.和谐研究生师生关系的构建探析 [J].沈阳建筑大学学报（社会科学版）,2013,15(3):308-311.

感触视角出发观察导师与研究生的相互关系，可能会得出不恰当的结论，但我们不能完全否认感性对理性的基础性作用。

2020年10月，教育部颁布了《关于印发〈研究生导师指导行为准则〉的通知》，明确指出：长期以来，广大研究生导师立德修身、严谨治学、潜心育人，为国家发展作出了重大贡献，但个别导师存在指导精力投入不足、质量把关不严、师德失范等问题。制定导师指导行为准则，划定基本底线，是进一步完善导师岗位管理制度，明确导师岗位职责，建设一流研究生导师队伍的重要举措。对于违反准则的导师，培养单位要依规采取约谈、限招、停招直至取消导师资格等处理措施，对情节严重、影响恶劣的，一经查实，要坚决清除出教师队伍；涉嫌违法犯罪的移送司法机关处理。准则立场鲜明、针对性强，最被研究生教育参与者津津乐道的就是其中的"八要十不得"，即要坚持正确思想引领，科学公正参与招生，精心尽力投入指导，正确履行指导职责，严格遵守学术规范，把关学位论文质量，严格经费使用管理，构建和谐师生关系。不得有违背党的理论和路线方针政策、违反国家法律法规、损害党和国家形象、背离社会主义核心价值观的言行；不得组织或参与任何有可能损害考试招生公平公正的活动；不得对研究生的学业进程及面临的学业问题疏于监督和指导；不得要求研究生从事与学业、科研、社会服务无关的事务；不得违规随意拖延研究生毕业时间；不得有违反学术规范、损害研究生学术科研权益等行为；不得将不符合学术规范和质量要求的学位论文提交评审和答辩；不得以研究生名义虚报、冒领、挪用、侵占科研经费或其他费用；不得侮辱研究生人格；不得与研究生发生不正当关系。为什么教育部出台如此严苛的行为准则呢？就是因为研究生培养中积极向上和缺陷不足同时存在。

（1）广大研究生导师立德修身、严谨治学、潜心育人，为党和国家培养了大批德才兼备的创新型人才。中国工程院院士、我国草业学科带头人、兰州大学南志标教授长期得到研究生的尊敬和爱戴，他指导的研究生也获得过全国百篇优秀博士学位论文的荣誉。他认为首先要爱学生，把研究生当成自己的孩子，传授知识、呵护成长，既是科研助手，又是合作伙伴；其次，积极为研究生创造好的学习科研条件，加强国际合作交流，送出去、引进来，改变固有思维方式，提高分析和认识问题能力。学生在他70岁生日送出深情祝福："因为您身体力行的教诲，我们之中很多人在海外深造之后，返回祖国投身学术与校园，扎根草业工作，在草业领域继续奋斗。您为我们的学术研究、任教生涯指引了一张清晰的'坐标图'，使我们更能深刻地体悟到，何为'传承'的内涵。我们定会将草业人的担当扛在肩上！"

中国著名历史学家、思想史家、教育家，西北大学前校长张岂之先生，严谨治学悉心育人，成为研究生导师的楷模。他写给研究生的信，循循善诱、问题明确，言辞恳切、态度谦和，读起来如沐春风。一日为师终身为父，在张岂之与他的研究生身上我们能清晰感受到这种文化传承。博士生方光华回忆："1987年到西北大学跟随先生念书，一转眼30年就过去了，我也跨过了知天命的门槛。回顾走过的人生历程，我感到在我重要的人生节点，都有先生的指点。如果没有遇到先生，我都不知道我的人生会是一种什么样子。"他讲到自己参加工作后从学术转型到从政的经历时，对导师充满感激，他说："2005年冬天，省委教育工委拿出几个工作岗位公开招聘，其中有西北大学副校长一职，先生鼓励我去报考。那年11月，中央十六届五中全会召开，主题是"十一五"规划的指导思想和基本内容。教育工委指定的备考教材还没有来得及把它收进去。先生那会儿在北京，给我打了将近一小时的电话，告诫我一定要观注五中全会，并详细谈了五中全会的基本要点。大约是在那年冬天，我到长安大学的考场，一打开试卷，赫然就有五中全会的试题，还有先生全力推进、我也耳濡目染的高校文化素质教育的论述题。以致有人传说，难怪光华能考上，因为考题是先生出的。其实那年的试题是组织部从中组部的试题库中调出来的。""先生非常挂念我，经常询问我的工作情况，特别叮咛我要善于疏导情绪，要能接受工作中遇到的各种困难和挑战。我想要告诉先生的是，校外与校内确实有很大的差别，事物的复杂程度大大增加，不确定性大大增加，但我一直还是以先生教给我的法宝，以不变应万变。""先生人如其文，既循循善诱，又极为严格。他的批评可谓直截了当，针针见血，让我们油然而生一种进取心。""我只是先生无数及门弟子中的一个。在我这样的学生身上，到处都有先生的烙印。无论先生是否意识到，先生在我们心中播下的种子，每天都在生长，不论它们将来会生长成一棵大树，还是一叶小草，它们都会满怀对先生的感恩，茁壮成长。"研究生和导师的关系，是仅次于血缘亲情之外最重要的人际关系，3～4年甚至更长时间的朝夕相处，双方从陌生到熟悉，从疏远到亲近，需要共同努力，包容谅解，合作共赢。

（2）个别导师指导精力投入不足、质量把关不严、师德失范。尽管可能只是研究生培养中与学术相关的偶发性事件，但其负面影响却不容小觑，加上媒体的大肆渲染，往往会演变成为某个时期的舆情焦点。

一是忽视学术规范教育。比如翟某某事件。2019年2月初，北京某电影学院本科、硕士、博士毕业，北京某大学光华管理学院拟录取博士后进站者、演员翟某某在回答网友提问时称自己不知道"知网为何物"，于是引发舆论关注，教育部高度重视，要求相关方面迅速核查。2月10日，四川某大学"学术诚信与科学探索网"将翟某某列入"学术不端案例"公示栏。2月16日，北京某大学官方微博发布《关于招募翟为博士后的调查说明》指出：北京某大学确认翟存在学术不端行为，并且同意其所在学院2月13日对翟某某作出退出博士后工作站的决定，责成该学院作出深刻检查。2月19日北京某学院发布"关于'翟某某涉嫌学术不端'等问题的调查进展情况说明（二）"，认为翟某某存在学术不端情况，撤销其博士学位，导师陈某由于"未能认真履行学术道德和学术规范教育、论文指导和审查把关等职责"，取消博士研究生导师资格。

二是要求研究生从事与教学、科研、社会服务无关的事宜。2019年，某高校研究生导师张某某多次要求研究生为其担任法定代表人的公司从事运送货物、分装溶剂、担任客服、处理财务等工作，且在日常指导学生过程中方式方法不当、简单粗暴，有辱骂侮辱学生的言行。张某某的行为严重违反了《新时代高校教师职业行为十项准则》第五项规定。根据《教师资格条例》《教育部关于高校教师师德失范行为处理的指导意见》等相关规定，学校给予张某某取消研究生导师资格、撤销专业技术职务、解除人事聘用合同的处理；撤销其教师资格，收缴教师资格证书，将其列入教师资格限制库，5年内不得重新取得教师资格。

三是滥用学术权力。2019年12月，某高校材料学院研三学生谭某某，在实验室点燃化学制剂自杀。调查结果显示，主要原因是张姓导师长期让研究生在自己公司上班，阻拦学生考英语六级，拒绝帮他修改论文，想方设法让研究生延期毕业所致。2020年1月10日，所在高校宣布撤销张姓导师招生资格，正式解除聘用关系。

四是违规延长毕业时间。延期毕业是在读研究生最担心出现的结果，其中可能包含着升学、就业、家庭、面子等诸多方面的复杂影响，所以就成为某些导师制约研究生的利器法宝，经常成为引发师生矛盾的重要因素。

五是违反学术规范。2020年11月19日，天津某大学化工学院退学研究生吕某某实名举报导师张某某学术不端，主要包括"多次利用学生的研究成果为自己和女儿署名""实验数据造假""一稿多投"等，该大学调查结果表明"张教授学术不端行为属实"，并与张解除聘用合同。

六是侮辱研究生人格。比如倪某某事件。2019年3月，上海某知名高校电子信息与电气工程学院博士生导师倪某某，被举报在团队微信群使用"垃圾、白痴、文盲"等侮辱性词汇批评学生。经过调查，学院认定倪某某在指导研究生论文过程中确实存在言语不当、师德失范等问题，并对倪某某作出处理：其本人立即向当事学生及所在课题组学生当面道歉，并作出深刻反省检查；在全院教职工范围内对其予以通报批评；立即停止其教学工作。教育部也将其列为师德师风警示案例。

七是与研究生发生不正当关系。2022年2月，上海中医药大学女研究生举报导师李某某婚内长期骚扰女学生，并诱骗学生发生不正当关系。学校经过调查后，认为李某某严重违反教师职业道德，造成恶劣影响。根据相关规定，对李某某启动党纪政务处分程序，予以解聘，同时按程序报请上级部门批准撤销其教师资格。

除了教育部的准则外，各地主管部门和培养机构也相继出台类似规章条例，努力匡正导师与研究生交往中的负面因素，形成和谐有序、团结友爱、风清气正的导学关系。西安交通大学制定《研究生指导教师管理办法》（西交研〔2018〕65号）文件、《落实研究生导师立德树人职责实施细则》，提出"八要十不准"，即要重视研究生思想政治素质建设；要加强研究生学术创新能力的培养；要加强研究生实践创新能力培养；要增强研究生的社会责任感；要教导研究生恪守学术道德规范；要不断改善研究生培养条件；要做好对研究生的人文关怀；要发挥示范引领作用。不准讲授违反国家法律法规或社会伦理的内容，不得传播宗教，发表有损学校声誉形象的负面、消极言论。不准在招生中以权谋私、徇私舞弊，挂名为别人招生，以他人名义招生，突破指标限额或招生资格招生。不准超过一周时间不回复研究生的学业询问和论文审阅诉求。不准迟发、少发或发后收回研究生的导师配套津贴和助研津贴。不准在论文指导过程中设置不符合人才培养规律的人为障碍，随意提高或降低毕业要求。不准违反学校规定让研究生承担科研活动费用、学位论文评审及答辩费用等。不准签署虚假意见，违规委托他人填写培养各环节的鉴定意见或评审意见。不准索要或收受研究生及家长的现金、礼金、有价证券、支付凭证等财物，在账目方面弄虚作假等。不准指使研究生承担导师个人或家庭的私人事务。不准突破道德底线，与研究生发生不正当关系。江苏省学位委员会、江苏省教育厅制定《关于加强研究生导师队伍建设的实施意见》《关于印发江苏省研究生导师职业道德规范"十不准"的通知》等文件，规范研究生培养，这是江苏恢复研究生教育40年来，首次就加强研究生导师队伍建设出台系列专门文件。湖南省教育厅也发布了《关于全面落实研究生导师立德树人职责的实施意见》等文件。

由于社会感知的主观性、经验性特点，想要科学洞察导师与研究生学术关系的真实状况，还必须更进一步，即调查研究。

四、导师与研究生学术关系调研及分析

1.基于学生视角

学术合作是研究生与导师关系的立足点。只有真正了解研究生对导师的基本诉求、学术态度以及合作意愿，在弄清事实的前提下，通过更加精准的制度设计与政策规划，帮助研究生形成积极向上的人生态度以及科学理性的学术视野，建立健全心理干预机制、情绪疏导机制和师生关系调节机制，破除极端情绪蔓延的根基，才能打造良性师生互动关系，从根本上扭转极端事件频发态势。

（1）调查对象

本次调研主要通过发放线下问卷形式完成，对象为陕西部分高校一、二、三年级在读硕士研究生。调研时间是2022年3月25日至2022年5月15日。本次共计发放调研问卷1200份，回收1038份，占86.5%。调查对象中男生616人（59.38%），女生422人（40.63%），样本容量及男女比例达到分析要求。

从类型、专业、年级来看，在1038份回收样本中，544人（52.4%）为学术学位硕士，494人（47.6%）为专业学位硕士；449名（43.21%）为一年级研究生，378名（36.45%）为二年级研究生，211名（20.32%）为三年级研究生；921人（88.71%）为理工类学生，112人（10.82%）属于人文社会科学专业，5人（0.48%）为医学专业。其中，一年级理工类学生416人（92.65%），人文社科类学生33人（7.35%），医学专业为零；二年级理工类学生327人（86.5%），人文社科专业学生49人（12.96%），医学2人（0.53%）；三年级理工类学生178人（84.36%），人文社科类30人（14.21%），医学类3人（1.42%），见表3-4。

表3-4　调研对象的年级和专业

专业年级	理工类	人文社科类	医学类	合计
一年级	416	33	0	449
二年级	327	49	2	378
三年级	178	30	3	211
合计	921	112	5	1038

从入学方式来看，484 人（46.63%）为保送推免或本硕连读项目免试进入研究生阶段攻读学位，534 人（51.44%）为考研录取，剩余 20 人（1.92%）为其他方式录取；关于读研目的，414 人（39.88%）为了职业发展需要，谋求更好的工作岗位，390 人（37.57%）为了提高自身学历，152 人（14.64%）为了深化理论认识和实践能力，71 人（6.84%）因为对专业感兴趣，9 人（0.87%）希望换专业继续深造，还有 2 人（0.24%）为了婚姻等其它目的（表 3-5）。关于考博态度，一年级、导师有博士招生资格者意愿比较强烈，占 54.67%，三年级、导师有博士招收资格者次之，占 34.25%，二年级、导师没有博士招生资格的学生意愿最弱，占 11.08%。另外学生考博意愿还受目标学校全国排名及毕业论文发表要求影响。

表3-5　读研动机

选项	小计	比例
A.提高自身学历	390	37.57%
B.对专业感兴趣	71	6.84%
C.职业发展需要（谋求更好工作岗位）	414	39.88%
D.更换专业	9	0.87%
E.深化理论认识和实践能力	152	14.64%
F.其他	2	0.2%
本题有效填写人次	1038	

在选择导师标准方面，517 人（49.76%）认为导师学术水平是最主要的影响因素，同时分别有 292 人（28.13%）和 204 人（19.71%）认为导师对学的生态度和导师道德素质是最主要的因素，还有 25 人（2.4%）认为行政职务和社会地位是选择导师最主要的依据（表 3-6）。

表3-6　研究生择师依据

选项	小计	比例
A.学术水平	517	49.76%
B.行政职务与地位	25	2.4%
C.对学生的要求及态度	292	28.13%
D.道德素质	204	19.71%
本题有效填写人次	1038	

　　问卷结果显示，研究生对导师的基本情况都有比较清晰的了解，能够准确填写导师信息，说明他们选择导师的态度是认真严谨的，而且学术研究方向的针对性都比较强。被试学生导师性别分布大致为男性786人（75.72%），女性252人（24.28%），男性导师大概是女性导师数量的3倍；1036人（99.76%）的导师年龄在30岁至60岁之间，占99.8%。其中31～40岁271人（26.1%），41～50岁468人（45.09%），51～60岁295人（28.42%），60岁以上4人（0.39%）。

　　在导师资格方面，768（74.04%）名学生的导师为博士生导师，269（25.96%）名学生导师为硕士生导师；在称号方面，18人（1.68%）的导师为院士，55人（5.29%）的导师为长江学者，197人（18.99%）的导师为拔尖人才，284人（27.4%）的导师具有其他称号，484人（46.63%）的导师无称号。

　　在导师学位方面，1001人（96.39%）的导师具有博士学位，37人（3.61%）的导师具有硕士或学士学位；在导师职称方面，614人（59.13%）的导师具有教授职称，381人（36.78%）的导师具有副教授职称，42人（4.09%）的导师具有讲师职称。

　　在导师招生数量方面，257人（24.76%）的导师指导5名以下在读研究生，367人（35.34%）的导师指导6～10名在读研究生，312人（30.05%）的导师指导11～20名在读研究生，102人（9.86%）的导师指导21名以上在读研究生（表3-7）。此外，434人（41.83%）的导师具有行政职务，604人（58.17%）的导师没有行政职务。

表3-7 导师的博、硕生数量

选项	小计	比例
A.5个以下	257	24.76%
B.6~10	367	35.34%
C.11~20个	312	30.05%
D.21个以上	102	9.86%
本题有效填写人次	1038	

（2）研究生与导师学术合作意愿

无论哪种定位、哪种类型、哪个层次，学术创新都是研究生教育的立足之本和动力之源，也是破解师生关系难题的一把钥匙。

①学术环境。

关于导师提供学术资源方面，733人（70.67%）认为导师给自己提供了很多或比较多的学术信息，给自己提供阅读参考书目，帮助自己掌握学科前沿及研究方法；82名（73.28%）人文社科专业一、二年级学生认为自己的学术活动资源基本由导师提供，论文题目及主要内容都由导师安排，同时有93名（83.03%）人文社科类学生表示导师会对同一课题反复指导，频率比较高且效果很好。682名（74.04%）理工科学生认为导师能够提供实验室、仪器设备和耗材由自己自由使用。239名（25.96%）认为导师能够提供部分仪器设备供自己使用。关于导师为自己提供的国外或国内学术交流机会方面，375名（36.13%）学生表示与导师一起参加过国内学术交流会，96名（9.25%）学生单独参加过国内学术研讨会，只有7名（0.67%）理工科学生独自或在导师带领下参加过国际学术研讨会，560名（53.95%）学生没有参加过任何国内外学术研讨会。可以看出大多数学生对于导师提供的学术资源比较认可，但渴望拥有更多国内外学术交流的机会。

关于师生学术交流方面，632人（60.89%）认为导师对自己的指导频率很高或比较高；569人（54.81%）认为导师每次对自己指导时间很长或比较长；331人（58.17%）认为导师对自己的指导方式很合适或比较合适。指导形式包括当面单独交流、师门会议集体讨论、微信、电话、QQ、邮箱等，76名（67.86%）人文社科类研究生和634名（68.83%）理工科学生表示导师主要通过微信、QQ等网络虚拟方式联络指导，或由本师门的学姐、学兄代替指导。738 名（71.1%）研究生对导师学术指导比较满意，同时也有 137 名（13.2%）学生对目前学术指导方式不太满意。

关于师门学术活动频率。821 人（79.09%）表示导师会不定期举行师门学术沙龙或学术讨论会，包括项目申报书撰写、论文进展汇报、读书分享会、阶段行工作总结等；对"导师要求每天去教研室并且实行严格打卡制度"，584 名（56.25%）学生表示同意，313 名（30.15%）学生表示虽然不赞成，但会遵守纪律，128 名（12.33%）学生表示无所谓，只有 13 名（1.3%）学生坚决反对（表 3-8）。由此可见，大多数学生对师门学术氛围比较满意，也较认可导师的管理方式，但是比较渴望有自己的私人时间和空间。

表3-8　每天去教研室并打卡

选项	小计	比例
A.同意	584	56.25%
B.不赞成	313	30.15%
C.无所谓	128	12.35%
D.反对	13	1.25%
本题有效填写人次	1038	

②学术合作紧密度。

为了解"在读研究生自我学术认知"，调查卷设定的问题是：你认为自己对导师或学科研究方向起到了什么样的学术作用？结果 479 名（46.15%）理工科学生认为自己只能为导师充当基础科研劳动力或提供基础实验数据，对本学科发展没有实质贡献，634 名（68.84%）理工科学生表示自己很少或基本没有和导师合作发表文章，同时只有 359 名（38.94%）学生认为自己的观点（研究方向）或实验数据经常被导师采用。与理工科不同的是，67 名（59.82%）人文社科类研究生表示经常与导师讨论并合作发表论文，但对本学科发展则不大关注。对于学术成果联合署名、署名顺序以及实验数据使用权问题，导师和研究生存在一定分歧，导师认为实验项目、实验室、实验设备、实验材料均由自己提供，实验数据当然应该由自己支配，发表成果时自己也是当然的第一作者，而 759 名（82.41%）理工科学生反对导师使用自己的实验数据,为了借助导师的影响力,996名(95.95%)学生同意跟导师联合发表学术成果;但也有 42 名(4.08%)学生明确表示不愿意跟导师联合署名;811 名(72.35%)愿意跟导师联合署名,但反对导师排在自己前边(表 3-9)。由此可见,在师生合作方面,在读研究生与导师的合作总体不足,大多只停留在基础劳动阶段,少有科研思想层面的交流合作,培养学术共同体意识、构建真正的学术共同体尚处于初级阶段且任重而道远。

表3-9　与导师联合署名发表论文

选项	小计	比例
A.赞成,我可以借助导师影响力	185	17.79%
B.赞成,我得到导师帮助	811	78.13%
C.不赞成,这是导师对我成果的侵占	25	2.4%
D.不赞成,导师没有贡献	17	1.68%
本题有效填写人次	1038	100%

共同申报或参与导师课题是师生学术合作的重要途径,也是导师招收研究生的主要目的之一。在"1. 为国家培养人才"和"2. 为自己学术研究和项目课题提供帮助"两个选项中,65.23%的导师选择了 2。汇总调查结果显示,研究生对参与导师课题都比较乐意,绝大多数学生积极性很高,如果导师能提供相应劳动报酬则效果会更好。师生学术合作关系在课题研讨中会更加密切。在调研的 1038人中,837 名(80.64%)学生表示导师经常主动带自己做课题、搞项目,自己撰写的论文或发表的其他学术成果均围绕课题展开,甚至师门很多同学成为完成课题的主要力量。709 名(68.32%)学生表示导师在课题研究过程中能根据学生不同特点安排适量工作,并能给大家充分指导。696 人(67.07%)认为通过参与导师的科研项目,自身的学术素养和发现问题、解决问题的能力有了很大或比较大的提高,学术研究目标更加精准、方向更加凝练,摆脱了泛泛而谈、穿凿附会的尴尬局面(表 3-10)。根据调研结果可以发现,在读研究生提升自身学术能力的五个途径中:自行查阅文献学习(36.78%)和在课题实践中学习(22.6%)为最主要的两大途径,课题组内交流(15.14%)、导师指导(13.22%)和向导师之外的其他老师讨教或同门互动(11.54%)分别位列第三、第四、第五。

表3-10　导师能给我充分指导

选项	小计	比例
A.很符合	225	21.63%
B.符合	424	40.87%
C.一般	317	30.53%
D.不符合	45	4.33%
E.很不符合	27	2.64%
本题有效填写人次	1038	

对于集体学术交流活动的频率，62%的导师认可每周1次，35%的导师接受半月1次。此次调研结果显示，478名（81.12%）二年级、三年级研究生选择每月1次，369名（82.09%）一年级研究生选择每周1次，134名（12.9%）学生选择半月1次，37名（3.56%）学生接受每学期2次。可见研究生在读时间越久，对独立学术时间和空间的渴望就越强烈，刚入校的研究生则希望多跟导师和师门同学讨论问题。尽管意见分歧比较严重，但无论导师还是研究生，都认为集体学术活动不可或缺。

③学术分歧解决路径。

作为独立个体，导师和研究生之间有统一也有对立，36%的导师认为经常与研究生存在分歧，53%的导师认为偶而会与研究生出现分歧。那么如何对待摩擦、化解矛盾呢？所有导师都认为事情过去就忘记了，不会心存芥蒂，更不会产生报复心理。但638名（61.46%）学生认为在产生摩擦之后，导师会对自己更加冷淡，消极指导，批评较多，严重的会出现冷对抗，感觉前途堪忧，心理负担加重；332名（31.98%）学生认为导师会刻意刁难自己，心中充满恐惧；还有52名（5%）学生认为自己会更加小心，不给导师报复的机会。在学术分歧发生的概率方面，97名（86.61%）人文社科类研究生认为不会与导师产生严重的学术分歧，即使不同意导师观点，也不会当面表达，并有信心合理解决；同时也有352名（38.23%）理工科研究生认为会经常质疑导师的观点及试验方法，而且会当面指出来。

马克思指出："问题就是公开的、无所顾忌的、支配一切个人的时代之声。问题是时代的格言，是表现时代自己内心状态的最实际的呼声"，"一个问题，只有当它被提出来时，意味着解决问题的条件已经具备了"，重要的不是解决问题，而是发现问题。中国古人讲：学贵有疑，疑则有进，小疑则小进，大疑则大进，不疑则不进。习近平总书记强调问题意识，认为问题是创新的起点，也是创新的动力源，只有认真研究解决重大而紧迫的问题，才能真正把握住历史脉络、找到发展规律，推动理论创新。而且理论创新只能从问题开始，本质就是发现问题、筛选问题、研究问题、解决问题的过程。所以，面对学生提出的某些带有挑战性问题，导师要有包容心，要鼓励研究生大胆质疑，并小心求证。一旦出现学术分歧和争议，导师一定要注意态度和言行，密切关注学生情绪变化，通过单独面谈、电话、微信等形式缓解的学生负面情绪，坚决避免冷潮热讽、挖苦调侃，尤其不能出现打击报复的情形。对学生来说，首先要尊重导师的意见，相信导师的判断和分析，如果出现严重分歧，也要尽力去说服导师，不能刺激导师情绪或采取消极对抗的方式，其次寻找有说服力的数据或文献，经常与导师讨论，解决分歧。

2. 基于导师视角

导师是研究生第一责任人，也是研究生在读期间关系最亲近、影响最大的人。导师在招收研究生时的关注点，以及在培养过程中的态度和行为，往往会直接塑造研究生不同的人生观、价值观、学术观。在我们调研中，发现大多数导师都希望自己招收的研究生积极向上、性格开朗、尊师重道、学习态度端正、专业素养高、抗压能力强、基础雄厚、勇于创新，也有某些导师言语上表达了对研究生整体素质的不满和培养研究生的艰辛。

（1）调查对象

本类调研主要通过两种方式完成，一种是问卷调查，另一种是定向访谈。首先面向国内高校研究生导师共发放问卷300份，回收有效问卷217份，占72%；其次，西安高校的28位导师接受定向访谈。在问卷和座谈的基础上，我们对结果进行了统计。

导师基本情况：

参加调研的245名导师中，男性导师占57.14%，女性导师占42.86%，与2021年全国导师结构（女性33%，男性67%）总体相当（表3-11）。

表3-11　性别

选项	小计	比例
A.女	105	42.86%
B.男	140	57.14%
本题有效填写人次		245

参加调研的导师中硕士生导师占52.83%，博士生导师占47.62%，从全国各高校的一般特点来看，博士生导师一般同时会是硕士生导师。2021年全国博士生导师占导师总量的2%，我们采访调研的博士生导师相对较为充足（表3-12）。

表3-12　导师类型

选项	小计	比例
A.硕士生导师	128	52.38%
B.博士生导师	117	47.62%
本题有效填写人次	245	

我们主要将参加调研的导师分为三个学科专业，理工农医与人文社会科学类导师比重相对平衡，能够比较准确判断分学科导师与研究生关系的特点（表3-13）。

表3-13　学术领域所属学科门类

选项	小计	比例
A.理工农医	117	47.62%
B.文史哲艺	70	28.57%
C.管经法教	58	23.81%
本题有效填写人次	245	

参加调研的导师从年龄分布来看，30岁以下是零，30 ~ 40岁比例较小，40 ~ 60岁人数最多。从教育部统计数据分析，2021年30岁以下导师占0.5%，30 ~ 40岁占24%，40 ~ 60岁占70%，其他年龄段也较少（表3-14）。

表3-14　年龄

选项	小计	比例
A.30岁以下	0	0%
B.40岁以下	35	14.29%
C.50岁以下	152	61.9%
D.60岁以下	58	23.81%
本题有效填写人次	245	

从年龄分布来看，调研对象中 40 ~ 60 岁的导师数量最多，在理工农医类学科中，开始担任导师时的年龄一般比人文社会科学小，职称也比较低，人文社科类导师一般都具有副教授职称，除了近几年各高校大量引进的师资博士后、学科博士后及按照新评价体系进入副教授队伍者外，评为副教授年龄一般都会超过40 岁，所以担任导师 10 年以下的导师最多（表 3-15）。

表3-15 担任导师时间

选项	小计	比例
A.5年以下	70	28.57%
B.10年以下	105	42.86%
C.20年以下	58	23.81%
D.30年以下	12	4.76%
本题有效填写人次	245	

从学科专业来看，理工农医类导师培养研究生的数量相对比较多，有的导师博士、硕士学生总数超过 30 人，而人文社科研究生数量相对较少，一般都是 10 人左右，而且毕业研究生数量还与担任导师时长密切相关。从表 3-15 的数据来看，10 年以下的导师占最大比重，因此毕业研究生数量相对较少（表 3-16）。

表3-16 毕业的研究生数量

选项	小计	比例
A.1 ~ 5个	70	28.57%
B.6 ~ 10个	47	19.05%
C.11 ~ 15个	70	28.57%
D.16 ~ 20个	0	0%
E.20个以上	58	23.81%
本题有效填写人次	245	

参与调研的导师目前在读的研究生数量，6 ~ 10 人所占比重最大，20 人以上比重大约 20%，主要是理工农医类导师（表 3-17）。

表3-17　　在读的研究生数量

选项	小计	比例
A.1~5个	35	14.29%
B.6~10个	93	38.1%
C.11~15个	58	23.81%
D.16~20个	12	4.76%
E.20个以上	47	19.05%
本题有效填写人次	245	

（2）调研内容

对于研究生的学术成绩，128位导师希望研究生能取得较大成绩，占52.38%；但也有导师认为不能苛求，只要达到毕业条件，顺利完成学位论文即可（表3-18）。根据相关调研，目前很多高校对博士、硕士毕业都有学术要求。以马克思主义理论学科举例，山东大学要求博士研究生学习期间，在提出论文答辩申请前，博士研究生需以第一作者身份并以山东大学为第一作者单位，至少发表与学位论文有关的两篇CSSCI，其中"研究生第二作者、导师第一作者或研究生作为通讯作者"视同研究生为第一作者。期刊收载的论文（申请提前毕业者要求4篇），或权威期刊1篇，CSSCI来源期刊不含扩展版，CSSCI集刊两篇折抵一篇，但不允许以四篇集刊论文申请学位。同时，成果要求中所指的学术论文不含综述类文章。贵州师范大学规定马克思主义中国化研究二级学科硕士研究生攻读学位期间，必须在省级以上正规学术期刊上发表4000字以上与学习专业相关的学术论文1篇，论文认定以在正刊发表为准，不包括增刊。博士研究生在读期间，要求在CSSCI或全国中文核心期刊上发表学术论文不少于2篇。陕西师范大学要求学术型硕士研究生在学期间，应在重要级别以上（含重要级别）学术期刊发表1篇论文，博士研究生在学校认定的F级（核心）期刊发表学术论文1篇，博士研究生可作为第二作者，其导师必须是第一作者，或在在学校认定的G级（为CSSCI扩展源期刊）发表学术论文2篇，学生至少有一篇必须是第一作者，或者以学术专著（15万字以上、独立撰写、省级出版社以上）代替申请学位资格论文，但必须同时满足上述两项论文要求之一。沈阳师范大学规定硕士研究生在第一、第二学年内应至少参加十次学术活动；研究生要积极撰写学术报告，并在第

一、二学年内至少公开作一次学术报告；研究生在学期间至少要公开发表一篇与所学专业相关的学术论文，作为毕业论文答辩的前提条件；鼓励研究生积极参与导师的科研项目。河南理工大学规定硕士研究生在校期间一定要积极参加学术交流活动，要能够准确表达自己的学术观点，在学术交流中提升自己的学术水平。至少参加本学科学术会议或报告 10 次，向会议提交学术论文或记录学术活动内容和收获；同时在读期间本人至少公开做学术报告 1 次。攻读硕士学位期间要在本学科学术期刊发表北大中文核心至少 1 篇或一般 CN 至少 2 篇，所发表学术论文选题应符合研究方向，且每篇文章正文字数不得少于 3000 字。西南石油大学要求研究生在严格遵循学术规范的同时，运用规范的马克思主义研究方法，提出具有一定深度的学术见解，并附上具有一定价值的解决方案。在负责导师指导下参与课题、项目研究，并能科学设计调研问卷，深入基层展开社会调查，最终撰写调研报告及学术论文，能以第一作者身份（或导师为第一作者，或导师组主要成员为第一作者，研究生为第二作者）发表在学科认定的人文社科中文期刊的论文，分 A、B、C、D 四个等级，计分 200 分 / 篇、160 分 / 篇、90 分 / 篇、80 分 / 篇，此项成果累积计分不低于 80 分。长沙理工大学要求硕士生至少应在国内或国际公开出版的本专业以及相关专业刊物上发表 1 篇与其本人学术研究相关的学术论文，提前毕业的学生至少要有一篇 CSSCI 杂志上发表的论文，论文应以长沙理工大学为第一作者单位，导师或硕士生本人为第一作者 (导师是第一作者的文章，硕士生为第二作者)，刊物原则上限定《长沙理工大学马克思主义学院硕士生毕业论文发表规定期刊目录》；未列入目录但具有一定学术水平的刊物，由学院学位委员会审核通过。

表3-18　希望您的研究生在学术方面取得多大成绩

选项	小计	比例
A.是	128	52.38%
B.否	12	4.76%
C.无所谓	105	42.86%
本题有效填写人次	245	

　　参与调研的导师中有 222 位要求研究生掌握扎实的基础理论，态度要勤奋踏实，187 位导师希望研究生头脑灵活动手能力强，而成果数量并不是导师们最关

注的方面。当然,如果态度端正、基础扎实、动手能力强,成果必定斐然(表3-19)。

表3-19　对您的研究生在学术方面有什么期望

选项	小计	比例
A.扎实掌握基础理论	222	90.48%
B.勤奋踏实搞研究	222	90.48%
C.头脑灵活动手能力强	187	76.19%
D.成果丰硕	140	57.14%
本题有效填写人次	245	

在导师最看重研究生的哪项素质方面,大多数导师看重的是研究生的学习态度,包括勤奋踏实、掌握基础理论和动手能力(表3-20)。

表3-20　最希望自己研究生的学术状态

选项	小计	比例
A.①④②③	70	28.57%
B.②③①④	82	33.33%
C.③②④①	58	23.81%
D.④②③①	12	4.76%
E.补充	23	9.52%
本题有效填写人次	245	

注:①扎实掌握基础理论;②勤奋踏实搞研究;③头脑灵活动手能力强;④成果丰硕。

参与调研的245名导师中,有198位认为研究生对自己的学术帮助比较小,占80.95%,由此可见,导师与研究生学术合作方面明显存在短板,研究生不能有效参与导师的学术工作(表3-21)。

表3-21　觉得研究生对您的学术研究有没有帮助

选项	小计	比例
A.很大帮助	35	14.29%
B.较小帮助	198	80.95%
C.没有帮助	12	4.76%
本题有效填写人次	245	

认为研究生对自己学术有帮助的导师中，150位以上的导师可以与研究生共同撰写学术成果，包括学术论文、课题结项和实验数据，学术合作相对密切（表3-22）。

表3-22　觉得研究生对您学术方面的帮助主要表现在哪些方面

选项	小计	比例
A.提供研究思路	47	19.05%
B.共同撰写学术成果	175	71.43%
C.共同申报、完成课题	163	66.67%
D.共同获取使用实验数据	152	61.9%
E.补充	0	0%
本题有效填写人次	245	

研究生学术创新和学术成果往往取决于导师提供的主客观条件，参加调研的245位导师中，188位认为自己能够给研究生提供思想观点，占76.19%（表3-23）。

表3-23　能够提供给研究生的研究资源

选项	小计	比例
A.工作空间	152	61.9%
B.实验设备	152	61.9%
C.电脑网络	93	38.1%
D.参考资料	163	66.67%
E.思想观点	188	76.19%
本题有效填写人次	245	

参与调研的导师中，理工农医和经管类学科的导师基本上不希望自己的研究生加入别的研究团队，文史哲艺专业的导师则认为需要根据情况确定，法学专业的导师，尤其是马克思主义理论学科的导师希望研究生能够多跟其他团队的老师同学交流，建立更大范围的学术合作关系（表3-24）。

表3-24   能否允许本人研究生参与其他导师课题和团队研究

选项	小计	比例
A.允许	47	19.05%
B.不允许	82	33.33%
C.根据实际情况确定	82	33.33%
D.无所谓	34	14.29%
本题有效填写人次	245	

参与调研的245位导师中，128位认为研究生的学术主动性不足，需要导师持续督促，甚至有的导师抱怨研究生几个月不与自己联系，另在半失联状态，另有一部分导师认为不需要建立机制化、固定化的联系方式，有事随机处理（表3-25）。

表3-25   导师和研究生在学术主动性方面的表现

选项	小计	比例
A.您主动找研究生讨论问题较多	128	52.38%
B.研究生主动找您讨论问题较多	12	4.76%
C.取决于需要、没有严格区分	105	42.86%
本题有效填写人次	245	

在导师与研究生学术合作方面，71.43%的导师采用定期团队例会或学术沙龙了解学生动态，80.95%的导师愿意与特定学生讨论具体问题，71.43%的导师经常组织大多数学生讨论问题（表3-26）。

表3-26   对研究生的学术指导形式

选项	小计	比例
A.定期学术沙龙或团队例会	175	71.43%
B.定期读书会	12	4.76%
C.一对一随机	198	80.95%
D.一对多随机	175	71.43%

选项	小计	比例
E.补充	12	4.76%
本题有效填写人次	245	

在成果联合署名问题上，参与调研的 245 名导师中，有 105 位认为研究生的所有成果都应该与导师联合署名，以理工农医经管类导师居多，人文哲法学科的部分导师则认为应该尊重研究生意愿（表 3-27）。

表3-27　关于研究生与导师学术成果署名

选项	小计	比例
A.研究生的成果导师都有署名的权利，因为所有成果都离不开共有资源	105	42.86%
B.联合署名有助于成果公开发表	35	14.29%
C.尊重研究生的意愿	47	19.05%
D.导师实际参与并认可，才能联合署名	58	23.81%
本题有效填写人次	245	

参与调研的导师中，33.33% 的导师会根据需要与研究生进行学术交流，这部分导师大多数为人文社科专业；28.57% 的导师希望每天与学生进行交流讨论，这部分导师大多为理工农医专业（表 3-28）。

表3-28　希望与研究生学术交流的频率

选项	小计	比例
A.每天面对面交流	70	28.57%
B.每周见面一次	47	19.05%
C.每周见面两次	35	14.29%
D.每月见面一次	12	4.76%
E.根据需要确定	81	33.33%
本题有效填写人次	245	

随着信息网络技术的发展和过去几年疫情的影响，导师与研究生学术交流的渠道更加多元，随机性的交流大多通过微信、QQ、邮件等方式完成，占90.48%；但依然有80.95%的导师希望能够面对面交流，认为这种方式更充分和直接；也有71.43%的导师选择电话交流的方式（表3-29）。

表3-29　与研究生学术交流的主要渠道

选项	小计	比例
A.当面交流	198	80.95%
B.电话交流	175	71.43%
C.微信、QQ、邮件等	222	90.48%
D.召开腾讯会议	58	23.81%
本题有效填写人次	245	

导师是研究生培养的第一责任人，必须对研究生进行全方位的教育，包括学术研究和为人处世等。在这项调研中，76.19的导师较多关注研究生学术研究情况，对于家庭背景、为人处世关注较少，而对就业情况几乎没有特别关注。这个调查结果，在课题组内部存在一定的争议，绝大多数成员认为导师不可能不关注研究生就业，因为很多导师正是通过自己的社会交往圈实现研究生就业的，出现零关注是一种反常现象（表3-30）。

表3-30　关注研究生最多的领域

选项	小计	比例
A.学术研究	187	76.19%
B.为人处世	47	19.05%
C.就业情况	0	0%
D.家庭背景	11	4.76%
本题有效填写人次	245	

研究生在学习过程中需要自己承担一定的费用，包括日常生活、学术交流费用等，尽管很多学校通过国家奖学金、企业奖学金、"三助一辅"岗位等进行资助，缓解学生经济压力，但总体数量还是比较少的，80.95%的导师表示能够给学生提供必要的生活补贴（表3-31）。

表3-31 能否给研究生提供必要的学术或生活补贴

选项	小计	比例
A.能	198	80.95%
B.不能	47	19.05%
本题有效填写人次	245	

在导师提供给研究生的学术补贴中，课题经费是全部导师的选择，除此之外，很多理工科导师选择企业赞助，如果没有承担课题，也没有获得企业赞助的老师则表示会用本人工资来为学生提供帮助（表3-32）。

表3-32 提供给研究生学术或生活补贴的经费来源

选项	小计	比例
A.课题经费	245	100%
B.单位资助	0	0%
C.本人工资	72	29.38%
D.企业赞助	144	58.78%
本题有效填写人次	245	

研究生担任助教、助研、助管和兼职辅导员，是教育部三全育人理念的具体落实。目前全国大多数高校设有"三助一辅"岗位，主要招聘对象为研究生。参与调研的导师中，只有4.76%的人明确表示反对，因为担心影响学术活动，71.43%的导师表示尊重学生选择（表3-33）。

表3-33 是否同意研究生担任"三助一辅"工作

选项	小计	比例
A.同意	58	23.81%
B.不同意	12	4.76%
C.尊重学生选择	175	71.43%
本题有效填写人次	245	

导师每月提供给研究生的补贴金额，很多高校都有明文规定，一般是硕士每月 100 元，博士每月 500 元，如果某位导师同时培养 5 名硕士和 5 名博士，那每月开支是 3000 元，每年则高达 36000 元，总体还是比较多的，为了减轻导师经济压力，很多学校会通过奖学金等形式替代导师的一部分支出，参与调研的导师，52.38% 每月支出 500 元以下，也有部分理工科导师的支出在 500～1000 元（表 3-34）。

表3-34　提供给研究生学术或生活补贴的额度

选项	小计	比例
A.500以下	128	52.38%
B.500以上	82	33.33%
C.1000以下	35	14.29%
D.1000以上	0	0%
本题有效填写人次	245	

研究生在校方式与本科生有很大不同，主要是围绕导师形成团队，同一导师培养的研究生关系非常密切，经常在一起生活、学习、讨论，相互之间影响非常深。95.24% 的导师认为同一师门研究生学术影响很大，只有 4.76% 的导师认为学术研究强调个人素质，相互之间没有影响（表 3-35）。

表3-35　是否认为同一导师门下研究生相互之间的学术影响很大

选项	小计	比例
是	233	95.24%
否	12	4.76%
本题有效填写人次	245	

导师和研究生的关系非常密切，导师对每位研究生都充满着情感，虽然部分学生已经毕业，但依然时常关心他们的工作生活。28.57% 的导师一直让研究生留在微信、QQ 群里，跟在读研究生在一起。66.67% 的导师会重新建立微信或QQ 群，与毕业研究生保持友爱关系（表 3-36）。

表3-36　跟您的研究生是不是建有微信群或QQ群，毕业研究生也会一直在群中

选项	小计	比例
A.是，我和我的研究生就是这种情形	70	28.57%
B.否，我们的微信群或QQ群只有在读研究生，毕业研究生主动退出	163	66.67%
C.否，我只跟研究生建立一对一的微信或QQ，未加入微信群或QQ群	12	4.76%
本题有效填写人次	245	

　　微信和QQ群是导师和研究生交流的主要方式，90.46%的导师会在群中发布日常学术工作安排，76.19%的导师会分享学术成果或发布学术会议通知，66.67%的导师会转发研究生主管部门相关文件（表3-37）。

表3-37　如果有师门微信群或QQ群，您一般会发些什么信息

选项	小计	比例
A.高层次学术会议通知	187	76.19%
B.研究生主管部门文件	163	66.67%
C.主要参考书目	93	38.1%
D.日常学术工作安排	222	90.48%
E.分享学术成果	187	76.19%
本题有效填写人次	245	

　　导师是研究生在校期间的监护人，也是研究生人生道路上重要阶段的引导者，导师和研究生之间的友爱关系常常会伴随一生。57.14%的导师希望研究生在重要节日时能够登门探望，66.67%的导师希望研究生能够打电话或发信息问候，也有57.14%的导师认为有没有问候或探望都无所谓，只要学生工作顺利、学习进步、一切平安。

　　导师在招收研究生时最关注的是学科专业和学术潜质，跨专业报考的学生可能基础知识比较薄弱，导师担心能否跟上学术进度。对于家庭环境、考试成绩，

所有的导师都认为并不重要，关键在于学生是否具备学术潜质。

作为研究生教育的两大主体，导师和研究生或许在某具体领域存在分歧和差异，但对学术研究的认识则比较一致，导师最关注学生的学术潜质和学术能力，学生最关注导师的学术影响和学术造诣，双方合作关系很大程度上是建立在学术之上，这为学术共同体构建提供了坚实的基础。

第四章 马克思主义中国化研究学科师生学术共同体构建的重要意义

马克思主义中国化研究二级学科，归属于法学门类马克思主义理论一级学科，是教育部马克思主义理论研究和建设工程重点学科之一，目前全国共有 295 家硕士点，94 家博士点招收各种研究生。

一、马克思主义中国化研究学科的创立与发展

马克思主义中国化研究学科经历了"课程—专业—学科"的历史发展过程。早在新民主主义革命时期，中国共产党就通过党校、军事学校、干部学校等对革命参与者进行马克思主义理论教育，马列学院、抗日军政大学、陕北公学等都曾开设"中国革命运动史""中国问题""统一战线"等课程，还会经常邀请党和国家领导人做专题演讲。毛泽东同志的《实践论》《矛盾论》两篇经典著作就是来源于他在抗日军政大学授课讲义《辩证法唯物论（讲授提纲）》。1939 年华北联大成立，何干之担任社会科学院院长，讲授中国革命史。1948 年 8 月，华北大学成立，根据党中央指示，学校开设"中共党史"和"中国新民主主义革命史"课。这些课程的开设对统一思想、达成共识、凝聚力量、推动革命胜利发挥了积极作用。

中华人民共和国成立后，马克思主义理论教育相关课程设置逐渐规范，专业体系不断完善，学科归属更加清晰。马克思主义中国化学科，最早起源于"新民主主义论"这一课程，主要目的是对青年学生进行毛泽东思想及党的方针政策教育，时间跨度为 1949 年到 1952 年。1949 年 10 月 8 日，华北人民政府高等教育委员会发布《华北专科以上学校一九四九年度公共必修课过渡时期暂行办法》（高教秘字 1729 号），要求各年级必须开设"新民主主义论（包括近代中国革命运动史），第二学期学完，每周三小时，共三学分"。❶ 关于"新民主主义论"教学内容重点，1950 年教育部《关于全国高等学校暑期政治课教学研讨会情况及

---

❶ 教育部社会科学司编．普通高校思想政治理论课文献选编（1949—2008）[M]．北京：中国人民大学出版社，2008:2.

下学期政治课应该注意事项的通报》中明确指出，应该包括"①中国革命的历史特点。②中国新民主主义革命史。③中国革命的主要经验。④新民主主义的政治。⑤新民主主义的经济。⑥新民主主义的文化。⑦中国革命的前途"等。为了加强对政治课的领导，该通报附件一要求高校成立政治课教学委员会（或教学研究指导组）作为政治课教学的领导机构，由全体政治课教师及学生代表组成，主要职能是："讨论、制定并实施教学计划与教学大纲；研究、检查讲授内容及教学方法；汇集教学中所提出的问题进行系统的研究工作；领导与组织学生的自学和讨论并考核其成绩。"同时要求有条件的地区组成地域性的总教学委员会。❶1952 年 10 月 7 日，教育部颁布《关于全国高等学校马克思列宁主义、毛泽东思想课程的指示》，对各类学校新民主主义论课程讲授、讨论等学时等作出明确规定（表 4-1）。从表中可以看出，所有学校的"新民主主义论"课程一年均为 34 周 100 学时，其中授课 68 学时，学生自学 32 学时。这一时期，北京大学成立了"新民主主义论教学委员会"，由许德珩、冯 定、胡世华、许宝禄、楼邦彦、杨晦、金克木、王铁崖等教授开设专题讲座，张友仁、汪子嵩、李由义、赵宝煦、许世华等任助教。

表4-1 新民主主义论课程讲授讨论学时

学校类型	第一学期（共17周）				第二学期（共17周）			
	讲课时数	课堂讨论时数	讲课次数	课堂讨论次数	讲课时数	课堂讨论时数	讲课次数	课堂讨论次数
综合性大学、师范大学、师范学院	34	16	17	8	34	16	17	8
专门学院（理工农医等）	34	16	17	8	34	16	17	8
专科学校（三年）	34	16	17	8	34	16	17	8
专科学校（二年）	34	16	17	8	34	16	17	8
专修科（二年）	34	16	17	8	34	16	17	8
专修科（一年）	34	16	17	8	34	16	17	8

马克思主义中国化学科发展的第二个阶段是"中国革命史"课程开设阶段，时间跨度为 1953 年到 1961 年。1953 年 6 月 17 日，高教部发出《关于改"新民

❶ 教育部社会科学司编.普通高校思想政治理论课文献选编（1949—2008）[M].北京：中国人民大学出版社，2008:6.

主主义论"为"中国革命史"及"中国革命史"的教学目的和重点的通知》，要求自 1953 年起，将高等学校一年级开设的"新民主主义论"一律改为"中国革命史"，教学目的是"在于通过五四以来的基本史实，结合列宁、斯大林有关中国革命问题的主要著作，特别是毛泽东主席各个时期的重要著作，阐明马克思列宁主义在中国的新的胜利，系统地讲授毛泽东思想的基础知识，使学生认识中国政治的发展规律，了解中国革命的基本问题和中国共产党的总路线总政策，领会中国共产党和毛主席的光荣、伟大、正确。借以加强爱国主义与国际主义教育，从而提高思想与政治水平，树立和巩固革命的人生观，为自觉地积极地参加祖国建设做好思想准备"。所以，教师在讲授过程中必须多从革命运动、对敌斗争、革命建设的历史实际来说明毛泽东思想，必须着重正面的系统理论的讲授，同时结合学生认识水平，解决学生的政治思想和思想方法上所存在的有关重要问题。❶1955 年 4 月 25 日，高教部刘子载副部长在高等工业学校、综合大学校院长座谈会上发表《关于高等学校的政治思想教育工作》的讲话，他要求必须加强对马克思列宁主义教研组的领导，高校校长和副校长中必须有一人亲自领导马克思列宁主义教研组的工作，负责审查马克思列宁主义教研组的教学工作计划、科学研究工作计划和在职教师培养进修计划，切实执行计划中关于政治理论课程的规定，定期听取教研组的汇报，讨论他们的工作，并经常给予具体的指示和帮助，来克服目前政治理论课教研组缺乏领导和领导薄弱的现象；要求大力改进马克思列宁主义教研组的工作、加强马克思列宁主义教研组资料室建设等。1956 年 5 月，中国人民大学成立历史系，下设"中国革命史"和"马列主义基础"两个专业，9 月初，第一届"中国革命史"专业四年制本科生入学。9 月 9 日，高教部颁布《关于高等学校政治理论课程的规定（试行方案）》，要求高校二年级必须开设"中国革命史"，时长一年，学时分专业为 136 或 102（表 4-2）。1957 年 12 月，高教部、教育部发布《关于在全国高等学校开设社会主义教育课程的指示》，要求全国高校各年级普遍开设"社会主义教育"课程，各类大学生和研究生必须参加学习，时长暂定为一学年，每周 8 小时（课内时间不少于 4 小时），课程以毛泽东"关于正确处理人民内部矛盾的问题"为中心教材，同时阅读马克思列宁主义经典著作、党的文件和其他文件。课程开设期间，原来开设的四门政治课（马列主义基础、中国革命史、政治经济学、辩证唯物主义与历史唯物主义）一律停开。1956

---

❶ 教育部社会科学司编.普通高校思想政治理论课文献选编（1949—2008）[M].北京：中国人民大学出版社，2008:16.

年，中国人民大学设立中共党史系，招收中共党史专业本科生。

表4-2　高等学校政治理论课程安排

院系专业类别		学时	院系专业类别		学时	院系专业类别		学时
综合大学	法律系	136	师范	历史系	酌情另定		外交院校	136
	历史系	酌情另定		中国语文系	136		医药院校	102
	新闻系	136		外国语文系	102	林业	农业经济系	102
	哲学系	136		教育系	136		兽医系	102
	国民经济学	136		理科各系	102		农林其他系	102
	部门经济学	136		政法院校	136		建筑学专业	102
	中国语文系	136		财经院校	136	工科	海运类专业	102
	外国语文系	102		艺术院校	136		工科其他系	102
	理科各系	102		体育院校	136			

马克思主义中国化学科发展的第三个阶段是"中共党史"课程开设阶段，时间跨度为1961年到1985年。1961年7月24日，教育部发布《关于1961—1962学年度上学期高等学校共同政治理论课安排的几点意见》，指出：为了帮助学生"理解马克思列宁主义、毛泽东著作，了解党的路线、方针、政策；引导他们以马克思列宁主义基本原则为指导，去观察问题、研究学问和处理工作"，高等学校一般开设两门共同政治理论课，即"马克思列宁主义理论基础"和"形势与任务"，马克思列宁主义基础在文科专业和理、工、农、医、艺术、体育等院校均包括中共党史。❶1963年8月9日教育部颁发《关于高等学校研究生政治理论课的规定（草案）》，要求研究生开设马克思列宁主义理论课和思想政治教育报告，马克思列宁主义理论课主要是选读马列主义经典作家和毛泽东同志的著作，文科各专业一般250～300小时，理工农医160～200小时。思想政治教育报告主要是向研究生做国内外形势、党的方针政策和共产主义道德品质的报告。1964年10月11日，中央宣传部、高教部党组、教育部临时党组联合发布《关于改进高等学校、中等学校政治理论课的意见》，要求高等学校共同政治理论课开设"形势与任务""中共党史""哲学""政治经济学"四门，要求"中共党史""以党的历史为线索，以党内两条路线斗争为中心，学习毛主席著作，使学生初步领会毛泽东同志如何把马克思列宁主义普遍真理和革命的具体实际相结合从而发展了马克思列宁主义，并且认识中国共产党是光荣的、伟大的、正确的，使学生更加热

❶ 教育部社会科学司编.普通高校思想政治理论课文献选编（1949—2008）[M].北京：中国人民大学出版社，2008:40.

爱党、热爱毛主席"。首次在课程设置中使用马克思主义中国化的科学内涵。❶ "文革"结束后，1978 年 4 月，教育部办公厅颁布《关于加强高等学校马列主义理论教育的意见》强调指出，马列主义理论课是社会主义各类高等学校的必修课，开设马列主义理论课，是新中国大学区别于旧中国大学，社会主义高等学校区别于资本主义高等学校的一个重要标志。高等学校的马列主义理论课，包括中国共产党党史等四门，其中中国共产党党史是马列主义真理和中国革命的具体实践日益结合的历史，是中国人民在中国共产党领导下，取得新民主主义革命彻底胜利以及社会主义革命和社会主义建设伟大胜利的历史，开设这门课，是为了帮助学生完整地准确地领会和掌握毛泽东思想的体系，学习党的传统，提高对伟大、光荣、正确的中国共产党的认识。《意见》要求所有高校均应开设哲学、政治经济学和中共党史公共课，基本顺序是中共党史、政治经济学、哲学、共运史。同年，东北师范大学获批中共党史硕士学位授予权。1980 年 7 月，教育部印发《改进和加强高等学校马列主义课的试行办法》，从地位任务，教学方针，课程、学时、大纲、教材，教学制度、环节、方法，科学研究，机构设置，队伍建设，组织领导等八个方面对高校马列主义课程提出明确要求。关于科学研究，试行办法指出"各高等学校都要结合教学积极开展马列主义理论的科学研究工作。马列主义教师应深入研究和掌握马列主义、毛泽东思想的基本原理，密切联系国际国内的革命斗争和我国社会主义建设的实际，探讨一些新的课题，并努力解决教学中的疑难问题和教学方法的改进问题，以提高教学质量和学术水平。马列主义课的教学工作与科学研究工作的关系，应当在教学为主的原则下，积极开展科学研究工作。科研项目、人员确定、时间安排以及参加有关的活动，都应首先考虑是否有利于教学……科研成果可以体现在有一定水平的论文、著述和教材上，也可以体现在发掘、搜集、整理有一定价值的学术资料、教学参考资料和改进教学方法，提高教学质量成效上……理论研究工作与教学工作既有联系又有区别。教学要反映理论研究成果，但研究探讨的问题，不一定都能在课堂上讲授，要考虑教学的目的和效果。"文件要求各高校都应该建立马列主义教研室，直属学校党委，以民主选举、党委审批的方式设主任、副主任，职责是根据教育部关于马列主义课的课程设置规定，统一组织教学科研工作，制定规划，安排人员，编选课程讲义和辅导材料，收集教学科研资料；讨论教学内容，改进教学方法，总结交流经验，提

❶ 教育部社会科学司编.普通高校思想政治理论课文献选编（1949—2008）[M].北京：中国人民大学出版社，2008:51.

高教学质量；组织政治业务学习，制订教师学习培养计划。教研室可按开设课程设置教研组。教研室应设置图书资料机构，配备必要的图书资料工作人员。1984年4月到6月，教育部先后颁布《关于在十二所院校设置思想政治教育专业的意见》《关于在六所高等院校开办思想政治教育专业第二学士学位班的意见》《关于在高等学校举办思想政治教育本科班的意见》，正式建立思想政治教育学科。同年9月，中宣部、教育部联合印发《关于加强和改进高等院校马列主义理论教育的若干规定》，准备在高等学校开设《中国社会主义建设基本问题》课程，再次提出要加强马列主义理论研究，把教师的科研成就纳入职称评定，强调"马列主义课教师是一支重要的科学研究力量"，要求各省、自治区、直辖市党委宣传部（或科教部）、教育部门和学校要把马列主义教师的科研项目纳入学校、地方和国家科研规划，要求各院校马列主义教研室设立专职科研编制，有条件的可以成立马列主义理论教育研究室，各高校要将马列主义教研室科研经费列入预算，拨给专款。鼓励马列主义课教师开展社会调查、出国考察或进修，举办学术讨论会，提供成果发表园地。《规定》指出："马列主义课教师在保证完成教学任务的同时，应积极开展科学研究工作，参加社会主义现代化建设实践提出的重大理论问题和实际问题的讨论，参加有关的学术活动，以提高业务水平和教学质量。"《规定》要求高等院校马列主义课教师要牢固树立无产阶级世界观，坚持四项基本原则，执行党的路线、方针、政策，在政治上同中央保持一致，全心全意为人民服务，忠诚社会主义事业，作风正派，为人师表；尤其要深谙马列主义理论，具有广博的中外历史、教育学、伦理学等社会科学知识和自然科学的基础知识。❶ 西安交通大学开始建立中共党史硕士点。1985年8月中共中央颁布《关于改革学校思想品德和政治理论课程教学的通知》（中发〔1985〕18号），对于大、中、小学马克思主义思想品德和政治理论课主要内容作出了明确规定，要求大学要进行以中国革命史为中心的历史教育、马克思主义基本理论教育、中国社会主义建设和改革的理论、政策和实际知识的教育，提出"马克思主义思想理论课教育"这个概念。北京大学成立马克思主义理论教学指导委员会。

"中国革命史"课程恢复及"中国社会主义建设"课筹备开设时期为1986年到1998年。1986年3月，为了贯彻1985年中发18号文件精神，国家教委重新规划设计了高校政治理论课序列，要求从1986年开始，用三年时间逐步在全国

---

❶ 教育部社会科学司编.普通高校思想政治理论课文献选编（1949—2008）[M].北京：中国人民大学出版社，2008:97.

高校有步骤开设"中国革命史"课，并组织编写中国社会主义建设试用教材、培训师资。使用"马克思主义理论教育"的概念，认为马克思主义理论教育是高等学校一切思想政治教育的基础。委托有条件的高校举办培养政治理论课教师的第二学位班。1987年3月，国家教委颁布《关于进一步改革高等学校马克思主义理论课（公共课）教学的意见》，确认开设"中国革命史""中国社会主义建设"课的必要性，并规定了各类学校开设种类和具体学时。关于师资队伍，《意见》提出要采取多种形式加强培养和培训，一是11所高校的"马克思主义基础""中国革命史""中国社会主义建设"本科专业或第二学士学位班；二是中国人民大学、北京大学、清华大学、上海交通大学、哈尔滨工业大学试办的"中国革命史""马克思主义原理""中国社会主义建设"研究生班，而且明确表示要增加马克思主义理论教育相关专业本科生、第二学位生和研究生的培养规模。5月29日，中共中央发布《关于改进和加强高等学校思想政治工作的决定》（中发〔1987〕18号）重点分析了高校思政课的地位作用以及育人目标，强调思想政治教育是一门以马克思主义理论为基础、综合性和实践性都比较强的科学，要求有关院校认真办好思想政治教育专业，办好第二学士学位班，创造条件培养相关硕士和博士研究生，为造就从事思想政治教育的专门人才开辟一条新道路，明显突出了思想政治教育的学科属性。1988年首批中国社会主义建设专业硕士学位点开始招生，这是很多高校马克思主义中国化专业硕士点的前身。1990年，国务院学位委员会决定把马克思主义理论教育与思想政治教育专业合并，形成"马克思主义理论与思想政治教育"专业二级学科，开始招收培养思想政治教育硕士研究生和博士研究生，置于法学门类政治学一级学科。中国人民大学是全国第一家被批准的博士招生单位，也是1998年6月以前全国惟一的马克思主义理论教育专业的博士点。1991年国家教委颁发《关于加强和改进高等学校马克思主义理论教育的若干意见》，要求四年制本科继续开设"中国革命史"和"中国社会主义建设"，各70学时，不得挪作它用。1993年8月中共中央组织部、中共中央宣传部、国家教委联合下发《关于新形势下加强和改进高等学校党的建设和思想政治工作的若干意见》，首次提出"两课"的概念，即"马克思主义理论课"和"思想政治教育课"，认为"两课"是社会主义学校的本质特征之一。1994年8月，中共中央颁布《关于进一步加强和改进学校德育工作的若干意见》（中发〔1994〕9号），强调新形势下要用马克思列宁主义、毛泽东思想和邓小平同志建设有中国特色社会主义理论教育青少年，要把邓小平同志建设有中国特色社会主义理论作为学校马克思主义理论教育的中心内容。1995 年 10 月，国家教委印发《关于高校马克思主义理论课和思想品德课教学改革的若干意见》，将马克思主义理论课和思想品德课称为"两课"，强调高校"两课"是高校思想理论教育的主要渠道和主要阵地，是每个大学生的必修课程，"两课"教学要以邓小平同志建设有中国特色社会主义理论为中心内容，以《邓小平同志建设有中国特色社会主义理论学习纲要》为教学纲要，把邓小平同志建设有中国特色社会主义理论编成教材，进入课堂，进一步加强马克思主义教育。❶《意见》要求四年制本科马克思主义理论教育须设置马克思主义基本原理、有中国特色社会主义建设、中国革命史等课程，文科类不少于 250 学时，理工农医类不少于 200 学时。《意见》提出要进一步推动"两课"科学研究和学科建设，要求把马克思主义理论和思想政治教育作为人文社会科学的重点学科、把"两课"作为学校的重点课程加以建设，要设置研究课题，增加经费投入。1996 年教育部修订研究生专业目录，新增马克思主义理论与思想政治教育专业，1997 年马克思主义理论与思想政治教育变为二级学科，归于法学门类政治学一级学科。1997 年 12 月，为加强高校"两课"的宏观管理，充分发挥专家学者对"两课"的咨询指导作用，国家教委成立高等学校马克思主义理论课和思想品德课教学指导委员会。

马克思主义中国化学科设立。1998 年 4 月，中宣部、教育部联合发布《关于普通高等学校开设〈邓小平理论概论〉课的通知》，要求从 1998 年秋季学期开始，普通高校都要以《中国社会主义建设》课程为基础，开设邓小平理论课。6 月，中宣部、教育部再次联合发布《关于普通高等学校"两课"课程设置的规定及其实施工作的意见》，对高校"两课"课程体系进行了重新设计，本科马克思主义理论课取消"中国革命史"，开设"毛泽东思想概论"（理工 36 学时，文科类 54 学时）、"邓小平理论概论"（70 学时）等五门，专科开设"邓小平理论概论"（64 学时）等两门。"毛泽东思想概论"主要是进行毛泽东思想基本原理的教育，帮助学生理解毛泽东思想是马列主义同中国实际相结合第一次历史性飞跃的伟大成果，掌握毛泽东思想的主要内容和活的灵魂，懂得中国近现代社会历史发展和革命运动的规律，认清只有在中国共产党领导下，坚持社会主义道路，才能救中国和发展中国。"邓小平理论概论"主要是进行建设有中国特色社会主义理论与实

---

❶ 教育部社会科学司编.普通高校思想政治理论课文献选编（1949—2008）[M].北京：中国人民大学出版社，2008:158.

践的教育，帮助学生理解邓小平理论是马克思主义同当代中国实际和时代特征相结合的产物，是毛泽东思想的继承和发展，是马克思主义在中国发展的新阶段，掌握邓小平理论的科学体系和精神实质，重点搞清楚什么是社会主义，怎样建设社会主义这个根本问题，认识社会主义的本质和社会主义建设的规律，认识我国现在处于并将长期处于社会主义初级阶段的基本国情，增强高举邓小平理论伟大旗帜，执行党的基本路线和基本纲领的自觉性和坚定性。2003年2月教育部颁布《关于进一步深化"三个代表"重要思想"三进"工作的通知》指出，为了大力推进邓小平理论和"三个代表"重要思想进课堂、进教材、进学生头脑，各高校应从2003年秋季开始，把"邓小平理论概论"课调整为"邓小平理论和'三个代表'重要思想概论"，有条件的高校可以从春季开始或单独开设"'三个代表'重要思想概论"。

　　2004年1月，中共中央发布《关于进一步繁荣发展哲学社会科学的意见》（中发〔2004〕3号），提出实施马克思主义理论研究和建设工程的要求，首次将毛泽东思想、邓小平理论和三个代表作为马克思主义中国化的三大理论成果，认为加强毛泽东思想、邓小平理论和三个代表重要思想对哲学社会科学繁荣发展至关重要。中共中央办公厅随即转发中央宣传思想工作领导小组《关于实施马克思主义理论研究和建设工程的意见》，提出马克思主义研究和建设工程的主要任务是加强对马克思主义中国化三大理论成果毛泽东思想、邓小平理论和"三个代表"重要思想的研究，加强马克思主义经典著作的编译和研究工作，研究和编写充分体现当代中国马克思主义最新成果的哲学、政治经济学、科学社会主义基础理论教材，研究和编写全面反映毛泽东思想、邓小平理论和"三个代表"重要思想的政治学、社会学、法学、史学、新闻学和文学教材，加强马克思主义理论队伍建设。4月27日至28日，中央实施马克思主义理论研究和建设工程工作会议召开，时任中共中央总书记胡锦涛会见全体代表并发表重要讲话，指出：必须进一步高扬马克思主义理论的伟大旗帜，用马克思主义中国化的最新成果邓小平理论和"三个代表"重要思想武装全党、教育人民，用发展着的马克思主义指导新的实践，并在实践中不断丰富和发展马克思主义。中央决定实施马克思主义理论研究和建设工程，这是关系党和国家事业发展的战略任务，是中央加强党的理论建设的重大举措，意义深远，任务繁重。标志着马克思主义理论研究和建设工程正式启动。2004年6月，中共中央、国务院联合发布《关于进一步加强和改进大学生思想政治教育的意见》，指出要在哲学社会科学教学中充分体现马克思主义中国化最新理论成果，用科学理论武装大学生，用优秀文化培育大学生。2005 年 2月，中宣部、教育部联合发布《关于进一步加强和改进高等学校思想政治理论课的意见》，提出要大力推进高等学校思想政治理论课的学科建设，认为学科建设是加强和改进思想政治理论课的基础，而设立马克思主义一级学科，开展马克思主义理论体系研究，开展马克思主义发展史、马克思主义中国化研究，开展思想政治教育研究，能够为推进党的思想理论建设和巩固马克思主义在高等学校教育教学中的指导地位，为加强高校思想政治理论课建设，培养思想政治教育工作队伍提供有力的学科支撑。《意见》提出要以马克思主义中国化的理论成果毛泽东思想、邓小平理论和"三个代表"重要思想为中心内容，完善思想政治理论课课程体系。3 月中宣部、教育部联合印发《〈中共中央宣传部、教育部关于进一步加强和改进高等学校思想政治理论课的意见〉实施方案》，要求本专科生均应开设"毛泽东思想、邓小平理论和'三个代表'重要思想概论"课，着重讲授中国共产党把马克思主义基本原理与中国实际相结合的历史进程，充分反映马克思主义中国化的三大理论成果。在学科建设方面，《实施方案》再次强调：高等学校要加强"马克思主义理论与思想政治教育"硕士点和博士点建设，积极开展马克思主义理论体系研究，开展马克思主义发展史、马克思主义中国化研究，开展中国近现代史研究，开展思想政治教育研究，为加强高等学校思想政治理论课建设，培养思想政治教育工作队伍提供有力的学科支撑。❶11 月 25 日，中共中央政治局就世界马克思主义研究与我国马克思主义理论研究和建设工程进行第二十六次集体学习。胡锦涛在主持学习时指出，要坚持把基础理论研究与现实问题研究结合起来，把多出成果与多出人才结合起来，把发挥专家学者作用与动员全社会力量结合起来，把深入研究与宣传普及结合起来，以求真务实的精神狠抓落实，努力使马克思主义理论研究和建设工程真正成为精品工程。12 月 23 日，国务院学位委员会、教育部联合发布《关于调整增设马克思主义理论一级学科及所属二级学科的通知》（以下简称《通知》）（学位〔2005〕64 号），决定增设马克思主义理论一级学科，暂设置于"法学"门类内，下设五个二级学科，即马克思主义基本原理、马克思主义发展史、马克思主义中国化研究、国外马克思主义研究、思想政治教育。关于马克思主义中国化研究学科，《通知》指出：马克思主义中国化，

❶ 教育部社会科学司编.普通高校思想政治理论课文献选编（1949—2008）[M].北京：中国人民大学出版社，2008:220.

是马克思主义同中国具体实践相结合的过程。"马克思主义中国化研究",是专门研究马克思主义中国化的基本经验、基本规律,以及马克思主义中国化理论成果的学科。马克思主义中国化是一个历史进程,它的实质是马克思主义的基本原理同中国的具体实际和时代发展相结合。在马克思主义中国化的历史进程中,先后产生了三大理论成果,即毛泽东思想、邓小平理论和"三个代表"重要思想,这些成果是中国化的马克思主义。这个学科的研究和建设,将以马克思主义中国化为主线,以中国化的马克思主义为主题,以建设中国特色社会主义的理论和实践为重点,密切结合中国共产党领导人民在中国特色的新民主主义革命道路、社会主义改造道路和社会主义建设道路的探索中所进行的艰苦实践和理论总结,深入研究党的几代领导集体不断推进马克思主义中国化的历史进程和基本经验,系统掌握马克思主义中国化的三大理论成果的主要内容和精神实质,深刻揭示马克思主义中国化和中国化的马克思主义不断发展的基本规律。攻读博士学位的要求是具有坚定的马克思主义信仰和社会主义信念,牢固树立中国特色社会主义共同理想;系统掌握马克思主义中国化的发展进程与理论成果;深入了解毛泽东思想、邓小平理论和"三个代表"重要思想形成、发展的时代背景、实践基础、理论来源;深刻认识毛泽东思想、邓小平理论和"三个代表"重要思想的历史地位和指导意义;能够运用马克思主义的立场、观点和方法对当今世界和中国的实际问题开展高水平研究,具有较强的独立分析、解决本学科范围问题的能力;掌握一门外国语并能熟练地阅读本专业的外文资料和进行本学科的学术交流;掌握本学科的前沿研究动态与最新成果;胜任本学科相关的教学、科研和宣传、党政工作。攻读硕士学位要求是具有坚定的马克思主义信仰和社会主义信念,树立建设中国特色社会主义的共同理想;比较系统地掌握马克思主义中国化的发展进程与理论成果;认识毛泽东思想、邓小平理论和"三个代表"重要思想的历史地位和指导意义;具有较强的学习能力和一定的科学研究能力;较熟练地掌握一门外国语并能阅读本专业的外文资料;了解本学科的最新动态。2006 年开始,各高校和研究机构马克思主义中国化研究二级学科正式开始招收博士、硕士研究生。2007 年第三次学科评估,马克思主义理论未进入国家重点一级学科名单,但部分高校的马克思主义中国化研究二级学科进入国家重点学科培育名单。

在接下来的十余年里,国家对马克思主义理论学科支持力度持续加大,集马克思主义学科、教学、科研、人才培养于一体的马克思主义学院如雨后春笋般迅速发展。2000 年之前，全国仅北京大学 1992 年成立的马克思主义学院，2010 年底，全国已经有 80 余家马克思主义学院，2018 年底，全国有 750 余家马克思主义学院，教育部直属的 75 所高校，71 所建立马克思主义学院。2021 年全国马院数量达到 1440 余家，其中中宣部、教育部全国重点马克思主义学院 37 家。从学科设置情况来看，2006 年全国马克思主义理论一级学科博士点 21 个、硕士点 73 个，二级学科博士点 103 个，其中马克思主义中国化研究博士点 25 个。2012 年，全国马克思主义理论一级学科博士点 39 个、硕士点 129 个，二级学科博士点和硕士点近 600 个；中央党校成立马克思主义基础理论部，中国社会科学院成立马克思主义研究院，突出了马克思主义学科的地位，扭转了马克思主义理论学科一度弱化的局面，为马克思主义教学和研究提供了重要保障。2016 年马克思主义理论一级学科博士点 39 个，2018 年初增至 80 个，2021 年增至 104 个；马克思主义理论一级学科硕士点由增设之初的 129 个发展到 2016 年的 195 个，2018 年初又进一步增至 273 个，2021 年增加至 279 个。所有高校的马克思主义学院都设立思想政治教育研究、马克思主义基本原理研究、马克思主义中国化研究三个专业方向，170 余所院校直接设有马克思主义中国化二级学科，123 所高校的马克思主义中国化研究二级学科没有单列，但按照专业方向招收研究生。在三个方向中思想政治教育研究、马克思主义基本原理研究历史积累优势明显，而马克思主义中国化研究二级学科受到重视程度相对较高，发展最快，导师储备充足，研究生招生数量最大，据专家估计，2022 年全国马克思主义中国化研究二级学科博士点大约 50 余家，硕士点 200 余个。2023 年将马克思主义中国化研究作为具体方向包含在马克思主义理论学科中的高校有 272 家，单独设立马克思主义中国化研究学科的 120 家，招收马克思主义中国化研究方向硕士博士的高校共 392 家，2021 年马克思主义理论学科本硕博在校学生 6.2 万人。

依据中国研究生招生信息网公布数据，2023 年具备马克思主义中国化研究二级学科硕士招生资格的单位 293 家，其中独立招生的 171 家，主要分布在北京 (15)、天津 (4)、河北 (3)、山西 (1)、内蒙古 (2)、辽宁 (11)、吉林 (8)、黑龙江 (8)、上海 (7)、江苏 (5)、浙江 (8)、安徽 (4)、福建 (4)、江西 (4)、山东 (10)、河南 (5)、湖北 (13)、湖南 (7)、广东 (9)、广西 (2)、海南 (2)、重庆 (5)、四川 (9)、贵州 (4)、云南 (2)、陕西 (13)、甘肃 (4)、新疆 (2) 等。包含在马克思主义理论一级学科中的 124 家，主要分布在北京 (12)、天津 (3)、河北 (5)、山西 (2)、内蒙古 (2)、辽宁

(8)、吉林 (3)、黑龙江 (5)、上海 (9)、江苏 (9)、浙江 (7)、安徽 (6)、福建 (1)、江西 (2)、山东 (4)、河南 (7)、湖北 (7)、湖南 (8)、广东 (3)、广西 (3)、海南 (1)、重庆 (4)、四川 (1)、贵州 (1)、陕西 (7) 甘肃 (3)、新疆 (1) 等。具备马克思主义中国化研究二级学科博士招生资格的 35 家，包括北京大学、中国人民大学、北京航空航天大学、北京师范大学、首都师范大学、中央财经大学、中国政法大学、南开大学、天津师范大学、河北师范大学、辽宁大学、辽宁师范大学、吉林大学、东北师范大学、黑龙江大学、华东理工大学、华东师范大学、上海财经大学、苏州大学、南京师范大学、浙江大学、厦门大学、福建师范大学、江西财经大学、山东大学、山东师范大学、武汉大学、华南师范大学、广西师范大学、西南大学、西南财经大学、陕西师范大学、西北师范大学、新疆师范大学、上海社会科学院等。包含在马克思主义理论一级学科中招收马克思主义中国化二级学科博士共 59 家，主要有清华大学、北京交通大学、中国农业大学、中央财经大学、内蒙古大学、大连理工大学、东北大学、大连海事大学、哈尔滨工业大学研、哈尔滨工程大学、东北林业大学、哈尔滨师范大学、复旦大学、同济大学、上海交通大学、上海师范大学、上海大学、南京大学、东南大学、南京理工大学、中国矿业大学、河海大学、江南大学、浙江工商大学、安徽大学、合肥工业大学、安徽师范大学、南昌大学、江西师范大学、中国石油大学（华东）、曲阜师范大学、华中科技大学、中国地质大学（武汉）、武汉理工大学、华中师范大学、湖北大学、湘潭大学、湖南大学、中南大学、湖南科技大学、湖南师范大学、中山大学、华南理工大学、广西大学、四川大学、重庆大学、西南交通大学、电子科技大学、西南大学、西北大学、西安交通大学、西北工业大学、西安理工大学、西安科技大学、新疆大学、扬州大学、中国地质大学（北京）、中国科学院大学、国防科技大学等。

2023 年独立设置马克思主义中国化研究二级学科硕士点的单位及招生数量见表 4-3。

表4-3　2023年独立设置马克思主义中国化研究二级学科硕士点的单位及招生数量

学校名称	招生数量	学校名称	招生数量
北京大学	2	辽宁大学	9
中国人民大学	10	沈阳理工大学	21
北京师范大学	8	辽宁石油化工大学	13
首都师范大学	7	辽宁师范大学	7
北京外国语大学	6	沈阳师范大学	6
中国传媒大学	2	渤海大学	5

续表

学校名称	招生数量	学校名称	招生数量
对外经济贸易大学	5	大连外国语大学	5
北京物资学院	3	东北财经大学	2
北京体育大学	3	中共辽宁省委党校	6
中国政法大学	2	吉林大学	21
中国矿业大学（北京）	11	长春工业大学	9
中国青年政治学院	12	吉林农业大学	4
中国社会科学院大学	1	长春中医药大学	8
中共北京市委党校	4	东北师范大学	14
天津大学	11	北华大学	9
天津师范大学	24	吉林师范大学	4
天津商业大学	7	黑龙江大学	7
河北大学	4	东北农业大学	6
石家庄铁道大学	7	哈尔滨师范大学	14
内蒙古财经大学	2	牡丹江师范学院	15
中共黑龙江省委党校	6	南阳师范学院	10
上海财经大学	3	武汉大学	8
华东政法大学	3	武汉工程大学	7
上海政法学院	7	武汉轻工大学	4
上海社会科学院	1	湖北工业大学	13
南京大学	7	华中农业大学	7
河海大学	4	湖北师范大学	9
扬州大学	10	湖北民族大学	9
安徽大学	9	中南财经政法大学	9
安徽医科大学	4	中南民族大学	6
阜阳师范大学	4	中南大学	11
安徽财经大学	6	暨南大学	12
福州大学	4	华南师范大学	10
福建农林大学	10	广州大学	3
福建师范大学	14	广东外语外贸大学	9
闽南师范大学	12	中共广东省委党校	4
江西农业大学	8	广西医科大学	3
井冈山大学	12	南宁师范大学	11
江西财经大学	10	重庆医科大学	5
山东大学	8	西南大学	12
齐鲁工业大学	25	重庆师范大学	9
山东中医药大学	15	重庆理工大学	8
山东师范大学	12	重庆工商大学	10
山东财经大学	7	中共重庆市委党校	3
青岛大学	3	西南科技大学	9
中共山东省委党校	5	成都中医药大学	4
郑州大学	16	西南财经大学	6

续表

学校名称	招生数量	学校名称	招生数量
中原工学院	3	成都大学	1
贵州师范大学	45	陕西师范大学	6
贵州财经大学	6	陕西理工大学	8
云南大学	8	宝鸡文理学院	7
昆明理工大学	9	西北政法大学	5
云南师范大学	9	天水师范学院	12
云南财经大学	4	西北师范大学	9
云南民族大学	5	兰州财经大学	8
西藏民族大学	7	青海大学	14
西北工业大学	6	新疆师范大学	22
西安理工大学	18	喀什大学	9
西安工业大学	10	伊犁师范大学	8
新疆财经大学	2	—	—

注：此表根据中国研究生招生信息网数据整理。

从目前马克思主义中国化研究二级学科设置及招生规模预估，全国重点马克思主义学院 37 家，每家每年招收博士和硕士研究生（加推免）平均约 30 人（2021年清华大学博士 4 人，硕士约 8 人，共约 12 人；2023 年北京大学拟录取博士 5 人，硕士 11 人，共 16 人；西安交通大学 2022 年博士约 7 人，硕士约 28 人，共约 35 人；陕西师范大学 2022 年博士 9 人，硕士 12 人，共约 21 人；复旦大学 2019 年博士 5 人，硕士 10 人，共约 15 人；兰州大学 2022 年博士 5 人，硕士 12 人，共 17 人；山东大学 2023 年博士约 10 人，硕士约 16 人，共约 26 人；吉林大学 2023 年博士约 20 人，硕士约 54 人，共 74 人；南开大学博士 12 人，硕士 14 人，共 26 人）总量约为 1110 人，其他招生单位每年博士、硕士录取总量预估约为 1000 人，全国马克思主义中国化研究二级学科每年招生约为 2100 人。

从导师队伍来看，马克思主义中国化研究二级学科导师数量不断扩大，教授副教授职称占 98% 左右，"80 后""90 后"中青年教师也逐渐增加，尤其是全国37 家重点马克思主义学院，导师队伍增长很快（见表 4-4）。

表4-4　37所重点马克思主义学院马克思主义中国化研究导师数量统计表（2023）

学校	导师数量	学校	导师数量
北京大学	11	南开大学	18
清华大学	10	吉林大学	21
浙江大学	10	山东大学	11
复旦大学	8	兰州大学	8
武汉大学	14	东北师范大学	13

学校	导师数量	学校	导师数量
中国人民大学	5	大连理工大学	8
北京师范大学	15	华东师范大学	6
南京大学	8	西安交通大学	15
福建师范大学	6	新疆师范大学	5
郑州大学	12	首都师范大学	6
中山大学	16	天津师范大学	5
四川大学	15	河北师范大学	8
哈尔滨师范大学	10	辽宁大学	6
同济大学	17	南京师范大学	6
安徽师范大学	11	江西师范大学	11
山东师范大学	8	华中师范大学	8
湖南师范大学	23	华南师范大学	5
广西师范大学	16	西南大学	12
贵州师范大学	6	—	—

从学术研究来看，马克思主义中国化研究二级学科以习近平新时代中国特色社会主义思想为重点，聚焦于马克思主义中国化时代化的历史进程与理论成果，围绕中国革命、建设、改革、新时代的重大问题展开，数量十分可观。党的十八大以来，学者发表的马克思主义中国化类的论文8573篇，中国特色社会主义类的论文1862篇，习近平新时代中国特色社会主义思想类的论文1563篇，马克思主义大众化类的论文912篇，毛泽东思想类的论文800篇，中华民族伟大复兴类的论文792篇，中国化马克思主义类的论文532篇，中国特色社会主义道路类的论文334篇，科学发展观类的论文329篇，中国特色社会主义理论类的论文467篇，全面从严治党类的论文344篇，新时代类的论文874篇，各类论文相加总量大约为17382篇，成果丰硕。

二、马克思主义中国化研究学科师生关系的基本类型

近年来，马克思主义中国化研究学科研究生招生数量迅速扩大，在校学生人数不断增多，随之而来的师生学术供求矛盾、导师学术能力瓶颈、师生学术交流障碍等研究生培养质量问题日益突出。为探求师生和谐互动途径，提高研究生学术培养水平，必须针对关键问题，积极谋划，全面施策。

1.马克思主义中国化研究学科研究生与导师关系的主要类型

（1）学术钻研型

马克思主义中国化研究学科隶属于人文社科范畴，针对理论类研究课题需要研究生在学术研究上更有耐心与积极性，也更加需要导师做好引领与指导工作，推动学生关注社会现实，理论联系实际，发现问题、分析问题、解决问题。在学术钻研型的研究生与导师关系类型中，导师较多关注的是学生的科研学术情况，交流也几乎是围绕学术课题来展开，组会、研讨会、学术交流会的交往形式占比很大，导师对于学生的学术能力要求比较高，学生需要按照导师的课题研究情况按时完成所需任务要求。此类互动类型，虽然研究生可以在导师教导下完成一系列科研任务，实现科研产出，但是缺乏情感方面的互动交流，此时的学习任务推力可能演变为学术压力，为学术而学术的教育方式可能适得其反，不仅降低学生的科研体验和学术兴趣，还会对研究生学术创新积极性产生挫伤。

（2）任务管理型

相比之下，该类师生关系类型在理工科研究生中更为常见，当然马克思主义中国化研究学科也存着这种现象，只是程度较轻，导师比较尊重学生多样化选择。相较于第一种学术钻研型的师生互动关系而言，这种关系的互动模式偏向于企业经营管理，导师给学生下发任务，学生在规定期限内将任务按时按量完成，双方在学术能力和情感方面交流很少。这类型导师通常工作比较忙碌，学生与其导师见面次数与交流频率也较低。在互动中导师仅仅表现为任务发放者，而研究生是被动接受者，其师生关系主要是围绕课题的选取、论文的写作或实验的完成而形成，师生的互动主要基于一个个学术目标或学术任务。虽然一定意义上来讲，在互动过程中，研究生可以学习一些知识与完成系列科研任务，导师一定程度也可以为学生提供就业资源与经验指导，不过对于一些具有学术理想的学生来讲，该种师生互动模式会产生学生的心理不适，甚至产生师生冲突与关系断裂。在马克思主义中国化研究学科中，导师和研究生发生矛盾的风险相对较低，研究生参加导师的课题，合作撰写结项报告，一方面能够促进学术素养的形成，另一方面可以提高写作水平，更快进入学科话语体系。

（3）长辈关怀型

研究生教育中，无论是人文社科还是理工农医，导师的阅历与经验往往比较丰富。按照传统模式成长起来的导师，一般要取得副教授甚至教授职称才具备研究生招收资格，这时导师年龄一般都会达到 40 岁以上；按照新的人才招聘体制，进入马克思主义中国化研究学科的教师必须具备博士学位，而且刚进入高校还必须有至少 3 年的师资博士后经历，达到考核要求后才能获得研究生招生资格，青年教师博士毕业大多数都会超过 30 岁，招收研究生年龄大概是 35 岁，研究生基本都是 21 岁左右，最年轻的导师也会年长研究生 10 岁以上。因此，导师对研究生经常对学生倾注了孩子般的关爱，形成家庭模式的师生关系，导师更像家长，研究生更像子女，在学术大家庭中相互交流、相互讨论、相互关心，导师会给学生一定的成长性意见与建议，无论是学习、工作还是生活，学生对导师充满敬爱与尊重，双方交往比较融洽，交流话题也不仅仅局限于学术，还包括生活、情感、工作等方方面面，双方相处氛围比较和谐融洽。这类型导师会将更多的时间和精力放在研究生培养上，对学生的关注是连续而稳定的，他们视学生如子女，对学生关怀备至，为学生创造了一个舒适、友好的学习生活氛围，其特点是情感关怀尤胜于知识教学。少了学术交流的严肃，互动过程轻松随意，交流内容主要涉及师生的生活、情感、人生经验等，师生关系更像是亲人、朋友，整个师生团队就像一个和睦的大家庭，在家庭体验中完成各种学术研究。

（4）良师益友型

无论在马克思主义中国化研究学科还是其他学科，这种关系都是所有研究生期待的形式，是导师和研究生关系的最佳状态，最值得提倡。导师不仅是学术科研的领路人，还是工作生活上的引导者。这种研究生与导师的关系模式，导师实行了"两手抓"的全面育人方式，科研与生活两手抓，素质与能力双重视，很好地克服了前面几种模式里的弊端，学术钻研型重视科研、任务管理型重视工作、长辈关怀型重视生活、而松散疏离型受重视程度低。更为重要的是，在良师益友型研究生关系模式中，导师不仅重视学生的各方面能力，更重视综合素质，推动学生成为一个真正合格的研究生。处于此种类型的互动中，不仅学生会取得更多的学术成就，形成健全的人格，导师同样也会在指导关系中取得长足进步，而且指导双方也会产生强烈的情感契约，从而使得师生间关系维持的时间更长，更稳定。我们国家研究生培养采用导师制，作为研究生教育的导师，要承担起更高级教书育人的任务，主动提高自己的学术水平，带领学生突破各项科研难关，提升学生的学术科研能力；另外导师要给予学生一定工作上的经验与做人做事的道理，增强学生应对社会风险的能力；同时作为老师最重要的任务是为社会培养更多综合素质高的社会主义接班人，引导学生向好向善，心有理想，胸怀大局。

2. 研究生教育中师生关系类型的影响因素

从研究生教育中师生关系的五大类型可以看出，研究生教育的师生关系出现了一定异化；师生间缺乏互动交流，师生关系情感缺失和淡化，师生关系功利化和不对等化等。所以我们要探究其背后的多方面影响因素，对症下药，推进研究生教育师生关系和谐化发展，共建师生学术共同体。纵观之前学者关于研究生与导师的关系影响因素，不同学者观点不完全一致，但是大体也是分为三大部分，分别是导师、研究生以及客观环境。作为一种特殊的社会关系和教育关系，研究生教育师生关系的现状是教育观念、管理制度、交往环境、导师和研究生自身等多重因素作用和变迁的结果，是这些矛盾的集中体现。❶

许克毅等从导师和研究生两个视角探讨了影响师生关系的主要因素，从导师的角度来讲，导师承担的科研项目、导师的科研能力和水平、导师的指导方法以及导师的为人方式；从研究生的视角来分析，研究生的自觉学习能力、求知欲以及社会成熟程度，最后他认为研究生的自觉学习态度与学习能力在双方的关系中居重要地位。❷ 周晓萍指出在研究生和导师的关系中，导师的负责程度、指导能力和人品是影响研究生对师生关系满意度的主要因素；研究生的主动性与积极性、学习和科研条件，而导师的人品、导师的学术地位或水平是影响师生关系的主要因素。❸ 郑杰认为导师与研究生关系的影响因素是多样的，学术研究状态、参与课题情况、科研态度、科研能力、日常生活中的行为规范、道德品质、交往能力等都会影响到研究生与导师的师生关系。❹ 在张静看来，影响师生关系的诸多因素中有研究生的培养特点、导师的指导风格和素质、导师的课题和经费、师生交流频率等。❺ 林似非认为在研究生教育中的导师对研究生的培养与使用、导师的指导风格、导师的精力以及研究生数量等都会在一定程度上影响导师与研究生的关系。

（1）导师因素

2020 年 9 月教育部颁布《关于加强博士生导师岗位管理的若干意见》，11 月又颁布《研究生导师指导行为准则》，明确规定导师"首要任务是人才培养，承

---

❶ 薛艳 . 研究生教育和谐师生关系的构建 [D]. 桂林：广西师范大学 ,2011.
❷ 许克毅 , 郭艳利 . 研究生教育理念的多元化整合与演进 [J]. 学位与研究生教育 ,2006（12）.
❸ 周晓萍 . 工科研究生教育中的师生关系研究 [D]. 重庆：西南大学 ,2008.
❹ 郑杰 . 研究生教育中导师与研究生关系研究 [D]. 武汉：华中农业大学 ,2006.
❺ 张静 . 导师与研究生之间的和谐关系研究 [J]. 中国高教研究 ,2007（9）.

担着对博士生进行思想政治教育、学术规范训练、创新能力培养等职责",是"研究生培养的第一责任人",这就讲清了"导师"和"教师"的根本区别;教师是"单项运动员",不是学生培养的第一责任人,仅仅承担传授知识或提升素质的某一方面;而导师则是"全能运动员",学生在校期间的人身安全、学术能力、研究水平、政治素质、思想道德等都要由导师负责。因此,仅仅具备高度的知识水平,显然是无法满足现实需要的。从目前情况来看,绝大多数研究生导师学识渊博、治学严谨、品德高尚,能够正确处理师生学术关系,但也存在某些教学水平、科研能力、时间精力、道德修养、社交能力有所欠缺的导师,会对双方关系产生不利影响。导师对师生学术关系的消极影响主要表现在一是学术消极,有个别导师因为不太专注学术研究,成果数量相对较少,可能会产生自卑情结,对研究生学术指导变得比较消极,或者干脆不加指导,导致双方关系恶化;二是学术自负,有的导师在学术界影响很大,学术成果丰硕,可能会产生学术自负情绪,不能从研究生实际出发,总对研究生学术表现不满意,甚至出现辱骂研究生的情形,导致双方关系恶化;三是学术霸凌,部分导师在成果署名上与学生产生矛盾,认为学术成果不署导师的名字就是不尊重自己的导师地位,制造各种借口批评学生,导致双矛盾尖锐。还有一部分导师并不是不愿加强学术指导,而是工作繁忙,加上担任行政职务,无暇脱身,客观上导致研究生学术荒废的现象。从马克思主义中国化研究学科实际情况来看,导师基本上都能坚持立德树人,正确处理与研究生的学术关系,很多导师通过专题组会、读书分享、课题申请、理论研究等方式建立起学术协作新模式,极大推动学术研究高质量发展。立足于研究生导师建设,首先,导师要有正确的学术观,懂得学术合作对自身和研究生的重要意义,要大力调动研究生的学术积极性,不能听之任之;其次,学术合作需要相互尊重,尤其是导师应该对研究生保持全方位的学术尊重,不能随意贬低、辱骂甚至打压;最后,导师要为双方学术合作建章立制,在导师和研究生关系中,导师是铁打的营盘,研究生是流水的兵,一个相对永恒,一个不断变动,因此导师处在关键地位,研究生相互关系都是围绕导师形成,导师应充分发挥"导"的作用,导之以德、导之以智、导之以学。如果认为自己的核心职责是提升学生学术水平,产出学术成果,没有时间和精力对学生进行价值引领,或者认为自己的职责就是"教书",传授知识、培养专业技能,至于"育人"应该由辅导员、班主任等专职人员负责的话,都是错误的。

导师应时刻铭记自己的角色定位，努力培养、指导研究生，合理安排学术活动、授课任务、行政职责等时空分配，实现时间与精力适度平衡，尽可能多地投入到研究生培养教育中去，很好地履行职责。在培养过程中，导师要坚持同研究生定期交流；创造条件让研究生参与自己的课题研究，并且要处理好学术关系，不能把研究生当成廉价劳动力；在学术合作外，导师应关心研究生全面成长，了解他们的思想、生活状况，对学生在心理、就业、经济等方面的需求，应提供力所能及的帮助；导师要多花些时间和学生交流，参加他们的活动，在师生互动中引导学生做人、做事和做学。

（2）研究生因素

勤奋好学、踏实钻研、动手能力强、成果丰富的研究生往往会获得导师青睐，导师也愿意跟他们交流，学术合作氛围易于形成；懒散、不思进取、得过且过的研究生经常会使导师生气，合作氛围就受到较大破坏。研究生与本科生的根本不同在于培养目标和学习模式，本科生以获取知识为目标，重视课堂教学，基础性比较强，内容比较宽泛；研究生的主要任务不再是上课汲取知识，而是运用知识进行学术创新。马克思主义中国化研究学科的研究生，首先，必须大量阅读原始文献，包括马克思主义经典作家的代表性作品，比如《共产党宣言》《德意志意识形态》《哥达纲领批判》《1844年经济学哲学手稿》《论费尔巴哈的提纲》《反杜林论》《社会主义从空想到科学的发展》《国家与革命》《共产主义运动中的"左派"幼稚病》等，中国化马克思主义理论成果的主要创立者毛泽东、邓小平、江泽民、胡锦涛、习近平等的代表性作品，比如《毛泽东选集》《毛泽东文集》《邓小平文选》《江泽民文选》《胡锦涛文选》《习近平谈治国理政》等，通过文献阅读提升学科基础。其次，不断锤炼发现问题的能力。马克思指出："问题就是时代的口号，是它表现自己精神状态的最实际的呼声。"毛泽东说："什么叫问题？问题就是事物的矛盾。哪里有没有解决的矛盾，哪里就有问题。"习近平总书记指出："每个时代总有属于它自己的问题，只要科学地认识、准确地把握、正确地解决这些问题，就能够把我们的社会不断推向前进。"发现问题、研究问题，提出自己的思路和见解，这是马克思主义中国化研究学科研究生学术能力提高的第一步，也是最关键的一步。培养问题意识就是要较真，不迷信、不盲从，敢于挑战权威，敢于对某些所谓"约定成俗、理所当然"的观点发表自己的意见。再次，研究生之间、研究生与导师之间的互动交流十分重要。学术研究需要不断的思想碰撞、头脑风暴，闭门造车、坐而论道也许可以成功，但相对较为困难，尤其是以理论创新见长的马克思主义中国化研究学科，更需要导师、研究生经常性的学术讨论。讨论可以涉及一篇论文、一本专著、一个项目，哪怕是随机聊天，都可能产生意想不到的结果。这对于应试教育下自主学习意识和能力较差的人文社科类研究生非常重要。最后，研究生一定要发挥主动性。从全国情况来看，目前马克思主义中国化研究学科导师和研究生数量比大概为 1∶3，就是说每位研究生导师至少都有 3 名以上的研究生在读，加上授课、科研、社会服务等工作压力，导师经常没有太多时间关注研究生成长，研究生要敢于、善于跟自己导师进行交流。在现实中，部分研究生十分不情愿跟导师沟通，甚至刻意躲避导师，惟恐导师追问学习或研究进展，缺乏学习研究的积极性主动性，对自己放任自流，坐等导师主动，如果导师因为繁忙没有联系，他们就乐得逍遥自在、游山玩水，完全误解了导师严格要求的良苦用心。长此以往，导师与研究生之间就会产生隔阂分歧，甚至相互抱怨和激烈对抗，造成不良后果。所以，研究生一定要勤于思考，锻炼自己对专业知识和社会问题的敏锐洞察力，不断产生新想法，主动与导师联系交流，探讨问题，汇报学习和研究进展，交流思想，互相了解。

（3）交往环境

人是环境的产物，环境也是由人来改变的，环境包括自然环境、人文环境、社会环境等，是主观性和客观性的有机统一。交往环境是有机主体发生相互关系时所拥有的时空条件、历史背景和人文场域。人的交往总是在特定条件下发生的，良好环境有助于师生关系的和谐稳定。从社会环境看，当今世界百年未有之大变局加速发展，中华民族伟大复兴进入不可逆转的历史进程，马克思主义中国化研究学科需要关注的学术热点不断涌现，无论研究生还是导师，都应该珍惜这来之不易的大好形势，协调兴趣，深化交流，生成重大研究成果。对于研究生来说，学术获得感、幸福感大大增强，顺利达到毕业条件，成为各单位抢手的优质人才；对于导师来说，学术影响力进一步扩大，各种荣誉称号加诸一身，申报项目更加便捷，也更愿意招收研究生加入自己学术团队。从人文环境看，近些年来，随着国家对人才重视程度的大幅提升，研究生招生规模也迅速扩大，马克思主义中国化研究学科也是如此，全国 37 家重点马克思主义学院，马克思主义中国化研究学科每年招收及推免的硕士生少的近 20 人，多的达到 30 余人，博士数量也从 3 人到十几人不等。虽然有些高校对导师招收研究生数量作出限制，但每年招收博士、硕士达到 5 人的导师大量存在，硕士 3 年毕业，博士 4 ~ 6 年毕业，有些导师名下的研究生平均保持在 15 ~ 20 名，这就使得导师无暇顾及学生的情形经常出现，学生如果不能积极主动跟老师联系，那极有可能出现导师不熟悉甚至不认识学生的情形。另外，导师与学生的沟通交流方式和内容应该更加丰富，目前研究生对于导师组织的同门组会评价不一，有的研究生认为这种例会效果不大，不能解决实际问题且会上针对性不强，因为自己没有关注相关话题，临场发挥讲不深也讲不透，可能会干扰同学的思路；有的研究生喜欢独自钻研，不喜欢跟别人分享自己的学术成果，组会变成沉重压力，所以认为同门例会没有预期效果那么好，或许是因为导师一对多的沟通模式，绝大部分时间是老师在讲授，并非学生之间开展积极主动的交流、探讨等互动。因此，创新研讨会模式，丰富研讨会主题，带动双方主体，形成一种你追我赶、人人想学的良好学术氛围，无形中大大推动师生间建立起良好的学术氛围，学习工作之余还应组织一些集体活动来活跃气氛和放松心情以更好地开展工作，提升学生的团队合作能力。从自然环境看，空间资源短缺几乎是所有高校都存在的问题。许多高校为了应对招生数量扩大造成的生均空间狭窄问题，积极建设新校区。多校区办学方式满足了全校空间资源的需求，但同时大多会造成研究生与导师交往空间分离，因为很多导师都愿意居住在熟悉的环境中，很少搬迁到新校区，即使某些学校在新校区建设住宅区，依然不能根本解决师生跨校区交往的格局，研究生和导师交往频率由此大大下降。尽管很多导师娴熟掌握微信、QQ、腾讯会议等沟通手段，但远远达不到言传身教所带来的切身感受和直接影响。在马克思主义中国化研究学科，导师应时常跟研究生交流，分享对热点问题的观点和看法，介绍学术界研究成果，灵感、顿悟、启发也许就在不经意间，空间的隔阂限制了漫谈式交往，造成许多学术创新机会的流失。

（4）管理制度

管理是领导者通过科学化设计，调动参与者积极性，从而产生额外效益的思想和行为。管理制度就是成熟稳定的管理政策和机制。管理也是生产力，导师与研究生能否建立和谐有爱的互动关系，管理者的政策或机制影响巨大。我国研究生教育主管部门包括教育部学位管理与研究生教育司（国务院学位委员会办公室）、各省学位管理与研究生教育处（省政府学位委员会办公室）、各高校研究生院等。1980 年现代学位制度确立以来，我国教育主管部门非常重视研究生教育管理的科学化、规范化，制定了一系列意见、准则、办法等，设立学位管理与研究生教育司，推动研究生教育健康发展。2005年，教育部制定《关于实施研究生教育创新计划 加强研究生创新能力培养 进一步提高培养质量的若干意见》，要求培养单位加强领导，加大投入，要求导师在改革培养模式、指导和激励研究生提高创新能力方面发挥主导作用。2009年，教育部办公厅发布《关于进一步做好研究生培养机制改革试点工作的通知》，要求必须将科研意识贯彻到研究生招生、培养全过程，引导研究生做好科研工作，并把科研任务是否充足，科研经费是否充裕作为选拔研究生导师的重要条件，进一步完善导师负责制，要求研究生导师对研究生培养承担指导责任，并在研究生思想教育、科学道德等方面加强引导、示范和监督。2013年，教育部、国家发展改革委、财政部关于联合发布《深化研究生教育改革的意见》，要求根据年度招生需要，综合考虑学科特点、师德表现、学术水平、科研任务和培养质量，确定招生导师及其指导研究生的限额，完善研究生与导师互选机制，尊重导师和学生选择权。强调导师是研究生第一责任人，负有对研究生进行学科前沿引导、科研方法指导和学术规范教导的责任。2014年2月，国务院学位委员会、教育部颁布《关于加强学位与研究生教育质量保证和监督体系建设的意见》，提出为了强化学位授予单位、导师和研究生的质量意识，加强学位授予管理，保证学位授予质量，开展博士、硕士学位论文抽检工作，建立研究生教育绩效拨款制度，推动人才培养的改革与创新，促进研究生教育质量不断提升。2018年，教育部颁发《关于全面落实研究生导师立德树人职责的意见》，要求导师坚持教书和育人相统一，坚持言传和身教相统一，坚持潜心问道和关注社会相统一，坚持学术自由和学术规范相统一，以德立身、以德立学、以德施教；在学术方面应重点培养研究生严谨认真的治学态度和求真务实的科学精神，自觉遵守科研诚信与学术道德，自觉维护学术事业的神圣性、纯洁性与严肃性，杜绝学术不端行为，强化学术规范训练，加强职业伦理教育，提升学术道德涵养，教育研究生尊重他人劳动成果，提高知识产权保护意识。2019年，教育部办公厅发布《关于进一步规范和加强研究生培养管理的通知》，针对研究生学术不端、论文作假，导师责任未完全落实，研究生学习和自我管理主动性不足，管理制度不细密，政策举措不到位，制度执行不够严格、监督管理不够透明等问题，要求管理部门和培养单位建立完善导师培训体系，切实提高导师指导和培养研究生的能力。加强师德师风建设，对违反师德、行为失范的导师，实行一票否决，并依法依规坚决给予相应处理。健全导师评价机制，对于未能切实履行职责的导师，培养单位视情况采取约谈、限招、停招、取消导师资格等处理措施，切实加强导师队伍建设。培养单位要进一步提高对建设高素质导师队伍重要性的认识。导师是培养质量第一责任人，要把培养人放到第一位，既要做学术训导人，指导和激发研究生的科学精神和原始创新能力，更要做人生领路人，言传身教引导研究生树立正确的世界观、人生观、价值观，恪守学术道德规范，增强社会责任感。培养单位要把落实立德树人根本任务、增强导师培养人才的责任心和事业心作为着力点，筑牢质量第一关口。建立完善导师培训体系，切实提高导师指导和培养研究生的能力。2020年9月，教育部、国家发展改革委、财政部联合发布《关于加快新时代研究生教育改革发展的意见》，提出要发挥导师言传身教作用，激励导师做研究生成长成才的引路人，导师既做学业导师又做人生导师，要培养研究生良好的学风，严格要求学生遵守科学道德和学术规范。强调培养单位要完善学风建设工作机制，将科学精神、学术诚信、学术（职业）规范和伦理道德作为导师培训和研究生培养的重要内容，抓住研究生培养关键环节，健全学术不端行为预防和处置机制，加大对学术不端行为的查处力度。同一时期，教育部颁布《关于加强博士生导师岗位管理的若干意见》，从选聘、培训、评价、激励、退出等方面对博士生导师指导作出严格规定。11月，教育部颁发《研究生导师指导行为准则》，明确规定研究生导师在培养过程必须坚持"十不得"，即不得有违背党的理论和路线方针政策、违反国家法律法规、损害党和国家形象、背离社会主义核心价值观的言行；不得组织或参与任何有可能损害考试招生公平公正的活动；不得对研究生的学业进程及面临的学业问题疏于监督和指导；不得要求研究生从事与学业、科研、社会服务无关的事务；不得违规随意拖延研究生毕业时间；不得有违反学术规范、损害研究生学术科研权益等行为；不得将不符合学术规范和质量要求的学位论文提交评审和答辩；不得以研究生名义虚报、冒领、挪用、侵占科研经费或其他费用；不得侮辱研究生人格，不得与研究生发生不正当关系。2022年8月，科技部等二十二部门联合印发《科研失信行为调查处理规则》，明确了科研失信行为的8种表现，以及对科研失信的调查、处理等内容共53条，对研究生和导师都产生了强烈的震撼。管理部门的规定和要求，使研究生与导师的学术合作及学术关系有了可靠依据，导师是研究生第一责任人，主要表现在学术领域，必须要对研究生学术成果的真实性予以保证，认真指导研究生遵守相关学术规章制度。

当然，还有一些高校在导师与研究生学术关系方面存在着管理不规范等问题。首先，导师管理弱化现象。在高校，研究生导师除了承担教学、科研任务外，时间比较自由，优点就是部分导师可以随时跟研究生探讨学术问题，交流学术观点，参加学术会议，提升学术素养；缺点就是有部分导师从事与科研无关的事务，对研究生学术发展漠不关心。因此，迫切需要将导师指导规范化。其次，高校量化评价机制。体现在研究生与导师两个方面，研究生层面来讲，学校对研究生毕业有一些硬性规定，比如发表论文数量和论文影响因子的限定，如果达不到标准就不能按期毕业，其中博士研究生压力更大，入学伊始，他们中的很多人整天琢磨的就是论文和数据，读博的快乐体验逐渐降低，尤其是随着年龄增长，生活、情感、就业压力很大，长时间的压抑，往往制约着博士生们正常高效的科学研究，更有可能降低与导师沟通交流的积极性；从导师层面来讲，按照学校的规定，导师要完成一定量的教学工作和科研任务，考核过关才能继续担任导师，目前比较偏重的评价指标基本都是发表文章篇数、发表刊物级别、科研项目数量、科研经费以及科研奖励等，这就分散了导师的时间和精力，对研究生关心不够，甚至为了署名权与研究生矛盾尖锐就成为常态，使得师生关系渐行渐远。最后，几乎没有高校管理部门会将师生关系纳入导师考核、评价范畴。目前的高校导师评价体系中，核心指标是科研项目、经费、成果等，对于导师与研究生交往情况、师生关系等软指标则无从谈起。所以很多导师被学术成果压得喘不过气，教学仅仅是完成规定工作量而已，指导研究生投入的精力就更少了。因此，建议研究生培养单位或主管部门，建立可追踪化的学习成果评估体系和导师指导评价体系，科学保障学生的被指导权。

三、构建马克思主义中国化研究学科师生学术共同体的重大意义

马克思主义是我们立党立国、兴党兴国的根本指导思想。实践告诉我们，中国共产党为什么能，中国特色社会主义为什么好，归根到底是马克思主义行，是中国化时代化的马克思主义行。❶ 新时代思想政治教育事业蓬勃发展，各大高校非常重视马克思主义学院建设，财政投入扩大，专业扩招、学院扩建，马克思主

---

❶ 习近平. 中国共产党第二十次全国代表大会文件汇编 [M]. 北京：人民出版社，2022.

义理论专业迅猛发展。但是，招生数量的急剧膨胀，也造成物理空间的相对狭小以及图书资料的相对短缺，导师与研究生学术关系异化现象逐渐加重。构建学术共同体，优化师生学术关系，推动学术创新，对人才培养、学科建设、社会进步都具有重要意义。

1. 构建马克思主义中国化研究学科师生学术共同体，对优化导学关系，增进学术交流具有重大意义

导师与研究生是研究生培养的两个重要主体，是研究生培养过程中最为核心的要素，优化导学关系才能够实现研究生培养模式创新。当前我国导学关系存在一些问题，而非良性的导学关系在一定程度上影响了师生的交流合作和互助共进，已经无法适应当前的研究生培养需求，需要寻求一种新的导学关系提升研究生的培养质量，实现研究生教育的内涵式发展需求。导师与研究生的地位不平等、需求不对等是当前导师与研究生关系中矛盾的根本所在。首先地位不平等，受传统教学影响，老师为传道受业解惑是教导者，而学生是被教导者，是接受者，大多数情况学生很少主动且平等地与导师探讨学术问题。就需求不对等而言，研究生考研动机多样，为了名校理想、学历提升的现实需要、不想过早就业等，大多数研究生为了文凭，很少可以专心搞学术研究，所以他们在选择导师或者选择课程的时候单纯为了学术研究的研究生很少。而导师更倾向于选择科研水平高的学生，可以帮助减轻其科研压力。当前，导师与研究生之间的关系已经不单单是一种纯粹的导学关系，师生之间为了实现各自的利益需求，而做出了许多不符合导师与研究生身份的选择，如导师利用研究生廉价的劳动力完成科研课题，使学生去做一些与科研毫不相关的生活琐事；而研究生在选择导师时也趋于功利化，一些学生在选择导师时主要看重导师的名气和导师的行政职位，寄希望于导师帮助自己发表论文或是在毕业时能够帮助自己推荐工作。在这样的利益诉求下，一旦各自利益得不到满足，很容易把双方关系引向紧张、敌对，引发种种矛盾。导师与研究生地位不平等、需求不平等也反映出了当前研究生培养模式的缺陷，师生双方没有形成一个共享共进的研究团体，也造成了研究生培养质量的下滑。

导师与研究生的学术链接关系也存在着一定的问题，首先表现在我国的研究生招生制度上，我国的研究生招生制度是以统考为主，考生在选择考研时往往更加注重高校的影响力，这种选择结果使得学生可能在选择导师时出现选择偏差。其次在我国的师生互选制度上，我国现行的导师与研究生互选制度是一种导师与

研究生双向互选的制度，即导师有选择学生的自由、学生也有选择导师的自由。但在实际执行过程中，师生间的选择是较为盲目和单向的。导师与研究生在短时间内根据仅有的几次，甚至是一次沟通，就确定导学关系，造成导师与研究生在后期可能因为科研兴趣的不一致，脾气性格的不相符等问题产生冲突与矛盾。再次，在导师与研究生交往的主动性方面，大多数研究生习惯于被动接受导师的指导，而缺乏主动性。学术链接的不全造成了导师与研究生的导学关系出现隔阂，导致师生之间难以实现真正的和谐共进，也影响了对研究生的培养。导师与研究生学术链接中存在的种种问题需要建设导师与研究生学术共同体，以一种新的学术链接模式实现导师与研究生之间的共建共享，实现导师与研究生共同的价值追求。

2. 构建马克思主义中国化研究学科师生学术共同体，对深化马克思主义理论研究和建设具有重大意义

理论的研究和建设，立足于理论本身的科学性与实践性，依托于时代新形势与新需要。2016年，习近平总书记在哲学社会科学工作座谈会上讲话时明确提出了哲学社会科学的使命与任务，他指出，中国特色社会主义进入新时代，"我国哲学社会科学学科体系不断健全，研究队伍不断壮大，研究水平和创新能力不断提高，马克思主义理论研究和建设工程取得丰硕成果。……面对社会思想观念和价值取向日趋活跃、主流和非主流同时并存、社会思潮纷纭激荡的新形势，如何巩固马克思主义在意识形态领域的指导地位，培育和践行社会主义核心价值观，巩固全党全国各族人民团结奋斗的共同思想基础，迫切需要哲学社会科学更好发挥作用。……马克思主义中国化取得了重大成果，但还远未结束。我国哲学社会科学的一项重要任务就是继续推进马克思主义中国化、时代化、大众化，继续发展21世纪马克思主义、当代中国马克思主义。"❶ "十月革命"一声炮响，给中国送来了马克思主义，中国共产党在马克思主义理论的科学指导下，完成了新民主主义革命，实现民族独立、人民解放，实现了中国从几千年封建专制政治向人民民主的伟大飞跃，也极大改变了世界政治格局，鼓舞了全世界被压迫民族和被压迫人民争取解放的斗争；完成了社会主义革命和建设，确立了社会主义制度，为在新的历史时期开创中国特色社会主义提供了宝贵经验、理论准备、物质基础；进行了改革开放和社会主义现代化建设的伟大实践，开创中国特色社会主义，中国共产党和中国人民以英勇顽强的奋斗向世界庄严宣告，改革开放是决定当代

❶ 习近平：在哲学社会科学工作座谈会上的讲话 [M]. 北京：人民出版社，2016:6-9.

中国前途命运的关键一招,中国特色社会主义道路是指引中国发展繁荣的正确道路,中国大踏步赶上了时代。进入新时代,中国共产党领导中国人民全面建成小康社会,实现了第一个百年奋斗目标,中华民族进入了世界百年未有之大变局与伟大复兴战略全局相互交织的历史交汇期,这使推动马克思主义理论的研究和建设,丰富和发展21世纪马克思主义,不断从马克思主义理论中汲取营养推动实践,成为迫切的现实需要与时代必然。

构建马克思主义中国化研究学科师生学术共同体,促进师生学术关系和谐发展,在良好合作氛围中共同探寻影响国家社会发展的重大课题,回应时代需要,深化马克思主义理论研究和学术创新,为国家相关部门决策提供咨询,提出真正解决问题的新理念新思路新办法,作出符合中国实际和时代要求的正确回答,得出符合客观规律的科学认识,形成与时俱进的理论成果。近些年来,从马克思主义中国化研究学科发表的理论成果来看,习近平新时代中国特色社会主义思想、中国式现代化、中国特色社会主义等一直是学术界关注的热点。2017年到2022年发表的关于"习近平新时代中国特色社会主义思想"期刊文章15000多篇,其中核心期刊论文2692篇;中国式现代化论文8000多篇,其中核心期刊论文951篇,在所有论文中,导师与研究生合作撰写的数量接近1/3。构建马克思主义中国化研究学科师生共同体,推动马克思主义理论的创新发展,有利于进一步发挥马克思主义对中国特色哲学社会科学的引领性作用,使中国特色哲学社会科学能够伫立新时代的历史潮头,以崭新的概念、范畴、判断,认知、理解、把握中华民族从站起来、富起来到强起来的伟大飞跃;特别是以高度的理论自觉、深刻的文化自信,为中华民族的复兴之路提供学理支撑与智力支持。构建马克思主义中国化研究学科师生共同体的重要意义,正是在于实现经典与当代的对话、理论与实践的结合、传统与未来的交融,实现马克思主义理论的传承与创新,为第二个百年奋斗目标的实现提供顶层设计与精神动力。同时,在不断的理论研究与文化碰撞中,厘清社会主义意识形态的时代优势与资本主义意识形态的历史局限,证明人类社会现代化模式的多样性与复杂性,发展出带有鲜明中国特色与重要世界影响的21世纪马克思主义,为推动人类命运共同体的构建贡献中国智慧与中国方案。

3. 构建马克思主义中国化研究学科师生学术共同体,对推进马克思主义学院内涵式发展具有重大意义

2021年,中共中央办公厅印发了《关于加强新时代马克思主义学院建设的意见》，指出党的十八大以来，各地区各有关部门和单位贯彻落实党中央要求，推动马克思主义学院建设取得长足进展，各方面工作迈上新台阶。同时，与新时代新要求相比，马克思主义学院在教育教学、研究宣传、队伍建设、人才培养等方面还存在差距，马克思主义理论学科建设亟待加强。必须适应新形势新任务的迫切需要，立足党和国家事业全局，把加强马克思主义学院建设作为基础性、战略性工程，推动实现高质量发展。要加强马克思主义理论学科建设，把准学科定位方向，充分发挥马克思主义理论学科引领作用。《意见》同时要求，马克思主义学院所在单位要将马克思主义学院作为重点学院、马克思主义理论学科作为重点学科、思想政治理论课作为重点课程加强建设，给予优先保障。要严格督导考核，在结合巡视巡察开展的意识形态工作责任制专项检查中，加大对马克思主义学院建设情况的检查力度。把马克思主义学院建设列为所在单位党的建设工作考核、办学质量评估的重要内容，作为所在单位领导班子、主要领导和分管领导综合考核评价的重要参考，推动建好建强马克思主义学院。在所有高校，马克思主义中国化研究学科都是马克思主义理论学科最重要的组成部分，影响甚至制约着马克思主义理论学科的发展水平。

要求各地区各部门结合实际认真贯彻落实。在加强新时代马克思主义学院建设和推动思想政治理论课改革创新政策引导与帮扶下，各大高校积极推进马克思主义学院发展，争相建设成为全国重点马克思主义学院，着力打造一支信仰坚定、理论功底扎实、数量充足、结构优化的高素质教师队伍，切实增强使命感、认同感、获得感，提高专业人才培养质量，培养马克思主义理论后备人才。

创立马克思主义中国化研究学科师生学术共同体为学科发展和马克思主义学院建设提供了新的学术平台，加强马克思主义理论学术阵地建设，建强建优全国重点马克思主义学院。马克思主义是我们立党立国的根本指导思想，马克思主义学院是学习研究宣传马克思主义的主阵地，加强马克思主义学院建设，构建马克思主义中国化研究学科师生共同体，是深化马克思主义理论研究和建设的重要举措，是培养担当民族复兴大任时代新人的内在要求，对于构建以马克思主义为指导的中国特色哲学社会科学，建设具有强大凝聚力和引领力的社会主义意识形态，进一步丰富和发展当代中国马克思主义、21世纪马克思主义，对于彰显中国大学社会主义底色，引导青年学生牢固树立共产主义远大理想和中国特色社会主义共同理想，培养一代又一代社会主义建设者和接班人，具有重要意义。

4. 构建马克思主义中国化研究学科师生学术共同体，对培养担当民族复兴大任的时代新人具有重大意义

党的二十大报告指出，教育是国之大计、党之大计。教育、科技、人才是全面建设社会主义现代化国家的基础性、战略性支撑。培养造就大批德才兼备的高素质人才，是国家和民族长远发展大计。我们要坚持教育优先发展、科技自立自强、人才引领驱动，加快建设教育强国、科技强国、人才强国，坚持为党育人、为国育才，全面提高人才自主培养质量，着力造就拔尖创新人才，聚天下英才而用之。❶ 人才是推动经济社会发展的第一资源，是实现民族振兴、赢得国际竞争主动权的战略资源。研究生教育是中国现行教育体系的最高层次，研究生是人才的重要来源，研究生培养质量直接关系到科技发展、民族振兴、人民幸福。新的形势和任务，要求研究生教育必须适应新环境新变化，必须以提高学术能力、学术水平，服务国家重大科技需求为导向。构建学术共同体，强化导师与研究生的学术合作关系，加强双方在学术互动中发现问题、讨论问题、解决问题，导师的学术态度、学术视野、学术风格在言传身教、潜移默化中转移到研究生身上，变成他们的学术品格，意义非常重大。对于马克思主义中国化研究等人文社会学科来说，这种学习指导模式非常管用，研究生的学术能力、学术创新在持续不断的头脑风暴和思想碰撞中得到提升。同时，高水平的研究成果能够激励研究生和导师的学术兴趣和学术热情，最终形成良性发展模式。习近平总书记指出："培养什么人，是教育的首要问题。我国是中国共产党领导的社会主义国家，这就决定了我们的教育必须把培养社会主义建设者和接班人作为根本任务，培养一代又一代拥护中国共产党领导和我国社会主义制度、立志为中国特色社会主义奋斗终身的有用人才。这是教育工作的根本任务，也是教育现代化的方向目标。"研究生与导师之间建立一种良性学术链接与科研氛围，从中不断提高研究生问题意识与科研能力，以马克思主义理论创新推动新时代中国实践，进一步培养社会主义建设者与接班人。新时代社会主义建设者和接班人本质上就是能够担当民族复兴大任的时代新人，就是能够为新时代中国特色社会主义伟大事业不断推进出谋划策、贡献力量的新型人才。师生学术共同体的构建与发展，是导师与研究生在教学、科研与学习中的有效互动，导师与学生共同研究学术问题，通过解决学术问题深化导师与研究生之间的关系，培养研究生分析问题、思考问题和解决问题的

---

❶ 习近平.高举中国特色社会主义伟大旗帜 为全面建设社会主义现代化国家而团结奋斗——在中国共产党第二十次全国代表大会上的报告 [M]. 北京：人民出版社，2022:33-34.

能力，提升人才培养的质量，促进研究生的成长成才，推动学术进一步创新发展。同时，导师与研究生学术共同体，并不只是改变研究生在学习和科研中的被动性，同样也要求提升导师和研究生在教研中的创造性，导师与研究生共同参与学术研究，把导师的"教"、研究生的"学"、导师与研究生的"科研"三者有机联系起来，充分发挥导师与研究生的主动性、积极性和能动性，从而促进学科建设和专业发展，培养更加优秀的科研人才和为社会主义建设服务的人才。马克思主义中国化研究学科研究生论文选题一般都聚焦于党的最新理论成果、国家民族发展进步、乡村振兴、民生改善等领域，这些方面的学术研究，对于培养自觉担当民族复兴大任的建设者和接班人具有积极意义。导师要求，学生探索，导师引导，学生领悟，合作有序，相得益彰，研究学问、增长才干，培养家国情怀和奉献意识。

5. 构建马克思主义中国化研究学科师生学术共同体，对推动新时代高等教育发展具有重大意义

教育兴则国家兴，教育强则国家强，高等教育是一个国家发展水平和发展潜力的重要标志。中国特色社会主义进入新时代，"两个大局"相互交织，中华民族伟大复兴的历史进程不可逆转，党和国家发展事业对高等教育、科学知识和优秀人才的需要，比以往任何时候都更为迫切。处理好导师和研究生的关系，形成良性互动的学术生态环境，是发展我国教育事业的重要一环。尤其是集知识、创新、人才于一体的研究生教育，在国家整体教育体系中，在国家现代化战略的实施中，在日益激烈的国际竞争中，更是重中之重。改革开放以来，随着高等教育大众化的逐步发展，我国各类高校 3013 所，研究生培养单位 234 家，高等教育毛入学率 59.6%，在校人数 4655 万人，成为名副其实的教育大国。但教育大国不等于科技创新强国，高等教育发展的不平衡、不充分依然严重，师生配比不均衡、管理模式单一、研究生教育质量下滑，学术失范、学术失信等问题比较突出，尽管高等教育部门出台各种约束性政策，加大查重、惩处力度，但治标不治本，以身犯险者大有人在，所以必须转变发展模式，明确定位、优化结构，实现研究生教育内涵式发展，提升研究生教育质量。马克思主义中国化学科师生学术共同体，创造了良好的学术探究氛围，既有利于师生间显性知识的传递，也有利于双方的知识合作与创新开展，更有利于培养研究生的知识探究与学术创新能力，有利于师生良好的科学精神、创新能力、人文素质的形成。

第五章　马克思主义中国化研究学科师生学术共同体构建的SWOT分析

SWOT 分析法，也称态势分析法，是 20 世纪 80 年代美国学者韦里克提出来的，用于制定企业战略和分析竞争对手的一种工具，主要是基于对企业或个人发展内部的优势（strengths）与劣势（weaknesses）、外部面临的机遇（opportunities）与挑战（threats）等各种因素进行总体分析，进而确定行动策略的重要手段。依照 SWOT 分析方法，如果事物处于内部优势、外部机遇，则应采取进攻型策略；如果处于内部劣势、外部挑战，则应采取防御型策略；如果内部优势、外部挑战，则应采取变革型策略；如果内部挑战、外部机遇，则应采取扭转型策略。战略的稳定性和策略的灵活性相互结合，能够推动既定目标实现。马克思主义中国化研究学科师生学术共同体的构建也是优势与劣势、机遇与挑战并存，科学分析这些因素及特点，对于制定策略，意义重大。

一、马克思主义中国化学科构建学术共同体的优势

师生学术共同体本质上是师生合作关系的一种新模式，目的是以合作求双赢。要探讨构建学术共同体的内部优势，需要从导师和研究生两个主体出发，同时兼顾当前马克思主义中国化研究学科的发展现状，提取其中的积极因素。马克思主义中国化研究学科师生学术共同体构建具有学科基础扎实、学术论域广泛、学术追求凸显、师生合作意愿强烈、研究方法科学等优势。

1. 学科资源深厚

鸦片战争以后，中华民族陷入痛苦的深渊，国家蒙辱、人民蒙难、文明蒙尘，为了探求救国救民之真理，中国人被迫从帝国主义的老家即西方资产阶级革命时代的武器库中学来了进化论、天赋人权论和资产阶级共和国等项思想武器和政治方案，组织过政党，举行过革命，以为可以外御列强，内建民国。但是这些东西也和封建主义的思想武器一样，软弱得很，又是抵不住，败下阵来，宣告破产了，

"洪秀全、康有为、严复和孙中山，代表了在中国共产党出世以前向西方寻找真理的一派人物"。在这个过程中，中国知识分子开始逐步意识到西方思潮的中国化问题。1919年8月17日，李大钊在《每周评论》35号发表《再论问题与主义》一文指出："一个社会主义者，为使他的主义在世界上发生一些影响，必须要研究怎么可以把他的理想尽量应用于环绕着他的实境。所以现代的社会主义，包含着许多把他的精神变作实际的形式使合于现在需要的企图。这可以证明主义的本性，原有适应实际的可能性，不过被专事空谈的人用了，就变成空的罢了。"1921年7月17日，郑太朴在《民国日报》副刊《觉悟》上发表《论中国式的安那其主义答光亮》一文，指出"中国式的无政府主义，意思就是说，按照中国的社会情形，人民性情而酌定的无政府；不是贸贸然把西洋那个无政府学者的办法胡乱装上；因为地理历史既各不同，断不能囫囵吞枣的""总括一句，我所认定的'中国式的无政府主义'是'本无政府原理，参酌中国的社会情形人民性格而成的'。"中国共产党成立后，一开始并没有明确提出马克思主义中国化的概念，但当时中国社会关于各种思潮"中国化"的讨论已经非常普遍了。1922年，商务印书馆出版中国基督教教育调查会编辑的《中国基督教教育事业》一书，提出"要使教会学校更有效率，更加基督化，更加中国化"的观点。1924年《中华教育界》第8期，发表舒新城的《论道尔顿制精神答余家菊》一文，指出："此时我们所当急于预备者，不在专读外国书籍，多取外国材料，而在用科学的方法，切实研究中国的情形，以求出适当之教育方法""使中国的教育中国化"。1927年庄泽宣发表《如何使新教育中国化》，指出："现在中国的教育不是中国国有的，是从西洋日本贩来的，所以不免有不合于中国的国情与需要的地方。如何能使新教育中国化，这是一件很大的问题，很复杂的问题。""我以为要把新教育中国化，至少要合于下列四个条件：一是合于中国的国民经济力；二是合于中国的社会状况；三是能发扬中国民族的特点；四是能改良中国人的恶根性。"1936年陈唯实在《通俗辩证法讲话》中指出，辩证法之实用化和中国化，能使它具体化、实用化，多引例子或问题来证明它。同时语言要中国化、通俗化。❶1937年9月10日，张闻天主持召开中央政治局常委扩大会议，讨论宣传教育工作时提出中国化问题。他指出，宣传教育工作目前主要问题是不适合于情况与具体需要，"宣传教育工作就是要向什么人说什么话""主要原则是理论与实际一致，事实上这一点做得

---

❶ 陈唯实. 通俗辩证法讲话 [M]. 上海：上海东方出版社，1936：7.

很少，理论一定要与实际联系，要中国化"。❶1938 年柳湜也在《延安以来文化运动的发展》一文中指出，要求世界新的文化的吸收，但反对无原则洋化，反对死硬的贩运洋货，我们欢迎古今中外一切人类的劳动的经验的结晶的世界文化，但我们提出我们要融化它、中国化它。❷1938 年 4 月 1 日，艾思奇在延安《自由中国》创刊号上发表《哲学的现状和任务》一文，指出"现在需要来一个哲学研究的中国化、现实化。""根据中国自己的现实材料，在中国自己的地盘上，来发展辩证唯物论的世界观，使它更能够成为改造中国、争取中华民族独立解放的方法论武器。"1938 年 7 月，胡绳发表《辩证法唯物论入门》，指出："用现实的中国的具体事实来阐明理论，这应该是所谓'中国化'的意义的另一面。"以此为基础，1938 年 9 月，毛泽东同志在党的六届六中全会上明确提出"马克思主义中国化"的概念，并阐述其内涵，他指出："没有抽象的马克思主义，只有具体的马克思主义。所谓具体的马克思主义，就是通过民族形式的马克思主义，就是把马克思主义应用到中国具体环境的具体斗争中去，而不是抽象地应用它。成为伟大中华民族之一部分而与这个民族血肉相联的共产党员，离开中国特点来谈马克思主义，只是抽象的空洞的马克思主义。因此，马克思主义的中国化，使之在其每一表现中带着中国的特性，即是说，按照中国的特点去应用它，成为全党亟待了解并亟须解决的问题。"马克思主义中国化的论断迅速成为中国共产党思想理论领域讨论的中心话题，并在国统区迅速传播。1939 年初，彭真在晋察冀边区第二次党代表大会上指出：马克思主义中国化的意义，就是把马克思主义的原则和方法应用于中国的具体问题上，就是要根据当时当地的具体情况，灵活地运用马克思主义的原则和方法来具体解决中国的问题。❸5 月，陈云发表《怎样做一个共产党员》一文，指出"我们的学习是学习马克思列宁主义的精神，学习他们观察问题的立场、观点和方法，而不是背诵教条"。❹1940 年 1 月 5 日，张闻天在《抗战以来中华民族的新文化运动与今后任务》一文中指出，要"尽量编译介绍马列主义的原著，使马列主义中国化，创造中国的马列主义作品"。❺1941 年 3 月到 1942 年 2 月，张如心多次提出毛泽东同志的思想、毛泽东同志的理论、毛泽东主义等概念，1941 年 7 月 13 日，刘少奇致宋亮（即孙冶方）信中写道："因

❶ 张培森.张闻天年谱（上）[M].北京：中共党史出版社,2000:493-494.
❷ 柳湜.抗战以来文化运动的发展 [J].战时文化创刊号，1938（5）:25.
❸ 《彭真传》编写组.彭真年谱（上）[M].北京：中央文献出版社，2002:100.
❹ 中共中央文献编辑委员会.陈云文选（1926—1949）[M].北京：人民出版社，1984:77-78.
❺ 中央党史研究室张闻天选集传记组.张闻天文集（第 3 卷）[M].北京：中央党史出版社，1994:37.

为马克思、恩格斯、列宁、斯大林诸领袖，都是欧洲人，而不是中国人。他们的著作都是用欧洲文字发表的。在他们的著作上说到中国的事情并不多。而中国社会历史发展的具体道路和欧洲各国社会历史发展的道路比，有其更大的特殊性。因此，要使马克思主义中国化，要用马列主义的原理来解释中国社会历史实践，并指导这种实践，就觉得特别困难些。"❶1942 年 7 月 1 日，朱德在《解放日报》上发表《纪念党的二十一周年》一文，指出："今天我们党已经积累下了丰富的斗争经验，正确的掌握了马列主义的理论，并且在中国革命的实践中创造了指导中国革命的中国化的马列主义的理论。"1943 年 7 月 5 日，王稼祥在《中国共产党与中国民族解放的道路》一文中明确提出毛泽东思想。1945 年《关于若干历史问题的决议》对毛泽东和毛泽东思想进行了科学总结，党的七大，将毛泽东思想写进党章，马克思主义中国化理论结出硕果。中华人民共和国成立后，以毛泽东同志为核心的领导集体根据新变化、新要求，提出把马克思列宁主义基本原理同中国具体实际进行"第二次结合"的任务，提出关于社会主义建设的一系列重要思想，包括社会主义社会是一个很长的历史阶段，严格区分和正确处理敌我矛盾和人民内部矛盾，正确处理我国社会主义建设的十大关系，走出一条适合我国国情的工业化道路，尊重价值规律，在党与民主党派的关系上实行"长期共存、互相监督"的方针，在科学文化工作中实行"百花齐放、百家争鸣"的方针等，丰富和发展毛泽东思想。党的十一届三中全会、十三届四中全会、十六大后，邓小平、江泽民、胡锦涛同志为代表的中国共产党人，继续把马列主义基本原理与中国具体实际相结合，与中国化优秀传统文化相结合，"从新的实践和时代特征出发坚持和发展马克思主义，科学回答了建设中国特色社会主义的发展道路、发展阶段、根本任务、发展动力、发展战略、政治保证、祖国统一、外交和国际战略、领导力量和依靠力量等一系列基本问题，形成中国特色社会主义理论体系，实现了马克思主义中国化新的飞跃"。党的十八大以来，中国特色社会主义进入新时代，以习近平同志为主要代表的中国共产党人，坚持把马克思主义基本原理同中国具体实际相结合、同中华优秀传统文化相结合，坚持毛泽东思想、邓小平理论、"三个代表"重要思想、科学发展观，深刻总结并充分运用党成立以来的历史经验，从新的实际出发，创立了习近平新时代中国特色社会主义思想。习近平新时代中国特色社会主义思想是当代中国马克思主义、二十一世纪马克思主义，是中华文

---

❶ 中共中央文献编辑委员会.刘少奇选集（上）[M].北京：人民出版社，1981:221-222.

化和中国精神的时代精华,实现了马克思主义中国化新的飞跃。❶《中共中央关于党的百年奋斗巨大成就和历史经验的决议》指出：马克思主义理论不是教条而是行动指南,必须随着实践发展而发展,必须中国化才能落地生根、本土化才能深入人心。党之所以能够领导人民在一次次求索、一次次挫折、一次次开拓中完成中国其他各种政治力量不可能完成的艰巨任务,根本在于坚持解放思想、实事求是、与时俱进、求真务实,坚持把马克思主义基本原理同中国具体实际相结合、同中华优秀传统文化相结合,坚持实践是检验真理的唯一标准,坚持一切从实际出发,及时回答时代之问、人民之问,不断推进马克思主义中国化时代化。这是科学的结论。马克思主义中国化波澜壮阔的历史进程及丰富的理论成果,奠定了马克思主义中国化研究学科深厚的资源优势。

2. 马克思主义中国化研究学科发展历史悠久

马克思主义中国化理论与实践的研究在新民主主义革命时期就已经产生,并发挥积极作用。马克思主义中国化命题提出后,共产党叛徒、国民党御用文人叶青认为中国化就是"变更其形式,有如一个新东西,中国的东西,与原来的不同,这才叫做'中国化'""马克思主义的中国化这就是依照中国的发展法则或特殊情形把马克思主义分解为适与不适的两部分加以取舍……那么马克思主义在中国化后,一方面所剩无几,一方面失掉特性,可以说面目全非了"。❷进而认为"中国是不需要共产主义,不需要马克思主义""也就不需要共产党"。❸为了驳斥这些错误言论,中国共产党的理论工作者进行了思考和研究,并公开宣传自己的主张,教育全国民众。艾思奇指出："在中国应用马克思主义,或使马克思主义中国化,就是要坚决地站在马克思主义的观点上,在马克思主义基本原则和基本精神上,用马克思、恩格斯所奠定了的、辩证法唯物论的和政治经济学的科学方法,来具体地客观地研究中国社会经济关系,来决定中国无产阶级在中国民族革命斗争中的具体任务及战略策略。"他认为真正能使马克思主义中国化,是指"能在一定的具体环境之下实践马克思主义,在一定国家的特殊条件之下来进行创造马克思主义的事业"。❹陈伯达指出："中国共产党的思想,是毛泽东的思想,是中国化的马克思列宁主义……科学的马克思列宁主义正是要求每个国家的共产党人

❶ 中共中央党史和文献研究院等. 中国共产党第十九届中央委员会第六次全体会议文件汇编 [M]. 北京：人民出版社, 2021:46.
❷ 叶青. 论学术中国化 [J]. 时代精神创刊号, 1939(8)：1.
❸ 叶青. 马克思主义中国化问题 [J]. 中央周刊 3 卷 3-4 期合刊, 1941(5)：43.
❹ 艾思奇. 论中国的特殊性. 艾思奇文集（第 1 卷）[M]. 北京：人民出版社, 1981:481.

根据自己的国情提出政纲，决定政策，而依靠人民自己救自己，中国共产党在中国的工作正是这样做的。"❶1938 年六届六中全会上，毛泽东同志发出学习竞赛的号召，要求全党上下努力学习马克思列宁主义和国际经验以应用于中国的具体环境。1939 年 3 月，中共中央颁布《延安在职干部教育暂行计划》，8 月颁布《关于宣传教育工作的指示》《关于巩固党的决定》等，明确提出巩固党的中心一环，就是提高党员的马克思列宁主义水平，要求组织各种社会科学的研究会与读书会。延安整风运动是研究问题、教育干部，实现马克思主义中国化的典范。1941 年毛泽东同志在《改造我们的学习》中指出："中国共产党的二十年，就是马克思列宁主义的普遍真理和中国革命的具体实践日益结合的二十年。""马克思列宁主义的普遍真理一经和中国革命的具体实践相结合，就使中国革命的面目为之一新。但是在马克思列宁主义普遍真理和中国革命具体实践相结合方面，还存在着很大的缺点，即不注重研究现状，不注重研究历史，不注重马克思列宁主义的应用。"这一时期，艾思奇《论中国的特殊性》(1940 年)、《怎样研究辩证法唯物论》(1940 年)、《抗战以来几种重要哲学思想评述》(1941 年)，杨松《关于马列主义中国化的问题》(1940 年)，张仲实《掌握创造性的马克思主义——为纪念列宁逝世十七周年而作》(1941 年)，张如心的《论布尔塞维克的教育家》(1941年)、《在毛泽东同志的旗帜下前进》(1941 年)、《论创造性学习》(1941 年)、《学习和掌握毛泽东理论和策略》(1942 年)、刘少奇《清算党内的孟什维主义思想》(1943 年)、王稼祥《中国共产党与中国民族解放的道路》(1943 年)、罗荣桓《学习毛泽东同志的思想》(1944 年)等都是早期马克思主义中国化研究的理论成果。在中国共产党各根据地热烈讨论的同时，1939 年 4 月 1 日，《读书月报》第 1 卷第 3 期开辟"学术中国化问题"专栏，影响波及延安、重庆及多个城市的知识界，钱穆、郭沫若、翦伯赞、范文澜、侯外庐、柯仲平、冼星海、胡绳、张申府、潘菽、柳湜、贺麟、嵇文康等均参与其中。中华人民共和国成立后，马克思主义中国化研究的重点转向对毛泽东思想的解读，胡乔木、李达、胡绳、华岗、李淇等成为主要代表，发表的重要论文 100 多篇，著作 30 余部，其中影响较大的有胡乔木《中国共产党的三十年》、张如心《毛泽东同志对马克思主义唯物论的贡献》、王学文《由实践论谈到经济工作》、丁浩川《明确我们在土地改革运动中的立场》、华岗《社会发展史纲》、沈志远《社会形态发展史》《实践论解释》《矛盾论解说》、马特《哲学初级研究提纲》、艾思奇《毛泽东同志发展了真理论》《关于实践论和

---

❶ 陈伯达.评《中国之命运》.解放日报，1943（7）.

学习方法的一些问题》《实践论关与关于哲学史的研究》《关于矛盾论几个问题的解答》、李达《实践论解说》《矛盾论解说》、冯友兰《学习实践论收获》、王亚南《实践论的认识》等。❶1957 年 6 月，毛泽东《关于正确处理人民内部矛盾的问题》正式发表，1958 年《人民日报》发表《毛泽东同志论帝国主义和一切反动派都是纸老虎》一文，1960 年 9 月，《毛泽东选集》第四卷出版发行，全国掀起了学习研究两篇文章和毛泽东选集的热潮，形成了一些学习心得和读书笔记。改革开放以来，国内外学术界关于毛泽东思想、中国特色社会主义理论体系、习近平新时代中国特色社会主义思想的研究不断发展，发表在 CSSCI、北大核心期刊上的相关论文 26150 篇，年均 653.75 篇，马克思主义中国化研究成果数量始终占据人文社科学术界最高位置。

3. 学术论域非常广泛

马克思主义中国化研究学科论域十分广泛。从纵向脉络来看，中国共产党成立 100 多年来，浴血奋战、百折不挠，创造了新民主主义革命的伟大成就；自力更生、发愤图强，创造了社会主义革命和建设的伟大成就；解放思想、锐意进取，创造了改革开放和社会主义现代化建设的伟大成就；自信自强、守正创新，创造了新时代中国特色社会主义的伟大成就。这四个伟大历史成就及其基本经验都是马克思主义中国化研究学科导师和研究生关注的重要内容。

从横向拓展来看，首先是关于马克思主义中国化的历史进程和理论成果，什么是马克思主义中国化、马克思主义为什么要中国化、马克思主义为什么能中国化、马克思主义中国化的理论成果（包括形成发展、重点内容、思想方法、历史地位、作品论著等）都是需要研究的方面。

其次，新民主主义革命时期研究领域涉及新民主主义革命总路线、基本纲领、基本经验（统一战线、武装斗争、党的建设），工人运动、青年运动、农民运动、妇女运动，根据地政权、财政金融、廉政建设、宣传口号、制度确立、城市党组织、秘密战线、党际关系、对外交往，土地革命、抗日斗争、解放斗争，重要人物、重大会议、重要事件等；社会主义革命和建设时期的主要研究内容包括，中华人民共和国成立初期的军事、经济、政治、文化和社会建设，城市接收、米棉之战、银元之战、外交政策、土地改革、政权建设、军事管制、政治协商会议、和平解放西藏、开国大典、镇压反革命、惩治腐败、"三反五反"、抗美援朝、第一届全国人大、三大改造、七届三中全会、党的八大、庐山会议、七千人大会、调查研究、

---

❶ 顾海良. 马克思主义中国化史（第 2 卷）[M]. 中国人民大学出版社, 2015:87—88.

四个现代化、毛泽东《论十大关系》《关于正确处理人民内部矛盾的问题》《读苏联政治经济学教科书》《人的正确从哪里来》等；改革开放和社会主义现代化时期研究内容主要包括邓小平理论、"三个代表"重要思想、科学发展观等理论成果及其形成发展、时代课题、主要内容、思想方法、历史地位等，还包括改革开放、经济特区、社会主义市场经济、中国式现代化、西部大开发战略、科教兴国战略、可持续发展战略、社会主义初级阶段，大国关系、党的建设、反腐败、"三讲"教育、党的十二大、十三大、十四大、十五大、十六大、十七大等内容，中国特色社会主义道路、社会主义本质、社会主义初级阶段、依法治国、"一国两制"等；中国特色社会主义进入新时代，研究的主要内容更加丰富，包括习近平新时代中国特色社会主义思想、中国特色社会主义新时代、五位一体、四个全面、军队现代化、爱国者治港、中华民族共同体意识、自我革命、中国式现代化、党的十八大、十九大、二十大、乡村振兴、脱贫攻坚、精准扶贫、经济新常态、供给侧结构性改革、高质量发展、新时代主要矛盾、人类命运共同体、"一带一路"、区域协调战略、创新驱动发展战略、健康中国战略、人才强国战略、中国梦、共同富裕、全过程人民民主、协商民主、枫桥经验、党的政治建设、四个意识、两个维护、四个自信、社会主义核心价值观、全人类共同价值、文化软实力、新发展理念、新发展阶段、新发展格局、社区治理、总体国家安全观、美丽中国、习近平生态文明建设思想、习近平经济思想、习近平法治思想、新型大国关系、习近平谈治国理政、马克思主义中国化时代化等内政外交国防、治党治国治军、改革发展稳定一系列问题，这些论题又都可以分解为很多具体方面，博大精深、内涵丰富。

据 2020 年《高校马克思主义理论学科发展报告》统计，马克思主义中国化研究学科导师和研究生聚焦五个方面的研究。

第一，马克思主义中国化基本经验研究。这部分包含两个方面，首先，是中华人民共和国成立 70 周年马克思主义中国化的基本经验研究。相关的理论学者从不同的角度切入，在不同的层面上总结了马克思主义中国化的基本经验。其次，是中华人民共和国成立以来马克思主义中国化理论创新的基本经验研究。中华人民共和国成立以来，中国共产党把马克思主义基本原理与中国具体实践相结合，取得了丰硕的理论成果，积累了宝贵的经验。

第二，马克思主义中国化逻辑研究。首先，是马克思主义中国化发生的文化逻辑研究，在近代中国，国家社会境遇使中国传统文化中追求国家独立富强的政治文化功能弱化，而马克思主义作为一种先进文化，在俄国指导"十月革命"胜利的消息传来后，为中国人民指明了出路和方向。其次，是马克思主义中国化进程的基本逻辑研究。马克思主义中国化在发展进程中展现出自身独特的理论逻辑，中国人民先后探索出马克思主义与中国革命、建设、改革与发展等不同实践形态的具体结合，相关的理论也逐渐走向成熟。最后，是马克思主义中国化发生和发展逻辑研究。相关学者从实践起点与理论开篇双层含义入手，阐述马克思主义中国化过程的历史起源与重要时期，探寻其发展的内在逻辑。

第三，中国共产党人与马克思主义中国化研究。首先，是毛泽东与马克思主义中国化研究。学者从毛泽东同志对推进马克思主义中国化的贡献、毛泽东思想的形成与毛泽东推进马克思主义中国化的当代价值进行研究。其次，是李达对马克思主义中国化的思想贡献研究。这部分主要肯定李达作为马克思主义中国化探索的先驱者作用，阐明了李达对马克思主义中国化思想的贡献。再次，是彭湃与马克思主义中国化研究。彭湃通过海丰农民运动和农民讲习所的开展，对早期马克思主义中国化的形成起了奠基性作用。最后，是习近平与马克思主义中国化研究。学者从习近平总书记关于马克思中国化的重要论述和近平总书记对马克思主义中国化语境中的"中国特色"所作的深刻阐述两个角度出发，对习近平总书记的理论成果及其理论价值和实践意义进行了详细的阐述。

第四，经典文献、经典著作与马克思主义中国化研究。其一，马列主义经典文献比如《共产党宣言》《德意志意识形态》《费尔巴哈提纲》《共产主义运动中的"左派"幼稚病》《国家与革命》等与马克思主义中国化研究。马克思主义辩证唯物主义、历史唯物主义立场、观点、原则、方法不断与中国的国情、民情与党情相结合，推进马克思主义中国化研究二级学科向前发展。其二，《矛盾论》《实践论》《星星之火，可以燎原》《反对本本主义》《论持久战》《〈共产党人〉发刊词》《新民主主义论》与马克思主义中国化研究。这些著作在实践中推进了马克思主义中国化的历史进程，同时形成了世界观、方法论与行动方向三个层面指明了马克思主义中国化的实践方向。其三，《论党》《论共产党员的修养》与马克思主义中国化研究。有学者指出《论党》《论共产党员的修养》的发表是马克思主义中国化第一次历史性飞跃完成的重要标志，对新时代中国共产党人继续推进马克思主义中国做了思想上的准备。其四，《习近平谈治国理政》第一、二、三、四卷与马克思主义中国化研究。这些著作记录了党的十八大以来党和国家各项事业的重大进展，其中的一些重大思想观点是对马克思主义哲学、政治经济学、科学社会主义的创造性发展。

第五，重大理论、重大事件与马克思主义中国化研究。这部分以马列主义、毛泽东思想、中国特色社会主义理论体系、习近平新时代中国特色社会主义思想与马克思主义中国化研究，延安时期毛泽东民主理论与马克思主义中国化研究，湘江战役与马克思主义中国化研究作为主要内容，探讨了不同理论与历史实践对马克思主义中国化的影响。

4.导师合作意愿强烈

尽管课题组调查时发现有 42.86% 导师表示并不关心学生是否发表论文或其它学术成果，但从实际表现来看，导师似乎有点言不由衷，因为研究生招生面试过程中，导师们最关注的是学术潜质、发表论文数量、文献掌握水平和专业素养。因此，可以断定导师们非常希望研究生到能够成为优秀的学术助手，共同推动学术创造。中国特色社会主义进入新时代，马克思主义中国化研究学科建设也迈入了新的发展时期，在人才培养方面，马克思主义中国化研究学科硕士、博士培养体系日臻完善，导师行为规范得到明确，学术合作意愿更加强烈。

首先，学术共同体是培养优秀人才的重要手段。研究生教育承担着为党育人、为国育才的神圣使命。党的二十大报告指出："培养造就大批德才兼备的高素质人才，是国家和民族长远发展大计。"❶ 当今时代，优秀人才的基本特点是具有崇高家国情怀、敏锐洞察学科前沿、熟练掌握专业知识、紧盯国家重大需求、研究成果富有创新性等。研究生教育是优秀人才的摇篮，师生学术共同体是优秀人才的襁褓，只有营造良好的抚育环境，才能培育出栋梁之材。学术共同体本质上是研究生围绕导师产生的学术圈，圈里的成员既有各自研究领域，又有学术交集，分工协作、相互作用、相互影响，形成共同的学术品位和学术气质，产出凝结着全体成员心血的优秀成果。在马克思主义中国化研究学科，学术共同体模式非常重要，一方面能够使导师的学术辅导事半功倍，导师进行专业性较强的学术辅导，师生、生生之间充分讨论交流，既可以改进导师辅导质量，也可以提高研究生学术效率；另一方面，马克思主义中国化研究学科的最终成果，大多以论文、著作、调研报告等形式呈现，不需要仪器设备、实验数据等，师生在文献阅读、选题设计、成果撰写等方面的积极讨论，能使每位成员获得丰厚回报。

---

❶ 习近平.高举中国特色社会主义伟大旗帜　为全面建设社会主义现代化国家而团结奋斗——在中国共产党第二十次全国代表大会上的报告 [M].北京：人民出版社，2022:36.

其次，学术共同体是导师完成科研任务的重要途径。从调研结果看，很多高校目前都规定研究生导师应按月发给研究生基本生活补助，硕士生每人每月 100 元，博士生每人每月 800 元，导师基本都把课题经费作为补助的重要来源。也就是说，要想顺利招收研究生，导师必须承担各类科研项目❶，而要申请项目，就需要前期研究成果，所以马克思主义中国化研究学科的导师们也有巨大的科研压力。师生学术共同体的关键是要有学术主题，也就是要研究的主要问题，从调研结果来看，凡是围绕特定课题分类协作的团队，无论导师还是研究生，学术成果都是量多质优；而缺乏研究主题，研究生随意选择无积累、无基础、感兴趣的研究对象，缺乏合作，各自为阵，学术成果的数量和质量一般都比较差。可见，研究生围绕导师的课题开展学术工作，不仅能帮助导师完成科研项目，减轻科研压力，导师也能在熟悉的领域深入指导，帮助研究生尽早确立学术方向，形成研究生自己的学术影响，为将来毕业发展奠定基础。学术共同体有助于发挥学术的集成效应。

最后，学术共同体是建立良好师生关系的重要途径。作为两个陌生个体，研究生和导师之所以能建立联系，形成师生关系，完全是由于研究生教育事业的发展和国家人才培养的需求。学术型硕士 3 年毕业，专业学位型硕士 2～3 年毕业，博士一般 4～6 年毕业，无论多久，这都是年轻人一生中最宝贵的时光，一定要给予善待。很多导师跟研究生的友爱关系伴随一生，导师关心研究生学术、事业、家庭，把研究生视为子女；研究生尊重爱戴导师，把导师视作长辈，生活中的喜怒哀乐都会跟导师分享，双方相互体谅、相敬如宾。但也有部分导师不能正确处理与研究生的关系，导致相互抱怨、相互指责，甚至发生极端事件，毕业后也老死不相往来。分析这两种类型，有益于我们抓住马克思主义中国化研究学科研究生培养中的主要矛盾，即导师美好的学术期待和研究生薄弱的学术现状之间的矛盾，而解决主要矛盾的着眼点就在于不断提升研究生学术能力和学术水平，学术共同体是提升研究生学术水平和能力的重要途径。导师和研究生存在于一个以学术为使命的大家庭中，不需要丢掉各自闪光的个性，也不需要改变自己的人格特点，只是为优质学术成果共同努力。在学术合作过程中，导师通过以身作则、言传身教培养研究生为人处世的能力和高尚的道德素质。

---

❶ 2009 年 9 月教育部办公厅发布《关于进一步做好研究生培养机制改革试点工作的通知》，明确指出：要在考察学术水平和指导能力的同时，将科研任务是否充足、研究经费是否充裕作为确定导师岗位的重要因素；对于学术水平高、科研任务充足的青年教师招收培养研究生要给予倾斜支持。

5.研究生学术追求凸显

顾名思义,研究生是以研究为主要任务,在本科或同等教育基础上,从事某些更专业领域探索创新的学生。

首先,与本科生相比,研究生来源广泛、类型多样,包括毕业未参加工作直接选择深造的;大学期间成绩突出、品格优秀而被保送的;已经参加工作或未就业的青年群体,为了改变生活环境,选择攻读学位的。从类型看,①按学位层次,研究生可分为硕士生和博士生;②按在学期间培养经费来源渠道,分为统招和非统招研究生,统招研究生属于国家计划招收,他们在学期间培养经费过去由国家直接提供,目前则转变为国家奖学金和导师业务费形式发放,毕业后,除特殊领域由国家就业指导部门安排工作外,大部分通过双向选择、供需见面在人才市场签订协议就业;非统招研究生分为定向、委托培养和自筹经费三种;③按培养目标,研究生分为学术型与专业学位型,学术型主要侧重于基础知识和理论创新,专业学位型主要培养实践型、应用型高端人才。近年来,专业学位型招生比重不断扩大,2022年,专业学位博士招生已达2.5万人,专业学位硕士招生将近70万人,占比达到60%以上。

其次,阅历丰富,生理成熟,独立性较强,有一定功利性目的。一般来讲,统招硕士研究生平均年龄24岁左右,统招博士平均年龄27岁左右,生理、心理相对成熟,有较为复杂的社会关系,基本具有丰富的社会、人生阅历,对很多问题有自己独到的见解,思想认识基本已经定型,除非受到强有力的外部刺激,否则很难改变。

再次,思想上自我认同度较高,心理压力比较大。自我认同、身心合一是主体内外协调统一的前提,在教育体系中,研究生自我认同水平最高,一方面表现为人格上自尊、自信、自立和较强的抗挫折、抗击打能力;另一方面表现为责任感和使命感,很多研究生觉得自己已经成人,应该勇敢承担家庭、社会责任,应该努力为民族、为国家贡献力量。另外,研究生在校期间面临着学习、就业、婚姻、家庭等多重压力,容易出现烦躁和苦恼,尤其是遇到难以解决的困难时,挫败感和他们对自己高期望之间就会形成强烈反差,要及时调整心态。

最后,围绕导师形成集体,跟导师关系最为亲密。与本科生以固定班级为基本单位不同,研究生大多围绕导师形成群体,同一导师的同届或不同届的学生,往往以师兄弟、师姐妹相称,学习生活经常在一起,联系相对紧密,与其他同学的关系则比较松散。另外,研究生集中上课时间较少,大多数高校为一年或者半年，其余时间就是自主学习，社科类的研究生一般通过图书馆和网络获取资料，理工类研究生主要是辅助导师做课题、做实验。这些特点决定了他们必须具备较强的自我学习、自我管理的能力，否则就很容易使放任自流。从培养要求看，研究生与本科生也存在根本差异。北京理工大学研究生院常务副院长王军政形象地指出："本科是'学矿'，知道什么是矿，硕士是'采矿'，博士是'探矿'。"❶ 从培养内容看，研究生主要不是接受知识，而是运用知识进行创新，应不断培养他们的创新意识、提高他们的创新能力；从培养方法看，研究生主要任务不是上课，而是积极开展学术探索，管理单位要通过多种途径和手段，比如学术沙龙、学术会议、学术讲座、科技竞赛等形式，激发他们的学术热情。教育部办公厅《关于进一步做好研究生培养机制改革试点工作的通知》指出：研究生的培养必须强化科研导向，促进研究生培养与科学研究工作紧密结合，保证研究生能够在科学研究中学习、在科学研究中创新。要将科学研究导向原则贯彻到研究生招生、培养全过程，改进招生办法，修订培养方案，优化课程体系，改进教学方法。要用过奖助体系改革完善，吸引优秀生源，激发研究生的学习主动性和创新积极性。从读研动机来看，大学本科毕业生的诉求比较多元，包括暂时逃避就业压力、实现高水平大学的梦想、更换原有专业以及对相关学科感兴趣等；而参加工作后脱产考研的学生一般诉求比较简单，就是要改变工作环境，谋取更好职业。无论如何，他们都是怀揣人生梦想，经过不懈努力，通过笔试、面试从万千学子中脱颖而出，大多数人都非常珍惜难得的学习机会。

教育部调研显示，全国各高校马克思主义学院着力引导学生研读马克思主义经典，学深悟透习近平新时代中国特色社会主义思想，为成长成才打下坚实的思想和理论基础。中央财经大学、大连理工大学、华中师范大学、武汉理工大学、郑州大学、福建师范大学向新生赠送《马克思恩格斯文集》《马克思恩格斯选集》《马克思恩格斯著作特辑》《毛泽东选集》《邓小平文选》《习近平谈治国理政》（第一卷、第二卷）等著作，引导学生原原本本学习和研读经典，夯实理论基础和学术功底。天津大学、河南大学、喀什大学、河海大学、南阳师范学院马克思主义学院面向本科和研究生开设"马克思主义经典著作选读""马克思主义基本原理专题研究"等课程，通过分组讨论、专题研讨、撰写报告等形式，强化学术训练和理论积淀。广西大学马克思主义学院举办"我为什么选择马克思主义

❶　杨斌，王军政，郭娇，等 . 从"研"出发，培养勇于钻研的高层次人才 [N]. 光明日报，2020-8-11.

理论专业"如何成长为有理想有本领有担当的青年马克思主义者"系列主题讨论，让马克思主义的种子牢牢扎根学生心底。武汉大学、河北师范大学马克思主义学院为"专项计划"的博士、硕士研究生承担思政课助教工作制定专门管理办法，推动"专项计划"研究生加入思政课教研室，在教学科研实践中提升教学能力、科研能力和育人水平。吉林大学、湖南科技大学马克思主义学院为"专项计划"研究生开设"习近平新时代中国特色社会主义思想研究""思想政治理论课教学论""思想政治教育学""教育（心理）学"等课程。南昌大学马克思主义学院依托江西红色资源和红色教育基地开展体验式教学，引导学生体验红色文化、传承红色基因。重庆大学马克思主义学院在学生中广泛开展"追忆红岩魂 逐梦新时代"主题党团活动、参观展览等，引导学生寻根红色文化、追忆革命精神。福州大学马克思主义学院探索开展红色实践培训暨思想政治理论课学习成果大赛，把课程"搬"到革命圣地井冈山，通过参观交流、编排情景剧等，深化课程学习效果。

从马克思主义中国化研究学科来看，每年硕士保研人数占重点马克思主义学院招生比例的 50% 甚至更多，博士大多来自本专业硕士毕业生、高校思政课教师及辅导员等，基础知识比较扎实，生源素质相对较好。而且大多数研究生学术取向比较明确，学术热情比较高昂、学术态度比较端正，他们关注学术热点、洞察学术趋势、把握学术规律，阅读经典、整理文献、参加会议、研讨交流，学术成果比较丰硕。以西安交通大学马克思主义学院马克思主义中国化研究学科博士硕士为例，博士基本都能公开发表 3 篇以上的重要期刊论文，协助导师申报研究课题以及完成结项报告撰写等学术任务，硕士一般也能公开发表 1 篇论文，或帮助导师完成专著部分章节的撰写任务。另外，马克思主义中国化研究学科博士、硕士研究生还有一个很大特点就是女生数量相对较多，依照教育部网站公布的数据，2021 年在校研究生总计 3332373 人，女生 1717458 人，占比 51.54%，博士 509453 人，女生 214877 人，占比 42.18%；硕士 2822920 人，女生 1502581 人，占比 53.23%，而在人文社会科学，尤其是教育学、马克思主义理论等学科，研究生男女生比例总体维持在 1：2 ~ 1：3。南京师范大学 2021 级研究生新生中，男生有 1485 人，女生有 3352 人，男女整体比例为 1：2.26；西安交通大学马克思主义学院 2020 年招收硕士 105 人，男女生比例 1：7.75，招收博士 49 人，男女生比例 1：2.77，2021 年招收硕士 105 人，男女生比例为 1：4.25，招收博士 49 人，男女生比例 1：2.77，2022 年共招收博士硕士研究生 152 人，博士 48 人，硕士 104 人，博士男女生比例 1：4.68，硕士男女生比例 1：3.46；天津外国语大学 2022 年共招收研究生 666 人，博士 10 人，硕士 656 人，博士男生 2 人，女生 8 人，男女比例 1：4，硕士男生 101 人，女生 555 人，男女比例 1：5.49；湘潭大学马克思主义学院录取研究生 137 名，男女生比例 2：5；南开大学马克思主义学院 2020 年男女生比例 1：3.37；安徽师范大学马克思主义学院 2021 年男女生比例 1：5；华东交通大学马克思主义学院 2020 年男女生比例 1：4.6；郑州大学马克思主义学院 2019 年招收硕士研究生 75 人，男生 13 人，女生 62 人，男女生比例为 1：4.76；中国海洋大学马克思主义学院 2019 年男女生比例为 1：7.1；西北大学马克思主义学院 2019 年录取硕士研究生 38 人，男女比例 1：5.3；湖南大学马克思主义学院 2019 年硕士招生 85 人，男女生比例 1：16，博士 19 人，男女比例 1：1.7；杭州师范大学 2019 年录取硕士生 6 人，全部是女生；北京师范大学马克思主义学院 2020 年硕士招生 153 人，男女比例为 1：4.28，博士招生 46 人，男女比例 1：2.07；等等。与理工科专业需要大量的实验数据和体能消耗相比，女生在马克思主义中国化研究学科的发展具有很多优势，一是马克思主义中国化研究学科的学术方法比较适合女生。马克思主义中国化研究学科学术活动主要有两类，即理论研究和应用研究，理论研究主要是通过大量阅读文献，提取主要观点，撰写发表学术成果；应用研究需要作社会调查，比如实地访谈、问卷收集统计等。二是女生大多数性格比较柔和，遵守师门规则，容易接受并及时完成老师布置的科研任务，不会与导师发生直接冲突，师生关系总体融洽。三是女生勤奋踏实，心思细腻，能够专心于学科专业，不会好高骛远，而且能发现学科领域具体典型问题，实现学术创新。四是女生服务意识、语言能力比较强，在导师开展的学术研讨等活动中往往担当重要角色。

6. 有组织科研

马克思主义中国化研究学科学术活动究竟应该提倡单兵作战还是团队协作，学术界历来存在分歧。有的学者认为马克思主义理论研究学科学术活动比较适合单兵作战，因为某个学术观点产生、文献资料收集、学术成果撰写等只能依赖自己，其他人提出的建议可能离题万里，对作者产生干扰。有的学者则认为一定要加强合作、团队攻坚，经常性地开展头脑风暴，正如英国学者戴维·伯姆所说的，对话"追求的是平等、自由、公正地进行交流和沟通。谈话者之间互相尊重彼此的人格、观点和观念，能够形成充分的友谊感和信任。每个人都认真地倾听他人的意见和想法，每个人也都彻底地表达出他内心深处最真实的想法和看法，然后让不同的观点和意见之间彼此碰撞、激荡、交融,从而让真理脱颖而出。"❶ 我们比较赞成第二种观点,无论进行哪类学术研究,讨论交流、思想交锋都是产生优秀成果的重要方法。2020 年 8 月,教育部印发《关于关于加强高校有组织科研推动高水平自立自强的若干意见》,虽然重点针对的是国家高技术领域,但同样适用于马克思主义中国化研究学科。有组织科研要求创新方向一致,围绕特定目标打造专业平台,提升科研团队组织方式,优化科研资源配置等,就是把高等学校组织起来进行学术研究,国家需要什么就干什么,服务国家需求,为国家发展注入力量。当前,世界百年未有之大变局加速演进,国际形势波谲云诡、变幻莫测,我国虽然日益走近世界舞台的中央,中国特色社会主义现代化建设进入关键时期,但也面临着更深层次的矛盾和问题,意识形态领域面临的挑战更加严峻,对高校哲学社会科学的发展提出了更高的要求。2022 年 5 月,中共中央宣传部、教育部联合印发了《面向 2035 高校哲学社会科学高质量发展行动计划》,围绕贯彻落实习近平总书记关于哲学社会科学工作重要论述,贯彻落实党中央关于加快构建中国特色哲学社会科学的重大决策部署,充分发挥高校作为我国哲学社会科学"五路大军"中最重要力量的作用,对高校哲学社会科学事业高质量发展作出中长期规划。强调有组织科研是高校哲学社会科学建制化、成体系地服务党和国家重大战略需求的基本载体与重要形式,指出要以习近平新时代中国特色社会主义思想为指导、坚持党的全面领导、以育人育才为中心,坚持马克思主义指导地位、以体系构建为主线,以党的创新理论引领中国特色哲学社会科学知识体系建设,以能力提升为重点,统筹推进高校智库建设、学科建设、专业建设,遵循哲学社会科学发展规律和科研管理规律,全面深化改革。

在高校哲学社会科学体系中,马克思主义中国化研究学科承担着巩固意识形态、研究和传播马克思主义中国化最新理论成果的重要作用,因而也承担着更多的社会责任与现实挑战。有组织科研能够实现不同学校相同或相似学术资源的整合,加强不同学校、不同学科研究主体间的交流与沟通,提高效率,促进创新,发挥人才济济、组织有序之优势,使特定选题走深、走新。随着时代进步、社会变革,许多学科都呈现出交叉融合的特征,马克思主义中国化研究学科的论域方法要求增强有组织科研。习近平总书记在党的二十大报告中明确提出"加快构建中国特色哲学社会科学学科体系、学术体系、话语体系,培育壮大哲学社会科学人才队伍"的要求。

❶ 戴维·伯姆.论对话 [M].王松涛,译.北京:教育科学出版社,2004:4.

二、构建学术共同体的劣势

劣势是指由事物内部存在的不利条件、制约因素相互作用而形成的短板缺陷，对事物发展起消极影响和负面作用。马克思主义中国化研究学科师生学术共同体构建面临着研究生学科背景多样、读研目的不纯、理论功底薄弱、学科意识不强导致的学生科研水平参差不齐，以及导师学术能力欠缺、日常业务繁忙、学术投入不足等劣势。

1. 研究生学科背景多样

近年来，由于国家重视马克思主义理论学科发展，高校思政课的地位作用进一步加强，学生对马克思主义基本原理、中国化时代化马克思主义最新理论成果认可度、接受度大大增强，报考马克思主义理论学科研究生的学科背景更加多元，其中硕士表现尤其明显。据《高校马克思主义理论学科发展报告》（2020）显示，各类学科点实际招收的博士研究生中，一级学科博士点内，往届毕业生比重超过一半，达 54.27%；二级学科博士点内，往届毕业生也超过半数。关于各类学科点实际招收博士的硕士专业背景，一级学科博士点实际招收的博士研究生中，硕士专业为马克思主义理论的约 61.97%，其他人文社会科学专业占 37.72%，理工农医占 3.30%；二级学科博士点实际招收的博士研究生中，硕士专业为马克思主义理论的占 49.33%，其他人文社会科学专业占 46.67%，理工农医专业占 4.00%[1]。实际招收的硕士研究生中，大学为马克思主义理论及其相关专业的占比更少，其中一级学科硕士点为 31.32%，二级学科硕士点为 24.29%，在参加调研的硕士生中，大学毕业院校为 985、211 高校的占比也比较小。以西安交通大学马克思主义学院为例，2021 年共录取硕士研究生 105 人，其中马克思主义理论相关专业 31 人，主要是思想政治教育，占 29.5%；理工科专业背景的学生 8 人，占 7.6%，包括环境工程 1 人，应用物理学 1 人，计算机科学与技术 1 人，信息管理与信息技术 1 人，人文地理与城乡规划 1 人，机械设计制造及自动化 1 人，化学工程与工艺 1 人，材料化学 1 人；语言及人文类相关专业 28 人，占 26.7%，其中语言类 10 人，哲学 5 人，历史学 5 人，法学 2 人，新闻类 3 人，国际政治外交 3 人；经济管理类相关专业 38 人，占 36.2%，行政管理、工商管理、政治学与行政学 20 人，经济学 4 人，金融学 4 人，会计学 2 人，公共事业管理 4 人，人力资源管理 2 人，国际经济与贸易 2 人。2022 年，共录取硕士研究生 104 人，其中马克思主义理论相关专业 29 人，占 27.9%，包括思想政治教育 25 人，马克思主义理论 4 人；经济管理类专业 39 人，占 37.5%，包括财务管理 1 人，市场营销 3 人，会计学 1 人，国际经济与贸易 1 人，金融学 3 人，行政管理 5 人，工商管理 4 人，政治学与行政学 8 人，社会学 2 人，经济学 2 人，经济统计学 1 人，旅游管理 2 人，工程管理 1 人，公共事业管理 2 人，人力资源管理 1 人；理工科背景学生 6 人，占 5.8%，包括软件工程 1 人，人文地理与城乡规划 1 人，给水排水工程 1 人，临床医学 1 人，安全工程 1 人，材料成型及控制工程 1 人；语言及其它人文科社科类专业 30 人，占 28.9%，其中语言类 14 人，新闻学 1 人，哲学 4 人，历史学 6 人，法学 1 人，人文科学试验班 2 人，外交学 1 人，国际政治 2 人。2023年共录取硕士生 109 人，其中马克思主义理论及相关专业 39 人，占 34.86%，包括马克思主义理论 16 人，思想政治教育 23 人；理工科专业 7 人，占 5.5%，包括车辆工程 1 人，机械设计制造及自动化 1 人，服装设计与工程 1 人，化学 1 人，飞行器动力工程 1 人，地理科学 1 人，机器人工程 1 人；经管类学科 24 人，占 21.1%，包括行政管理 6 人，政治学与行政学 7 人，市场营销 3 人，工程管理 1 人，农林经济管理 1 人，工商管理 1 人，人力资源管理 1 人，公共事业管理 1 人，金融学 2 人，会计学 1 人；其他人文社会科学 39 人，占 34.86%，包括哲学 6 人，语言类 18 人，历史学 5 人，新闻类 4 人，国际政治 2 人，法学 2 人，人文科学试验班 1 人，如表 5-1 所示。

表5-1　2021～2023年西安交通大学马克思主义学院各学科研究生招生比例

数量年度（年）	总量（人）	马克思主义理论相关专业		其他人文社科专业		理工类专业	
		数量（人）	比重	数量（人）	比重	数量（人）	比重
2021	105	31	29.5%	66	62.9%	8	7.6%
2022	104	29	27.6%	69	66.6%	6	5.8%
2023	109	39	34.86%	63	59.64	7	5.5%

注：根据中国研究生招生信息网数据整理。

　　总体来看，报考马克思主义理论学科的本科生来源比较广泛，其中占比最大的是马克思主义理论相关专业之外的人文社科类学生，其中又以经济管理类和语言类占比最大。2021 年，经管类 38 人，达到 36.2%，语言类 10 人，占 9.5%；2022 年，经管类 39 人，达到 37.6%，语言类 14 人，占 13.46%；2023 年，经管类 24 人，占 21.1%，语言类 18 人，占 16.5%。

　　从马克思主义中国化研究学科生源情况来看，仍以西安交通大学为例：2021

年共招收 28 名研究生，其中思想政治教育学科毕业的 10 人，占 35.7%；经济管理类毕业生 13 人，占 46.4%；语言类毕业生 3 人，占 10.7%；其他人文社科类毕业生 2 人，占 7.2%。2022 年，共招收 26 名研究生，其中马克思主义理论相关专业 6 人，占 23%；经济管理类毕业生 10 人，占 38.5%；语言类毕业生 6 人，占 23.1%；另外有理工科毕业生 1 人，哲学专业毕业 1 人，法学专业毕业 1 人，人文科学实验班 1 人。2023 年共招收研究生 30 名，其中马克思主义理论相关专业 12 人，占 40%；经济管理类专业 6 人，占 20%；语言类 6 人，占 20%；理工科 2 人，占 6.7%；其他人文社会科学 3 人，占 13.3%，见表 5-2。

表5-2　2021～2023年西安交通大学马克思主义学院研究生生源情况

数量年度（年）	总量（人）	马克思主义理论相关专业		其他人文社科专业		理工类专业	
		数量（人）	比重	数量（人）	比重	数量（人）	比重
2021	28	10	35.7%	18	64.3%	0	0%
2022	26	6	23%	19	73.2%	1	3.8%
2023	30	12	40%	16	53.3%	2	6.7%

注：根据中国研究生招生信息网数据整理。

尽管我们以西安交通大学研究生数据为例，但全国情况基本相同，很多高校甚至跨专业比例更高。调查显示，目前各高校马克思主义中国化研究学科均不同程度存在着生源质量不高、跨专业学生占比较大等问题，主要原因是与当前马克思主义理论本科专业设置不健全有关，在马克思主义理论一级学科中，最早设置的是思想政治教育专业，目前全国共有 292 家，近年来，部分高校适应国家发展需要，将思想政治教育专业改成或新办马克思主义理论专业，截至 2021 年底，全国共有 38 家马克思主义理论本科专业，数量相对较少。跨专业报考马克思主义中国化研究学科，可能会存在基础薄弱，文献掌握量少，以及不同学习模式的影响。比如理工科和社会科学专业的学生，逻辑思维能力、动手能力比较强，重视实验和模型，可能很少静下心来花费大量时间和精力阅读文献，而这却是马克思主义中国化学科必不可少的学习研究方式。部分进入马克思主义中国化研究学科的跨专业学生，由于长时间不能适应该学科习惯，不能立刻进入学习状态，很难跟上导师的研究思路，学习效率、研究进度、学科意识和归属感大打折扣，往往无法和导师有效沟通。另外，马克思主义中国化研究学科，需要大量掌握马克思主义基本原理，必须在读原著、学原文、悟原理上下功夫，同时还要掌握马克思主义中国化时代化的最新理论成果，紧跟社会热点，这就需要一定的政治敏感性、政治洞察力和政治鉴别力，而这些素养基本都是在持续学习中磨练出来的，跨专业学生可能不具备这种能力。研究生学科背景的多样性，虽然可能为师生学术共同体的构建带来一定便利，但也使导师和研究生面临更多考验。

2. 读研动机的功利化倾向

动机是个体从事某项活动的内在根据，包括生物性动机和社会性动机两类，动机往往决定行动的性质、目标、方式、手段、效果等，具有引导、调节、激励功能，需要是动机的核心来源。学术是研究生教育的生命，研究生的主要任务是学术研究，导师在招收研究生时最想了解的就是学术潜质。本科阶段几乎很少有真正的学术研究，学生的主要精力是课程学习和知识积累，硕士阶段虽然稍显稚嫩，却是学术研究的真正起步，博士阶段是真正的全身心学术投入。但是，从中国教育在线网调查数据看，2023年考研学生中，想规避就业高峰的占55%，想继续深造的占43%，想进入更好大学的占39%，想更换专业的占21%，家长督促的占18%，盲目跟风的占13%。调查结果显示，学术之外的目的恰恰成了硕士生读研的最大需求。特别是谋取好的就业条件成为当前青年人选择读研的最大动机。这个动机可能产生多方面的结果：一是在满足毕业条件之余，将主要精力放在与就业密切相关的事情上，比如企业实习、公务员考试、会议组织、三助一辅、社会实践等，学术研究投入时间不足；二是兼顾就业与学术，精力要侧重于就业，以就业为目标、学术为手段，以学术研究优化就业环境，但为就业可以牺牲学术。近些年来，大学生就业压力倍增，导致考研人数迅速扩大，也在一定程度上印证了读研动机的调查结果（图5-1）。

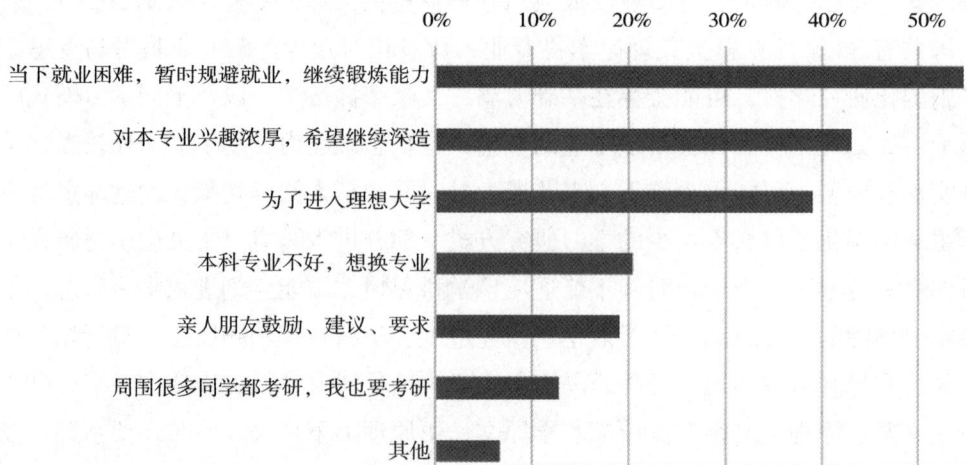

图5-1　2023年考生考研原因调研

与全国总体情况基本吻合，在马克思主义中国化研究学科，除学术目标之外，青年人考研动机主要有两种类型，即就业改善型和外力作用型。当然，考研类型并非边界鲜明、静止僵化，而是动态适应、不断调整、相互转化。就业改善型的学生可能因为学术获得感、幸福感增强，而转变为学术驱动；外力作用型也可能因为读研的优秀体验，产生学术追求；当然也有学术驱动的学生转变为就业改善型。其中硕士研究生的类型特点较为明显，而博士研究生则主要表现为多元综合。

首先是就业改善型。高等教育大众化水平的快速提升，大学毕业生人数不断增加，表面上造成了学历"贬值"现象，曾经的天之骄子、凤毛麟角，越来越回归普通和平凡。1978 年高校毕业生 16.5 万人，1987 年 53.2 万人，2001 年 103.63 万人，2004 年 239.1 万人，2005 年 306.8 万人，2007 年 447.79 万人，2008 年 512 万人，2011 年 608.2 万人，2014 年 727 万人，2018 年 821 万人，2021 年 909 万人，2022 年 1076 万人，2023 年 1174 万人，45 年增长 70 多倍，年均增加 25.7 万人，这相当于 1949 年毕业生总数的 12 倍还要多。"市场配置、双向选择、政府指导"的就业模式和人才供需关系深度变革，导致本科生就业压力日益增大。尤其是历史学、政治学、哲学、文学、马克思主义理论等人文学科就业率更低。为了改善就业环境，谋取更高薪酬，许多本科毕业生被迫选择考研，希望通过提高学历更好满足用人单位的需求。这类学生的优点是目标明确、态度积极，缺点是心无旁骛、急功近利。他们只关心重视跟就业相关的课程、活动和信息，学术兴趣较弱，不能将主要精力投入学术研究，很少阅读专业文献。大多数人入学就开始为考公务员、选调生和就业实习做准备，在学术活动中总体比较"佛性"，不求有功，但求无过，不积极、不主动，也不反对、不抵触，导师有要求，就做一点，导师无要求，就放任自流，很少主动找导师讨论问题，也很少参加学院或导师组织的会议、沙龙、学术研讨等活动，如果偶尔参加，只是为达到毕业的基本条件而已。当然，值得肯定的是这类学生都比较热心公共事务，喜欢参加社会活动，在人际关系维系方面比较擅长，遵纪守法，也能听进去导师的忠告。

外力作用型：除了就业改善和学术追求两种主要动机外，攻读研究生的学生中还有一部分来自外力作用。第一类亲友督促或影响。这些学生虽然已经成年，但自主性不强，易于接受父母安排，在本科就业压力增大、整个社会学历水平不断提高的背景下，父母如果经济条件较好，一般都会督促孩子考研。还有就是因为熟人中有因为读研而获得良好工作环境情形，也会对他们产生吸引作用。第二类盲目跟风型。他们读研动机不明确，不清楚自己是想在学术上继续深造，还是要等硕士毕业后就去找工作。这部分学生读研，"跟风"占有很大成分，看到周围好多同学都在复习考研，从众心理导致他们也会参与其中，考上就去读研，考不上直接就业。这些学生读研后依旧没有明确清晰的人生规划，在学习过程中非常依赖导师或家长，也会继续从众，模仿别人。他们不追求成为最优秀的，也不会成为最差的，会完成学习任务，但不会积极主动参与。消极被动、情绪多变，是他们的突出特点。他们学习动力和最终成效与导师关系非常密切，导师勤加督促、科学指导，他们就有目标、有激情；导师放任自流，他们就很难作出成绩，对于这类型的学生，导师必须同时扮演家长和老师双重角色。

学生读研动机差异会对学术共同体的构建产生两方面的影响，一方面，部分学生在学习过程中体会到知识和科研的乐趣，或者说发现自己适合科研，从而积极地进行学术研究，愿意跟导师、同学进行学术讨论，参加学术活动，共同体容易构建起来；另一方面，如果学生发现自己对科研没有兴趣，可能会产生消极被动情绪，不愿意参与学术研究活动，共同体构建难度会大大增加。从目前具体情况看，追求学术研究的研究生比例不是很高，所以，读研动机总体来说成为学术共同体构建的制约因素。

3. 研究生理论功底较浅、学科意识较弱

马克思主义中国化研究学科学生应该具备必需的专业素养，这种专业素养不仅体现在能够扎实掌握马克思主义基本原理、马克思主义中国化的理论成果，更体现在能够自觉运用马克思主义的立场、观点和方法看待问题，在是非面前能够坚守马克思主义的立场，能够对国家的方针政策进行解读，紧跟时事潮流，坚定马克思主义信仰与情怀，能够将马克思主义品格转化为学习、工作与生活中的自觉行动。从全国情况来看，虽然高等学校马克思主义理论学科招生数量不断扩大，发展规模持续扩张，但该学科研究生培养现状与客观需要仍存在较大差距。主要表现为研究生理论功底较浅、学科意识较弱。

理论功底较浅制约学术合作。一方面，马克思主义中国化研究学科不同于自然科学，这门学科涉及了历史学、政治学、经济学、文化学、外交学、社会学、哲学等多个领域，要素构成十分复杂，是一门综合类学科。虽然很多学生都非常熟悉马克思主义中国化时代化理论成果的名称，但要真正将毛泽东思想、邓小平理论、"三个代表"重要思想、科学发展观、习近平新时代中国特色社会主义思

想学懂吃透却需要耗费大量时间精力，学习过程十分复杂艰苦。当前马克思主义理论研究生在学科背景与读研动机上存在较大差异，这就造成了相当一部分研究生的理论兴趣不高、专业素质不够等问题。虽然在复习备考思想政治理论课过程中涉及专业内容考核，但印象往往并不是很深，考试成功后有些学生反而在学习兴趣和未来期待方面不断降低，再加上研究生学习生活相对自由，社会交往比较频繁，由于学习兴趣和自制力的不同，学习与科研在每个学生的日常生活中所占的比重就不同，缺少对学科经典文献的认真研读和细心品味。即使本科期间就读于思想政治教育、马克思主义理论、中共党史、历史学等专业的学生，在文献占有方面也几乎为零，很少学生能熟练阐述经典作品的内容及其科学价值，更何况非人文社科甚至理工科专业学生，马克思主义理论学科的研究生不懂马克思主义世界观、方法论的大有人在。另一方面，马克思主义理论学科具有较强的意识形态属性，不仅要熟悉核心要义、基本内容和精神实质，更要理论联系实际，分析解决社会现实问题。马克思主义中国化研究学科的主题与党和国家路线、方针、政策密切联系，这就要求我们的研究生真学真信真正懂得马克思主义中国化各大理论成果，还要结合实际情况正确运用，自觉承担起马克思主义理论工作者的责任，作为一名科学理论的承载者、思想信念的传递者，将自己研究中的所感所悟、头脑中的所思所想，用通俗易懂、深入浅出的语言传递给身边的人群，这就对研究生的理论功底提出了更高要求。而在现实中，马克思主义中国化研究学科中的很多学生，他们只是机械性的死记硬背，对于理论的内容和逻辑并没有太多研究和领悟，并没有真正内化为自己的思想。存在生搬硬套、似懂非懂的现象，虽然了解相关的理论，但很多都是浅尝辄止、局于表面，对理论产生的时代背景、科学真谛讲不清、道不明，面对非专业群体时，不能运用通俗易懂、喜闻乐见的语言形式表达出来，抑或是根本没有自己的想法，含混不清。长此以往可能会导致学生学科自信的降低，学科归属感不强，影响对科学社会主义和共产主义的坚定信仰，甚至怀疑马克思主义基本原理、中国化时代化马克思主义理论的科学性和生命力。研究生的理论功底直接影响着研究进度和科研热情，理论功底较差会引发学生的科研焦虑，丧失科研信心，对师生学术共同体的构建产生负面影响。

学科意识较弱也制约学术合作。学科意识，就是关于学科的理念，是人们在了解和领悟某一学科内容时，遵循该学科发展的内在规律而形成的态度和立场。学科是相对独立的知识体系，是一种知识分类，学科意识最重要的表现就是对该学科的主体性认识，即对这一学科区别于其他学科的特性认知，以及对学科的认同感和归属感。马克思主义中国化研究学科的学科意识，主要是指它与马克思主义理论一级学科下其他的二级学科相区别的特性。与马克思主义理论学科注重学科研究的整体性不同，马克思主义中国化研究学科更强调研究内容的针对性。马克思主义中国化研究学科是聚焦于马克思主义中国化时代化的基本内容、基本特点、基本经验、基本规律以及马克思主义中国化理论成果的学科，在整个马克思主义理论一级学科中占据十分重要的位置。马克思主义中国化研究学科的特色主要表现为三个方面。首先，是作为马克思主义理论学科与其他哲学社会科学不同的特性。其次，是作为马克思主义理论学科下的二级学科与其他二级学科相区别的特性，其本身具有强大的社会功能。最后，是马克思主义中国化研究与地区、民族、风土人情等区域性因素相结合形成的特殊性。习近平总书记指出："意识形态工作是党的一项极端重要的工作。是为国家立心、为民族立魂的工作。"与马克思主义基本原理学科的基础研究和思想政治教育学科的应用研究不同，马克思主义中国化研究与中国社会的发展变迁息息相关，因此在意识形态工作方面承担着主要的责任，这也是其社会功能的主要体现。马克思主义中国化研究的意识主体是混合型的主体类型，主要是直接从事学科研究、教学的教师与从事理论研究、科研的学生及高校其他有关教师和管理人员等。当前本学科的研究生存在学科背景多样的特点，这表明虽然这部分学生在研究生阶段学习的是马克思主义中国化理论研究，但专业背景十分复杂，不一定全部是马克思主义理论，涉及历史学、政治学、经济学等不同专业领域，因此存在着学科意识不强的问题。研究生学科意识不强，主要表现在三个方面。一是对于马克思主义中国化研究的学科归属感不够，也就是在学习过程中很难把握自己作为一名马克思主义理论学子的身份定位，对于学科没有足够坚定的信仰。同时对于学科研究的主要内容没有足够清晰的掌握，会笼统地把其他哲学社会科学或者二级学科的研究内容也归于马克思主义中国化研究学科之中，这样在文献阅读、论文写作过程中不具备针对性，也会造成学术研究不够深刻、很难发现创新点的情况。二是研究生学科意识不强，学生缺乏足够的定力和耐心进行深刻的学习，而人文社科类的研究生本身就与阅读大量文献、"坐冷板凳"相关联，因此，学科意识不强也会消磨研究生的学习热情，阻碍其自身发展。三是马克思主义中国化研究在意识形态工作领域承担重要的责任，而研究生教育研究是高等教育中极为重要的一环，因此马克思主义中国化的研究生除了自身的学生身份，同样肩负着马克思主义大众化的重要任务。如果学科意识不强，会导致研究生的学习不够深入、缺乏足够强的信念感，加大向外传达理想信念的难度。

综上可见，当前马克思主义中国化研究的研究生部分存在着理论功底较浅和学科意识较弱的问题，而这会影响学生参与学术研究的兴趣、热情与其理论掌握的深度，从而影响师生学术共同体的构建过程和总体学术水平提升，对学术共同体的构建带来不利影响。

4. 导师日常事务繁忙

在高校教职员工中，研究生导师发挥着非常重要的作用和影响，他们在教学、科研、日常事务之外，还承担着研究生培养、学术创新等责任。与理工科及其他人文社科专业不同，马克思主义中国化研究学科导师工作压力更大。首先是教学占用较多时间。从全国情况来看，马克思主义中国化研究学科的导师一般都要承担学校本科生大面积思政课"毛泽东思想和中国特色社会主义理论体系概论""习近平新时代中国特色社会主义思想概论"、硕士生公共课"新时代中国特色社会主义理论与实践"及本学科研究生专业课等，每年工作量在 300 学时左右，再加上备课、考试、阅卷、成绩登录等工作，教学时间消耗大约占 40%。其次是学术研究占用较多时间。能否成为研究生导师，不仅要职称达标，很多高校将学术成果作为硬指标，包括课题申报、论文发表、专著出版、学术交流等，如果达不到基本要求，研究生导师资格就会被取消，考核就为不合格。很多导师在教学之余，将大量时间用在自身科研方面，对研究生指导也会从有利于满足自己学术需求出发，而那些自由选择研究方向的研究生，导师关注度可能较少。最后，除教学科研外，很多导师还要参与各种评审、答辩、指导学生活动等工作，也需要消耗一定的时间。上述种种情形共同作用，导师专门用于指导研究生的时间相对减少。

除了客观时间占用外，部分导师对于指导研究生存在着消极情绪，对"立德树人"有着明显的认知偏差。习近平总书记多次强调把立德树人作为教育的根本任务，在研究生培养模式中，导师和研究生是相互影响的，良好的师生关系能够促进导师与研究生之间的知识传承与创新，不仅能够提高教育教学质量，而且也有助于师生学术水平的共同提升。同时，良好的师生关系也是导师实现立德树人根本任务的前提。立德树人要求导师既要成为研究生的学术领路人，也要对研究生思想道德素质提升作出贡献，这都依赖于导师的身体力行、示范导引。导师是研究生的第一责任人，与研究生关系十分密切，接触最多，因此导师一言一行、一举一动都可能成为研究生模仿学习的对象，这就要求导师能够遵守学术道德、潜心研究，不仅在自己的领域内发光发热，为国家教育事业贡献自己的力量，还要在研究生人生道路上积极指引，要以高道德标准要求自己，以身作则、率先垂范，在学术上给学生足够支持，在日常生活中能够关心爱护，清晰掌握研究生的个人情况，培养学生成为合格的社会主义建设者和接班人，这些都需要导师与研究生之间形成良好的师生关系。

在研究生阶段，学生已经形成了足够强的自我意识和较为清晰的人生规划，每个学生的主体性在这一阶段得到了显著加强。在研究生阶段，学生更加需要学术成果来实现自我价值，导师作为学生的引路人，承担着重要的责任，在学生的学术生涯中也有很大的话语权。与理工类研究生不同，马克思主义中国化研究学科的研究生不需要在导师的指导下作实验、等数据、分析实验成果等，他们大部分学习过程都是通过阅读著作、文献自觉学习，因此本学科的导师与研究生之间的联系相对比较松疏，导师对于每个研究生思想、学习、心理、科研等情况把握的清晰度也就随之下降。这种情况下，导师不可避免地会以学术成果、论文进度等标准来对每位学生进行不同的指导，可能会导致学术能力较差的学生不敢主动与导师沟通，加深师生之间的距离感，逐渐形成学生害怕见到导师、二者交流匮乏的师生关系，这样的师生关系很显然不利于研究生教育的长远发展。就马克思主义中国化研究学科来看，近年来，随着研究生招生规模的扩张，马克思主义理论相关学科的热度上升，马克思主义中国化研究学科逐渐变成了热门专业，导师招收研究生数量急剧扩大，而大部分导师身兼数职，或是担任学校的行政职务、或是有其他社会职务和学术兼职，这把导师的日常生活切割为多个部分，有时候很长一段时间才能与学生交流一次，形成了放养式的师生关系。当前社会，随着毕业要求的逐年增加和就业形势的紧张，大部分研究生不仅面临着学术研究的瓶颈，而且承担着家长对于学有所成、成家立业的厚望，研究生的焦虑情绪也日益凸显出来，而师生缺乏沟通，导师会缺少对学生的关注，缺少对学生缓解焦虑情绪、树立正确的价值观、人生观的引导。同时，本专业学生如果不能很好地把所学理论运用到实际工作生活中，就会产生一种悲观失望情绪，不利于研究生自身的健康发展和学术的长远进步。

三、构建学术共同体的机遇

机遇是事物发展过程中偶然出现的、对事物产生正向促进作用的、有利的境遇和条件。机遇的产生及实现往往取决于主体的素质，也就是人把握机遇的能力。党的十八大以来，党和国家高度重视马克思主义理论学科建设，现代化科学技术广泛应用，管理水平和能力不断提升，为马克思主义中国化研究学科师生学术共同体构建提供了良好的环境。

1.党和国家高度重视意识形态工作

党的十八大以来，中国特色社会主义进入新时代，党和国家各项事业取得举世瞩目的伟大成就，经济总量大幅跃升，高新科技层出不穷，政治民主化、法治化水平不断提高，人民物质精神生活日益丰富，生态文明建设成效卓著，改革发展稳定、内政外交国防、治党治国治军协调推进，中华民族迎来从站起来、富起来到强起来的伟大飞跃，日益走近世界舞台的中央。中国特色社会主义事业的伟大成就，以不可辩驳的事实彰显了科学社会主义的鲜活生命力，中国发展理念、发展道路、发展模式的影响力和吸引力显著增强。世界正在见证"历史终结论"的终结，"中国崩溃论"的崩溃，"社会主义失败论"的失败。中国特色社会主义道路越走越宽广，使世界上正视和相信马克思主义和社会主义的人多了起来，使世界范围内两种意识形态、两种社会制度的历史演进及其较量发生了有利于马克思主义、社会主义的深刻转变，中国特色社会主义成为振兴世界社会主义的中流砥柱。如何讲好中国成功的故事，构建富有中国特色的国际话语体系，是中国大踏步走向世界的前提和基础。与此同时，世界百年未有之大变局加速推进，经济下行压力增大、衰退风险上升，粮食、能源、债务多重危机同步显现，不少国家经济社会发展遇到较大困难，各种不稳定不确定因素增多，冷战思维、霸权主义、单边主义、保护主义上升，扭曲国际准则、打断经济联系、纵容地区冲突、阻碍发展合作的行为屡见不鲜。经济政治领域的斗争，往往通过意识形态表现出来，拜金主义、享乐主义、极端个人主义、历史虚无主义等错误思潮不时出现，网络舆论乱象丛生。

为了克服意识形态领域出现的问题，习近平总书记用了五个"迫切需要"强调哲学社会科学的重大作用，即面对社会思想观念和价值取向日趋活跃、主流和非主流同时并存、社会思潮纷纭激荡的新形势，如何巩固马克思主义在意识形态领域的指导地位，培育和践行社会主义核心价值观，巩固全党全国各族人民团结奋斗的共同思想基础，迫切需要哲学社会科学更好发挥作用；面对我国经济发展进入新常态、国际发展环境深刻变化的新形势，如何贯彻落实新发展理念、加快转变经济发展方式、提高发展质量和效益，如何更好保障和改善民生、促进社会公平正义，迫切需要哲学社会科学更好发挥作用；面对改革进入攻坚期和深水区、各种深层次矛盾和问题不断呈现、各类风险和挑战不断增多的新形势，如何提高改革决策水平、推进国家治理体系和治理能力现代化，迫切需要哲学社会科学更好发挥作用；面对世界范围内各种思想文化交流交融交锋的新形势，如何加快建设社会主义文化强国、增强文化软实力、提高我国在国际上的话语权，迫切需要哲学社会科学更好发挥作用；面对全面从严治党进入重要阶段、党面临的风险和考验集中显现的新形势，如何不断提高党的领导水平和执政水平、增强拒腐防变和抵御风险能力，使党始终成为中国特色社会主义事业的坚强领导核心，迫切需要哲学社会科学更好发挥作用。而哲学社会科学发挥作用，关键是要在坚持马克思主义指导地位、推动马克思主义中国化时代化上下功夫。习近平总书记指出：在对待坚持以马克思主义为指导问题上，绝大部分同志认识是清醒的、态度是坚定的。同时，也有一些同志对马克思主义理解不深、理解不透，在运用马克思主义立场、观点、方法上功力不足、高水平成果不多，在建设以马克思主义为指导的学科体系、学术体系、话语体系上功力不足、高水平成果不多。社会上也存在一些模糊甚至错误的认识。有的认为马克思主义已经过时，中国现在搞的不是马克思主义；有的说马克思主义只是一种意识形态说教，没有学术上的学理性和系统性。实际工作中，在有的领域中马克思主义被边缘化、空泛化、标签化，在一些学科中"失语"、教材中"失踪"、论坛上"失声"。为了根本扭转意识形态领域的错误趋势，必须"深入实施马克思主义理论研究和建设工程，加快构建中国特色哲学社会科学学科体系、学术体系、话语体系，培育壮大哲学社会科学人才队伍"。❶

马克思说："批判的武器当然不能代替武器的批判，物质力量只能用物质力量来摧毁；但是理论一经掌握群众，也会变成物质力量。"马克思主义是科学的理论、人民的理论、实践的理论、开放的理论，是中国共产党人理想信念的灵魂。1938年，毛泽东同志在延安指出："如果我们党有一百个至二百个系统地而不是零碎地、实际地而不是空洞地学会了马克思列宁主义的同志，就会大大地提高我

---

❶ 习近平.高举中国特色社会主义伟大旗帜，为全面建设社会主义现代化国家而团结奋斗——在中国共产党第二十次全国代表大会上的报告 [M].北京：人民出版社，2022:43.

们党的战斗力量。"❶ 党十八大以来，以习近平同志为核心的党中央高度重视意识形态建设，马克思主义的影响力、感召力进一步增强，2018 年 5 月，在马克思诞辰 200 周年大会上，习近平总书记系统深刻阐述了马克思主义的理论品质及现实意义，提出必须将科学社会主义基本原则同中国具体实际、历史文化传统、时代要求紧密结合起来，❷ 不断推进马克思主义中国化、时代化。作为承载马克思主义理论学科教学研究人才培养工作的主要平台，在党和国家的高度重视下，全国马克思主义学院快速发展，37 所高校的马克思主义学院被确定为全国重点马克思主义学院，高校马克思主义学院从 2012 年的 100 余家发展到 2021 年的 1440 余家。2012 年至 2021 年，全国马克思主义理论一级博士学位授权点由 37 个增至 104 个、一级硕士学位授权点由 125 个增至 279 个，学位点数量位居各学科前列。思政课教师队伍建设实现历史性突破，截至 2021 年底，高校思政课专兼职教师超过 12.7 万人，较 2012 年增加 7.4 万人，49 岁以下教师占 77.7%，具有高级职称的占 35%。2019 年起设立"马克思主义理论"本科专业，将马克思主义理论学科列入"国家关键领域紧缺高层次人才培养专项招生计划"。已推出课程思政示范课程 699 门、课程思政教学名师和团队 699 个、课程思政教学研究示范中心 30 个。截至 2022 年 5 月，我国哲学社科类慕课数量超过 1.86 万门，提升了学生文化素质和人文素养。2018 年起首次设立马克思主义理论本科专业，累计招收本科生 800 余人。实施"高校思政课教师队伍后备人才培养专项计划"，由以全国重点马克思主义学院为主的 50 个具有马克思主义理论一级学科博士学位授权点的高校进行招生培养。2018 年相关高校在 2017 年招生人数基础上共计划增招 1490 名马克思主义理论学科研究生，其中博士研究生 500 人，硕士研究生 990 人。本专项计划招生额度专门用于相关高校马克思主义理论学科博士、硕士研究生招生，不得挪作他用，截至 2020 年，累计增加博硕士招生指标 6070 个。马克思主义理论学科博士点数量在各学科中名列前茅，全国高校马克思主义理论本硕博在校生总规模超过 6.2 万人，成为思政课教师队伍建设的源头活水。据统计，"十三五"期间中央财政对高校思政课建设的直接投入达 4.7 亿元。其中，2016 年至 2019 年，中宣部、教育部建设 37 所全国重点马克思主义学院，支持经费 1.1 亿元；教育部累计向高校思政课建设投入专项经费近 1.5 亿元。国家社科基金思政课研究专项已累计设立 302 项，支持经费 6000 余万元。2020 年起，高校哲学

❶ 毛泽东.毛泽东选集第 2 卷 [M].北京：人民出版社，1991:533.
❷ 习近平.习近平谈治国理政 [M].北京：外文出版社，2020:76.

社会科学繁荣计划新设立 1 亿元的"高校思政课研究专项",重点开展思政课教学重点难点问题、教学方法改革创新等研究和建设,正在组织申报的"手拉手"集体备课中心、虚拟仿真体验教学中心、教学创新中心等项目,引起广泛关注。

除此之外,中央出台很多政策文件引导规范马克思主义理论学科发展。继2012 年 6 月国务院学位委员会发布《关于进一步加强高校马克思主义理论学科建设的意见》,系统阐述马克思主义理论学科重要意义、建设原则、目标思路、主要任务、有力保障等内容后,2013 年 10 月 20 日,马克思主义理论研究和建设工程工作座谈会在北京召开,中共中央政治局常委、中央书记处书记刘云山出席会议并讲话,强调思想理论建设是党的根本性建设,中国特色社会主义事业永不停息地向前发展,马克思主义中国化的进程也会持续不断地向前推进,要把马克思主义理论研究和建设工程作为一项长期的战略任务,为实现中华民族伟大复兴的中国梦提供理论支持。2014 年 11 月 24 日,首届"全国高校马克思主义学院院长高端论坛"在清华大学举行,教育部副部长李卫红、团中央书记处书记傅振邦、清华大学党委书记陈旭、教育部社科司司长张东刚、教育部高校学生司司长王建国等参加会议。2015 年 1 月,中共中央办公厅、国务院办公厅印发了《关于进一步加强和改进新形势下高校宣传思想工作的意见》,指出"要提升马克思主义理论学科的引领作用,实施马克思主义理论学科领航计划,重点建好一批马克思主义理论研究和建设创新基地,培养一批马克思主义理论学科带头人,造就一批马克思主义理论教育家,重点建设一批有示范影响的马克思主义学院"❶。同年 7 月 27 日,中宣部、教育部印发《普通高校思想政治理论课建设体系创新计划》,强调要切实把马克思主义理论学科建成优势学科,主要措施包括:制定马克思主义理论学科发展规划,以马克思主义理论学科优先发展、优势发展、优质发展带动高校哲学社会科学繁荣发展,更充分发挥高校哲学社会科学育人功能;推进马克思主义理论学科基础理论和重大问题年度主题研究,制订学科人才培养指导方案,编写《高校马克思主义理论学科年度报告》;规范马克思主义理论学科本科生、硕士生、博士生培养工作,探索建立本硕博相衔接的人才培养体系;通过"长江学者奖励计划"等人才计划,大力培养马克思主义理论学科领军人才;推动建设马克思主义理论学科国家级协同创新中心,搭建高端马克思主义理论教育和研究平台;加强马克思主义理论研究类刊物建设,拓展马克思主义理论研究

---

❶ 中华人民共和国中央人民政府. 关于进一步加强和改进新形势下高校宣传思想工作的意见 [EB/OL]. [2017-02-27] http://www.gov.cn/xinwen/2017-02/27/content_5182502.htm.

成果交流宣传阵地，办好《马克思主义研究》《思想理论教育导刊》《马克思主义与现实》等一批重点刊物，并作为高校思想政治理论课教师评聘职务职称的核心期刊；高校文科学报应开设思想政治理论课研究栏目。9 月 16 日教育部印发《高等学校思想政治理论课建设标准》，要求每一位导师至少承担思想政治理论课一门课的教学任务。2017 年 1 月，经国务院批准，教育部、财政部、国家发展和改革委员会印发了《统筹推进世界一流大学和一流学科建设实施办法（暂行）》，正式公布了世界一流大学高校和一流学科建设学科名单，首批双一流建设高校共计 137 所，其中世界一流大学建设高校 42 所，世界一流学科建设高校 95 所，北京大学等六所高校马克思主义理论学科被确立为双一流重点学科。国务院印发的《马克思主义理论一级学科学委授权点申请基本条件》对申报条件做出了明确规定，提高了马克思主义理论学科建设的门槛和标准。2018 年 1 月 17 日，教育部印发《关于全面落实研究生导师立德树人职责的意见》，要求作为研究生培养第一责任人的导师，坚持社会主义办学方向，坚持教书和育人相统一，坚持言传和身教相统一，坚持潜心问道和关注社会相统一，坚持学术自由和学术规范相统一，以德立身、以德立学、以德施教。遵循研究生教育规律，创新研究生指导方式，潜心研究生培养，全过程育人、全方位育人，做研究生成长成才的指导者和引路人。11 月 8 日，教育部印发《新时代高校教师职业行为十项准则》，目的是引导广大教师成为有理想信念、有道德情操、有扎实学识、有仁爱之心的好老师，对于违反准则要求，有虐待、猥亵、性骚扰等严重侵害学生行为的，一经查实，要撤销其所获荣誉、称号，追回相关奖金，依法依规撤销教师资格、解除教师职务、清除出教师队伍，同时还要录入全国教师管理信息系统，任何学校不得再聘任其从事教学、科研及管理等工作。涉嫌违法犯罪的要及时移送司法机关依法处理。2019 年 3 月 18 日，习近平总书记在全国学校思政课教师工作座谈会发表重要讲话，提出"六要八统一"的建设理念，4 月 17 日教育部颁布《普通高等学校思想政治理论课教师队伍培养规划（2019—2023 年）》，目的是"深入贯彻落实全国教育大会、全国高校思想政治工作会议、学校思想政治理论课教师座谈会精神，实施好'新时代高校思想政治理论课创优行动'，建设一支专职为主、专兼结合、数量充足、素质优良的高校思想政治理论课（以下简称思政课）教师队伍，全面推动习近平新时代中国特色社会主义思想进教材进课堂进学生头脑"。要求拥有马克思主义理论一级学科博士学位授权点高校，必须依托该授权点，实施马克思主义理论学科博士、硕士层次人才培养专项支持计划,扩大马克思主义理论学科研究生培养规模,推动马克思主义理论本、硕、博一体化人才培养。依托"全国高校思政课教师网络集体备课平台",组织专项支持计划实施高校马克思主义理论学科博士研究生参加马克思主义经典著作导读、习近平新时代中国特色社会主义思想研究两门必修课集中统一学习。6月29日,"新时代马克思主义理论学科研究生培养高峰论坛"在清华大学召开,教育部党组成员、副部长翁铁慧出席并发表讲话。2020年1月16日,教育部颁布《新时代高等学校思想政治理论课教师队伍建设规定》,要求高等学校应根据全日制在校生总数,按照本科院校每生每年不低于40元、专科院校每生每年不低于30元的标准安排专项经费,用于保障思政课教师的学术交流、实践研修等,并根据实际情况逐步加大支持力度。9月24日,教育部颁布《关于加强博士生导师岗位管理的若干意见》,指出博士生导师的首要任务是人才培养,承担着对博士生进行思想政治教育、学术规范训练、创新能力培养等职责,要严格遵守研究生导师指导行为准则。要从政治素质、师德师风、学术水平、育人能力、指导经验和培养条件等方面制定全面的博士生导师选聘标准,避免简单化地唯论文、唯科研经费确定选聘条件;要制定完善的博士生导师选聘办法,坚持公正公开,切实履行选聘程序,建立招生资格定期审核和动态调整制度,确保博士生导师选聘质量;选聘副高级及以下职称教师为博士生导师的,应从严控制。博士生导师在独立指导博士生之前,一般应有指导硕士生或协助指导博士生的经历。11月4日,教育部印发《研究生导师指导行为准则》,要求对违反准则的导师,培养单位应依规采取约谈、限招、停招直至取消导师资格等处理措施;对情节严重、影响恶劣的,一经查实,要坚决清除出教师队伍;涉嫌违法犯罪的移送司法机关处理。党的二十大报告结合第二个百年奋斗目标和教育的重要使命,明确指出:"教育、科技、人才是全面建设社会主义现代化国家的基础性、战略性支撑。必须坚持科技是第一生产力、人才是第一资源、创新是第一动力,深入实施科教兴国战略、人才强国战略、创新驱动发展战略,开辟发展新领域新赛道,不断塑造发展新动能新优势……完善科技创新体系,加快实施创新驱动发展战略,深入实施人才强国战略……" ❶ 教育向来是国之大计,随着中国特色社会主义发展进入新时期,高等教育也应顺应发展趋势,党和国家对于教育的支持为构建学术共同体提供了理想的战略支撑。研究生教育是我国高等教

---

❶ 习近平《高举中国特色社会主义伟大旗帜为全面建设社会主义现代化国家而团结奋斗——在中国共产党第二十次全国代表大会上的报告》[M]. 北京:人民出版社,2022.

育的最高层级，研究生群体是各领域的高层次人才。习近平同志对研究生教育作出重要工作指示时强调："中国特色社会主义进入新时代，即将在决胜全面建成小康社会、决战脱贫攻坚的基础上迈向建设社会主义现代化国家新征程，党和国家事业发展迫切需要培养造就大批德才兼备的高层次人才。"❶这为发展研究生教育、促进研究生教育高质量发展赋予了新的时代内涵，也为师生学术共同体的构建提供了有利的外部环境。

马克思主义中国化研究虽然不是一级学科，但在整个马克思主义理论学科中居于核心地位，目前基本上是依照领航学科标准来建设和提升的，因此该学科参与者必须在国家重大需求、理论重大创新、重要人才培养等方面承担中国哲学社会科学发展方向和大学生思想政治教育的引导作用。党和国家对马克思主义理论学科的重视也辐射到马克思主义中国化研究学科学科，对这个学科师生学术共同体的构建提供了良好的学术氛围和外部条件。

2. 现代科学技术支撑

习近平总书记指出，核心科技是国之重器，国家赖之以强、企业赖之以赢、人民生活赖之以好。互联网、人工智能等现代科学技术的飞速发展以及在高等教育领域的大量应用，不断重塑着高校教学、科研等领域的生态环境。

互联网技术为马克思主义中国化研究学科带来新的契机。据中国互联网发展报告显示，2021 年我国互联网行业呈现以下几点发展特征，一是以网络强国战略思想为指引，基础设施迈上新台阶。二是以科技自立自强为引领，技术领域取得新进展。三是以人民为中心的思想为指导，融合应用赋能新发展。四是以维护国家网络空间安全为抓手，网络安全迎来新机遇。五是以创造互信共治的数字世界为动力，网络治理取得新成效。六是以构建网络空间命运共同体为共识，国际合作开创新局面❷。网络信息技术的不断发展，并与人们的生活相融合，为当前研究生教育带来了新的变化和可能。第一，网络技术的发展丰富了马克思主义理论中国化研究学科的内容。马克思主义中国化研究学科的特殊性决定了研究主体必须适应时代变化和国家社会发展需求，关注世界局势与党和国家的最新政策，聚焦社会动态与社会热点。互联网技术的发展，极大改变了人类生产、生活及交往方式，对党和国家治理水平、治理能力现代化提出了新的要求，需要学科研究者

❶ 中华人民共和国中央人民政府. 习近平对研究生教育工作作出重要指示 [EB/OL].[2020-07-29] http://www.gov.cn/xinwen/2020-07-29/content_5531011.htm.

❷ 腾讯网. 中国互联网发展报告（2022）[EB/OL].[2022-12-08]https://new.qq.com/rain/a/20221208A0508I00.

高度关注互联网背景下马克思主义在意识形态领域面临的新挑战新问题，透过现象，精准把握，深刻理解"互联网+"对国民思想道德、精神意识等方面的深刻冲击，马克思主义中国化研究学术研究范围大大拓展。第二，网络技术为马克思主义中国化研究学科发展开拓了新的平台。互联网的最大特点是信息储备丰富、传播速度快、交流互动便捷、捕捉时事热点和前沿动态能力强，为师生理论研究提供丰富的素材。另外，网络信息的传递方式更加生动多元，吸引力更强，比起单纯的纸质阅读和传递，视频、图片等形式更具说服力。高等教育在发挥课堂教学作为主要传递渠道的同时，也运用微信公众号、微博、视频网站、特定的软件等协助学科研究拓宽平台。2022年3月17日，教育部召开新闻发布会介绍学校思政课建设的主要进展和成效，要求高校思想政治教育必须主动适应信息技术迭代升级，不断加大网络平台建设力度，加强优质教学资源供给。值得一提的是，很多授课、交流软件的开发使用，有效缓解了学生数量大、讨论互动不便的困难，也为学术考核提供了数据支撑。慕课和网络短视频等教学形式的推出，激发了学生的学习兴趣。另外互联网也使学习资料的获取更具系统性，比如《习近平新时代中国特色社会主义思想三十讲》课件，点击下载量累计接近3000万次；2021年，中国知网的个人读者超过2亿人，日均访问量达1600万余人次，全文下载量达到23.3亿余篇，这都彰显了网络资源对广大学生、教师的吸引力。还有就是文献阅读网站发展模式日益多元，将不同学校的图书馆资源串联起来，丰富了学生获取电子资源的渠道，提高了研究效率，展现出网络信息技术对教育教学以及理论研究的推动作用。第三，网络技术拓展了学术研究的时空延伸。现代互联网信息技术延伸了马克思主义中国化研究学科时间和空间维度。近年来，视频公开课、院校联合宣讲、知名大家网络讲座、网上学术研讨会等多种形式的推出，一方面拓宽了理论学习、沟通与研究的场所，使不同学校、不同地区的导师与学生打破了空间限制，处于同一平台进行学术交流，也使学生实现自我教育和终身学习；另一方面，这些教学新形式的出现，也推动了理论研究新的形态，在这样的平台中，不再单纯是理论与知识的单方面传递，还给学生提供了疑惑与交流的机会，网络的灵活性与便捷也打破了师生之间交流沟通的时间限制。第四，网络技术的发展也增强了导师与研究生之间的交流。在"互联网+"的不断发展下，传统的"你听我讲"模式发生了转变，中心逐渐转移到学生身上。而由于年轻人更擅长接受新鲜事物，在网络平台，研究生获取信息的速度可能会超越导师，从而让学生有机会向老师分享自己最新的学习与体会。同时，也让老师更方便了解学生的实际情况。社交软件的开发与大规模应用，导师可以更加及时地跟进学生的思想动态，及时采取相对应的教育方式解决学生在学习与生活中遇到的问题，这种虚拟的线上沟通方式，一定程度上也会缓解学生面对导师的压力，从而增强师生交流中的互动性，为良好的师生关系的形成提供平台支撑。

网络技术的支撑拓宽了教育教学的渠道，不同地区学院与学校在地域上的分散问题得到了缓解，越来越多的导师与学生可以共同进行学术研讨；同时，社交平台的广泛应用也拉近了导师与研究生之间的距离，提升了师生交流沟通的频率。人工智能技术的纵深发展也对良好师生关系的形成具有积极促进作用，有助于提高导师的学术能力和加快研究生的学习进度，推动师生学术共同体的构建。

3. 学术管理日趋规范

中国特色社会主义进入新时代，世界百年未有之大变局加速演进，中华民族伟大复兴进入不可逆转的历史时期，人才的地位和作用愈加凸显。研究生教育作为国民教育体系的顶端，是培养高层次人才和释放人才红利的主要途径，是国家人才竞争和科技竞争的重要支柱，是实施创新驱动发展战略和建设创新型国家的核心要素，是科技第一生产力、人才第一资源、创新第一动力的重要结合点，受到了党和国家的高度重视，很多规范性意见办法相继出台，研究生学术管理日趋完善。2013 年 4 月，教育部、国家发展改革委、财政部印发《关于深化研究生教育改革的意见》，强调把研究生教育的立足点转到提高质量和内涵式发展上来，从注重知识学习转变为知识学习和能力培养并重上来，以研究生在学期间的学业表现、科研产出等指标评价教育质量；对于导师，则要综合考虑学科特点、师德表现、学术水平、科研任务和培养质量，完善研究生与导师互选机制。2017 年 1 月，教育部印发《学位与研究生教育十三五规划》，明确提出要鼓励跨学科、跨机构的研究生协同培养，紧密结合国家重大科学工程或研究计划设立联合培养项目。继续支持培养单位与国际高水平大学和研究机构联合培养研究生。鼓励学校设立科研基金，资助研究生独立选定前沿课题开展科学研究。支持研究生参加形式多样的高水平学术交流。2014 年 3 月，国务院学位委员会、教育部印发《博士硕士学位论文抽检办法》，规定每年将对上一学年度全国授予博士、硕士学位的论文进行抽检。博士论文由国务院学位委员会办公室统一组织，比例为 10% 左右，从国家图书馆直接调取；硕士学位论文抽检由各省级学位委员会负责组织，抽检比例为 5% 左右。抽检结果将作为学位授权点合格评估重要指标，对"存在问题学位论文"比例较高或篇数较多的学位授予单位，责令限期整改。2017 年 3 月，国务院学位委员会印发《博士硕士学位授权审核办法》和《关于开展 2017 年博士硕士学位授权审核工作的通知》，9 月教育部印发《高校马克思主义学院建设标准》，强调要进一步建强建好高校马克思主义学院，不断提升马克思主义学院建设的科学化、规范化、现代化水平，打造马克思主义理论教学、研究、宣传和人才培养的坚强阵地，使之成为办好高校思想政治理论课的坚强战斗堡垒。2020 年 9 月，教育部、国家发展改革委、财政部联合印发《关于加快新时代研究生教育改革发展的意见》，提出要加强学术学位研究生知识创新能力培养，聚焦数理化、文史哲等基础学科，以强化原始创新能力为导向，实施高层次人才培养专项；要抓住研究生培养关键环节，健全学术不端行为预防和处置机制，加大对学术不端行为的查处力度。到 2025 年，基本建成规模结构更加优化、体制机制更加完善、培养质量显著提升、服务需求贡献卓著、国际影响力不断扩大的高水平研究生教育体系；到 2035 年，初步建成具有中国特色的研究生教育强国。同时，教育部发布了《关于加强博士生导师岗位管理的若干意见》，从严格岗位政治要求、明确导师岗位权责、健全岗位选聘制度、加强导师岗位培训、健全考核评价体系、建立激励示范机制、健全导师变更制度、完善岗位退出程序、规范岗位设置管理和完善监督管理机制等几个方面对博士生导师岗位管理提出了具体要求。11 月，教育部印发《研究生导师指导行为准则》，从坚持正确思想引领、科学公正参与招生、精心尽力投入指导、正确履行指导职责、严格遵守学术规范、把关学位论文质量、严格经费使用管理、构建和谐师生关系八个方面对研究生导师的指导行为做出了具体要求。《准则》强调导师是研究生培养的第一负责人，肩负着为国家培养高层次创新人才的重要使命，对研究生导师的指导能力和水平提出了新的要求，明确了导师的岗位职责，规范了导师的指导行为与岗位管理，同时，也维护了导师的应有权利，改善了教学育人的环境，激发了导师的积极性，对于建设一支高水平的研究生导师队伍具有积极影响。除此之外，相关部门还颁布了《关于加强学位与研究生教育质量保证监督体系建设的意见》（2014）、《关于开展 2020 年博士硕士学位授权审核工作的通知》、《学位授予单位研究生教育质量保证体系建设基本规范》、《进一步严格规范学位与研究生教育质量管理的若干意见》（2020 年）、《统筹推进世界一流大学和一流学科建设总体方案》（2022）等文件，对于优化研究生教育生态意义重大。

2020 年 7 月，习近平总书记致信全国研究生教育会议，指出研究生教育在培养创新人才、提高创新能力、服务经济社会发展、推进国家治理体系和治理能力现代化方面具有重要作用。各级党委和政府要高度重视研究生教育，推动研究生教育适应党和国家事业发展需要，坚持"四为"方针，瞄准科技前沿和关键领域，深入推进学科专业调整，提升导师队伍水平，完善人才培养体系，加快培养国家急需的高层次人才，为坚持和发展中国特色社会主义、实现中华民族伟大复兴的中国梦作出贡献。为新时代研究生教育指明了前进方向和评价标准。

2021 年 9 月，中共中央办公厅印发《关于加强新时代马克思主义学院建设的意见》，科学分析了马克思主义学院的重要地位和发展方向，指出马克思主义学院是学习研究宣传马克思主义的主阵地，要扎实推动马克思主义内涵式发展，强化马克思主义学院政策支撑机制、切实加强党对马克思主义学院建设的领导。《意见》强调把马克思主义中国化最新成果的教学和研究作为重中之重，完善了马克思主义中国化研究的学术氛围和研究环境。

四、 构建学术共同体面临的挑战

中华人民共和国成立 70 多年来，中国共产党领导人民创造了世所罕见的经济快速发展奇迹和社会长期稳定奇迹，中华民族迎来了从站起来、富起来到强起来的伟大飞跃，我国经济建设、政治建设、文化建设、社会建设、生态文明建设、国防军队建设、党的建设等各个方面成效显著，处处呈现出生机勃勃的繁荣景象。然而与此同时，一夜成名、急功近利的扭曲心态，拜金主义、享乐主义、极端个人主义和历史虚无主义等错误思潮，网络舆论乱象丛生，助长了浮躁风气，严重影响人们思想和社会舆论环境。"板凳需坐十年冷，文章不写一句空"的学术环境遭到破坏。

1.学术评价的数量化倾向

2020 年 9 月 11 日，习近平总书记在科学家座谈会上讲话时指出：科学家的优势不仅靠智力，更主要的是专注和勤奋，经过长期探索而在某个领域形成优势。要鼓励科技工作者专注于自己的科研事业，勤奋钻研，不慕虚荣，不计名利。就是说，科学研究，尤其基础理论研究必须依靠科技工作者的长期探索、专注和勤奋，功利、浮躁将一事无成。但是，改革开放以来，我国学术评价领域量化倾向日益明显，各种考评、检查轮番上阵，末位淘汰、非升即走的政策设计，导致很多科技工作者忙于发论文、评职称、争头衔，成果都是短频快，学术研究也是浅尝辄止，学术发展遭遇重大挫折，基础研究同国际水平存在明显差距。表5-3是2008年第二轮学科评估指标体系，"五唯"即唯论文、唯帽子、唯职称、唯学历、唯奖项的倾向非常明显。

表5-3 2008年学科评估指标体系

一级指标	二级指标	末级指标		备注
A学术队伍		A11	专职教师及研究人员总数	
		A12	具有博士学位人员占专职教师及研究人员比例	
		A13	中国科学院、工程院院士数	
		A14	长江学者、国家杰出青年基金获得者数	
		A15	百千万人才工程一二层次入选者、教育部跨世纪人才、新世纪人才数	
B科学研究	B1科研基础	B11	国家重点学科、国家重点实验室、国防科技重点实验室、国家工程技术研究中心、国家工程研究中心、教育部人文社科基地数	
		B12	省部级重点学科、省部级重点实验室、省级人文社科基地数	
	B2获奖专利	B21	获国家三大奖、教育部高校人文社科优秀成果奖数	
		B22	获省级三大奖及"最高奖"、省级哲学（人文）社科优秀成果奖数	
		B23	获中华医学科技奖、中华中医药科技奖数	仅对"医学类"
		B24	获发明专利数	仅对"工学、农学、医学类"
	B3论文专著	B31	CSCD或CSSCI收录论文数	
		B32	人均CSCD或CSSCI收录论文数	
		B33	SCI、SSCI、AHCI、EI及MEDLINE收录论文数	
		B34	人均SCI、SSCI、AHCI、EI及MEDLINE收录论文数	
		B35	出版学术专著数	

续表

一级指标	二级指标	末级指标		备注
B科学研究	B4科研项目	B41	境内国家级科研项目经费	
		B42	境外际合作科研项目经费	
		B43	境内国家级及境外合作科研项目数	
		B44	人均科研经费	
C人才培养	C1奖励情况	C11	获国家优秀教学成果奖数	
		C12	获全国优秀博士学位论文数	
	C2学生情况	C21	授予博士学位数	
		C22	授予硕士学位数	
		C23	目前在校攻读博士、硕士学位的留学生数	
D学术声誉	D		学术声誉	

注：1. 关于末级指标中具体项目折算系数的说明：如 B11 栏中国家重点实验室、国家工程研究中心等之间的级别差异，B33 栏中 SCI、SSCI、AHCI、EI、MEDLINE 收录等之间的档次差异，将按系数进行折算；

2. 折算系数及各指标项的实际权重在学术声誉调查时由专家确定；

3. 指标体系分为人文社科、理学、工学、农学、医学、管理学六类，指标项的区别见备注栏。

经过多年的发展，到 2017 年第四轮学科评估时，各项指标体系的权重和影响发生了很大变化，主要表现在：一是坚持把人才培养放在首位，引导高校将提高人才培养质量作为学科建设的核心任务；二是改革师资队伍评价方法，引导高校关注队伍结构质量和青年教师发展，抑制人才无序流动；三是改革学术论文评价方法，引导高校提升论文质量、重视中国期刊；四是强化社会服务贡献评价，引导学科建设服务国家重大需求和地区经济社会发展；第五，强化分类评估，引导高校关注学科特色和内涵建设。而且对于评估结果，只公布档次，不公布具体得分。2018 年 11 月，教育部办公厅发布《关于开展清理"唯论文、唯帽子、唯职称、唯学历、唯奖项"专项行动的通知》，明确指出：深入学习习近平总书记在全国教育大会和 2018 年两院院士大会上的重要讲话，深化高校体制改革，健全立德树人落实机制，扭转不科学的教育评价导向，推行代表作评价制度，注重标志性成果的质量、贡献、影响。要求各高校和学术单位认真检查清理项目、基地评审，自主科研经费分配，论文奖励，国家、省部级配套奖励支持，硕导、博导评选，院系科研绩效考核，研究生培养指标分配，研究生毕业条件，在校生评奖评优等，教职工年度考核、职务职称晋升、评奖评优，人才计划评选、人才引进等方面重数量轻质量，重历史轻现实的不正确导向。2020 年开始的第五轮学科评估进一步针对"唯论文""唯帽子"等问题。如学术论文质量，限定填报五项标志性学术成果，并据此分配，最多填报 40 篇论文；如代表性教师填报需分学科方向填写，限填 15 人，45 岁以下教师必须占比达 1/3，并对其年均课时数有所要求。指标增删上，主要集中在人才培养质量维度，且权重上升。基本指标如表 5-4 所示。

表5-4　第五轮学科评估指标体系框架

一级指标	二级指标	三级指标
A.人才培养质量	A1.思政教育	S1.思想政治教育特色与成效
	A2.培养过程	S2.出版教材质量
		S3.课程建设与教学质量
		S4.科研育人成效
		S5.学生国际交流情况
	A3.在校生	S6.在校生代表性成果
		S7.学位论文质量
	A4.毕业生	S8.学生就业与职业发展质量
		S9.用人单位评价（部分学科）
B.师资队伍与资源	B1.师资队伍	S10.师德师风建设成效
		S11.师资队伍建设质量
	B2.平台资源	S12.支撑平台和重大仪器情况（部分学科）
C.科学研究（与艺术/设计实践）水平	C1.科研成果（与转化）	S13.学术论文质量
		S14.学术著作质量（部分学科）
		S15.专利转化情况（部分学科）
		S16.新品种研发与转化情况（部分学科）
		S17.新药研发情况（部分学科）
	C2.科研项目与获奖	S18.科研项目情况
		S19.科研获奖情况
	C3.艺术实践成果	S20.艺术实践成果（部分学科）
	C4.艺术/设计实践项目与获奖	S21.艺术/设计实践项目（部分学科）
		S22.艺术/设计实践获奖（部分学科）

一级指标	二级指标	三级指标
D.社会服务与科学声誉	D1.社会服务	S23.社会服务贡献
	D2.学科声誉	S24.国内声誉调查情况
		S25.国内声誉调查情况（部分学科）

注:按一级学科分别设置 99 套指标体系,各学科按学科特色分别设置 17 ~ 21 个三级指标。

2. 科研诚信缺失状况较为严重

核心科技是国之重器,国家赖之以强,企业赖之以赢,人民生活赖之以好。科技创新需要良好的氛围和环境。其中,科研诚信和知识产权保护是科技创新的基石。近些年来,由于评价指标体系的数量化导向,研究者静心科研的基础受到了一定侵蚀,加上网络技术提供的便利条件加上侥幸心理作祟,研究生科研失信问题越来越多,找人代写论文、抄袭剽窃等案例屡见不鲜,严重败坏了学术风气。其主要原因一是失信成本较低。失信成本是失信者因为失信而付出的代价,包括道德代价、经济代价和法律代价,低成本高收益往往会助长失信者的冒险行为。为了遏制这种现象蔓延,2012 年教育部颁布《学位论文作假行为处理办法》,要求学位申请人员应在指导教师指导下独立完成学位论文,应当恪守学术道德和学术规范,指导教师应当对学位申请人员进行学术道德、学术规范教育,对其学位论文研究和撰写过程予以指导,对学位论文是否由其独立完成进行审查。学位申请人员的学位论文出现购买、由他人代写、剽窃或者伪造数据等作假情形的,学位授予单位可以取消其学位申请资格;已经获得学位的,学位授予单位可以依法撤销其学位,并注销学位证书。指导教师未履行学术道德和学术规范教育、论文指导和审查把关等职责,其指导的学位论文存在作假情形的,学位授予单位可以给予警告、记过处分;情节严重的,可以降低岗位等级直至给予开除处分或者解除聘任合同。2014 年 2 月 12 日,国务院学位委员会、教育部发布《关于加强学位与研究生教育质量保证和监督体系建设的意见》,指出要把学术道德教育和学术规范训练贯穿到研究生培养全过程,建立学风监管与惩戒机制,严惩学术不端行为。2016 年 4 月 5 日教育部颁布《高等学校预防与处理学术不端行为办法》,明确高等学校是学术不端行为预防与处理的主体,应当建设集教育、预防、监督、惩治于一体的学术诚信体系,建立由主要负责人领导的学风建设工作机制,明确职责分工对剽窃、抄袭、侵占他人学术成果等七项学术不端行为坚持"零容忍"。2019 年 3 月 4 日,教育部办公厅印发《关于进一步规范和加强研究生培养管理的通知》，要求培养单位突出学术诚信审核把关，加大对学术不端、学位论文作假行为的查处力度，举一反三，防范在前，层层压实责任，强化日常监督。对学术不端行为坚决露头即查、一查到底、有责必究、绝不姑息，实现"零容忍"，依法依规从快从严查处。对当事人视情节给予纪律处分和学术惩戒。2020 年 9 月 22 日，教育部、国家发改委、财政部联合印发《关于加快新时代研究生教育改革发展的意见》，提出要加强导师团队建设，明确导师权责，规范导师指导行为，将指导精力投入将被纳入导师评价考核体系；强调抓住研究生培养关键环节，健全学术不端行为预防和处置机制，加大对学术不端行为的查处力度。9 月 28 日，国务院学位委员会、教育部发布《关于进一步严格规范学位与研究生教育质量管理的若干意见》，重申对学术不端行为坚持"零容忍"，一经发现坚决依法依规、从快从严进行彻查。对有学术不端行为的当事人以及相关责任人，根据情节轻重，依法依规给予党纪政纪校纪处分和学术惩戒；违反法律法规的，应及时移送有关部门查处。对学术不端查处不力的单位予以问责。要求导师必须严格把关学位论文研究工作、写作发表、学术水平和学术规范性。2018 年 5 月中共中央办公厅、国务院办公厅印发《关于进一步加强科研诚信建设的若干意见》，提出要以推进科研诚信建设制度化为重点，以健全完善科研诚信工作机制为保障，坚持预防与惩治并举，坚持自律与监督并重，坚持无禁区、全覆盖、零容忍，严肃查处违背科研诚信要求的行为，加强科研诚信制度化建设等。2022 年 7 月，中共中央办公厅、国务院办公厅印发《推动社会信用体系建设高质量发展促进形成新发展格局的意见》，提出要依法查处抄袭、剽窃、伪造、篡改等违背科研诚信要求的行为，打击论文买卖"黑色产业链"。2019 年 9 月 25 日科技部等二十部门联合印发《科研诚信案件调查处理规则 (试行)》，2022 年 8 月 25 日修订后以《科研失信行为调查处理规则》发布实施，规则系统概括了抄袭剽窃、侵占他人研究成果或项目申请书等 8 种科研失信表现及惩处标准，使得打击科研失信有法可依。

3. 大众对马克思主义理论教育的误解与偏见

思想政治工作的主要对象是人，侧重于人的精神和意识，特点是潜移默化、润物无声，实际效果一般很难做到立竿见影，所以很多人对思想政治理论课存在偏见和误解，有人将其看作"洗脑课""灌输课"；有人过度夸大思政课的意识形态属性，否定其学术理论性；有人认为没有什么意义等。这就导致一部分人对建立马克思主义理论学科的必要性、学术性产生怀疑，他们认为马克思主义理论学科不具有科学性，没有学术含金量，纯粹服务于政治需要。这些都成为否定马克思主义的思想基础。近年来，世界经济全球化迅猛发展、科技手段和大众传媒的不断创新，大大加快了世界不同国家、不同民族与地区的文化交流与碰撞，作为文化和意识形态主阵地的高等院校也在主动融入或被动卷入这个没有硝烟的战场。不同价值取向、思想观念的激烈碰撞、文化多元化趋势日益明显，马克思主义面临前所未有的巨大挑战。

首先，多元文化的互动交往对意识形态工作的内容、形式和效果影响很大。习近平总书记在 2014 年 10 月的文艺工作座谈会上讲话时指出：中华优秀传统文化是中华民族的精神命脉，是涵养社会主义核心价值观的重要源泉，也是我们在世界文化激荡中站稳脚跟的坚实根基。如果"以洋为尊""以洋为美""唯洋是从"，把作品在国外获奖作为最高追求，跟在别人后面亦步亦趋、东施效颦，热衷于"去思想化""去价值化""去历史化""去中国化""去主流化"那一套，绝对是没有前途的！他强调，要推动中华优秀传统文化创造性转化、创新性发展，以时代精神激活中华优秀传统文化的生命力。要把坚持马克思主义同弘扬中华优秀传统文化有机结合起来，坚定不移走中国特色社会主义道路。他认为坚持在中国共产党领导下的青年大学生群体是弘扬优秀传统文化的新鲜力量。2022 年习近平总书记在省部级主要领导干部学习贯彻党的十九届六中全会精神专题研讨班上的讲话说："党之所以能够领导人民在一次次求索、一次次挫折、一次次开拓中完成中国其他各种政治力量不可能完成的艰巨任务，根本在于坚持把马克思主义基本原理同中国具体实际相结合、同中华优秀传统文化相结合。"7 月 26 日，他在省部级主要领导干部"学习习近平总书记重要讲话精神，迎接党的二十大"专题研讨班上讲话时又指出：拥有马克思主义科学理论指导是我们党鲜明的政治品格和强大的政治优势。另外，多种观念的相互碰撞，加速了研究生主流价值观的消解。消费主义、拜金主义、极端个人主义、历史虚无主义、新自由主义、民主社会主义等社会思潮迅速蔓延的直接影响，就是学生身上的功利色彩加重，进而消解了主流价值观的影响以及对于所学理论的信心。其次，多元文化的相互激荡，对高等教育效果提出了更高的目标和要求。马克思主义中国化研究学科，就是紧随时代发展和政策方针的变化，寻求马克思主理论在中国的最新动态，同时将这种最新的理论成果内化于心外化于行，以少数带动多数，推动全民理论水平和道德素养的提升。随着多元文化的发展，多种价值观的冲击，研究生群体的学科信心和理论信仰也面临着挑战。这对于师生学术共同体的建设也提出了新的要求，即深化共同体内部的教育成效，使师生能够在不同文化的碰撞中保持健康的心理状态和健全的人格，而这无疑是对师生学术共同体构建提出的巨大挑战。

4. 不成熟的市场经济环境

物质生活的生产方式决定社会生活、政治生活和精神生活的一般过程。上层建筑领域的变革只能在经济基础中寻找答案。改革开放以来，我国逐渐确立完善社会主义市场经济体制，在重视政府宏观调控的基础上，强调发挥市场在资源配置中的决定性作用。市场经济以交换为前提，交换往往带来浓厚的功利主义色彩，这就极大强化了人们追求个人利益的合理性。马克思认为，利益不是仅仅作为一种"普遍的东西"存在于观念之中，而且首先是作为彼此分工的个人之间的相互依存关系存在于现实之中。恩格斯也指出："每一既定社会的经济关系首先表现为利益。"利益包括长远利益、短期利益，局部利益、整体利益，个人利益、集体利益等。学术共同体的构建也摆脱不掉利益纠缠，需要统筹利益关系。在实际学术活动中，部分研究生只愿意参与有经费支持的课题，从事能增加额外收入的学术活动，或者是只热衷于利益相关的人际交往，参加学术活动完全是形式主义等，这些因素都会影响研究生群体对学术的投入力度，导致师生学术研究专注度降低，阻碍学术水平的提高。另外，市场的竞争性使研究生集体主义价值观念淡化。研究生不同于其他学习阶段阶段，其主要特点是围绕导师形成一个学术团队，集体主义、合作精神非常重要。市场经济的竞争性能够促使学生追求自身发展，充分挖掘自身潜力，但也会导致部分学生忽视集体需求，把集体作为个人前进的跳板和工具，恶化团队关系。市场经济给学术共同体构建带来机遇的同时，也带来了很大的挑战，因此当前的研究生教育应该引导学生正确对待物质价值和精神价值之间的关系，发挥自身的主观能动性，最大程度的减小市场经济的负面影响，充分实现自身价值。

5. 网络环境复杂多变

2020年11月，习近平总书记在中央全面依法治国工作会议上讲话时指出："数字经济、互联网金融、人工智能、大数据、云计算等新技术新应用快速发展，催生一系列新业态新模式，但相关法律制度还存在时间差、空白区。"网络给人们带来便利的同时，也带来了一些消极影响，网络不是法外之地，必须加强网络监管。习近平总书记指出，要高度重视网上舆论斗争，加强网上正面宣传，消除生成网上舆论风暴的各种隐患。要加强互联网内容建设，建立网络综合治理体系，营造清朗的网络空间。在人人都是麦克风、人人都有发言权的网络时代，消极、负面的信息肆意传播，比如新型冠状病毒疫情初期，美国等发达资本主义国家利用疫情刻意抹黑中国形象，以所谓的人权借口对中国进行抨击；而疫情后期，社区治理的短板又成为某些群体挑动群众神经的噱头。另外，网络交往代替实际交往，无声代替有声，造成很多人语言障碍和交流困境等。由于网络法规不健全，对网民的约束力较弱，人们的道德行为失范、网络犯罪问题日益突出。在学术研究过程中，网络诈骗、侵犯知识产权、学术不端等现象时有发生，侵蚀着高等教育群体科研的学术氛围与环境。学生会陷入"既然花钱就能买一篇论文、买一个专利，何必还要自己消耗心血"的思维怪圈。网络平台关于书籍的把控不严格，某些所谓知名专家、国外大家的著作，往往只是拥有一个博人眼球的名字，而内在的内容却与主流意识形态背道而驰，这些不良书籍能通过意识渗透的方式影响一个人的学科信念，对自己所学的内容产生怀疑。这对于学生的学习与生活都是极为不利的，也会给师生学术共同体的构建带来困扰。

6. 家庭环境的负面影响

2018 年，习近平总书记在全国教育大会上指出，办好教育事业，家庭、学校、政府、社会都有责任。家庭是人生的第一所学校，家长是孩子的第一任老师，要给孩子讲好"人生第一课"，帮助扣好人生第一粒扣子。家庭环境主要包括：家庭氛围、家长的教育理念和教育方式、家人的价值观念等。家庭环境对人的影响具有渗透性、持久性、权威性等特点。马克思、恩格斯非常重视家庭环境对个人的影响，指出："忽视一切家庭义务、特别是忽视对孩子的义务。主要是由现代社会制度促成的，对于这种环境中，他们的父母往往是环境中的一部分——像野草一样成长起来的孩子，还能希望他们的后代成为道德高尚的人？"❶ 可见，家庭环境对于个人的思想行为的影响十分突出。

良好的家庭环境可以把积极向上的能量不断传递给子女，弥补学校教育缺乏针对性的不足，从而拓展学术共同体对学生影响的范围和深度。良好的家庭环境与学术共同体相互配合，能够共同促进学生进行符合社会发展要求的学术活动。反之，当家庭教育出现不当的教育理念与教育方式时，就会产生负面影响，阻碍学术共同体的构建和长远发展。

当前，由于学生个体的特殊性，家庭环境对于学术共同体构建的影响也大为

❶　马克思，恩格斯 . 恩格斯马克思恩格斯全集（第二卷）[M]. 人民出版社，1957.

不同。虽然我国的高等教育已经取得了很大成就，但庞大的人口基数使研究生群体依然占极少一部分。特别是与马克思主义中国化理论相关的内容，更多的人对理论的了解只是停留于表面，家庭成员对于相关理论的了解、对于时政大事的看法对于学生关于理论的掌握程度具有一定的影响。如果家庭成员对于理论掌握得不够深刻，或是对有关于党和国家的看法存在片面性，可能会引发家庭成员之间的观念不和，进而引发家庭矛盾，影响研究生在家的学习环境和研究氛围。

此外，每一位家长对于孩子的"掌控"程度不同。有些是放养式，不管孩子做什么，家长都不太了解；有些则太严格，为孩子规划好了一切，希望孩子按照家长的规划一步一步走下去。这两种都是较为极端的教育方式，会让学生形成过于独立或者过于依赖家人的情况，相应地，这样的性格放在学术团队中也会带来不好的影响，导师与学生之间、学生与学生之间的亲疏关系会因此发生变化，然而不管是过于特立独行，还是太过依赖他人，这样的学生都难以完美地契合进团队中去，对于师生学术共同体的建设是极为不利的。

因此，在学术共同体的构建过程中，导师应该引导学生运用辩证的方法，鼓励学生构建积极的家庭关系，同时加强与学生的沟通，弥补学校教育的不足，使学生掌握自己的未来，争取达到一个良性发展的过程，使家庭环境的因素在学术共同体构建中发挥积极的正向作用。

第六章　马克思主义中国化研究学科师生学术共同体构建路径

学术共同体是以学术为基础的共同体，包括学术目标、学术主体、组织方式、研究效果等，是学术环境、学术意识、学术实践的有机统一。

一、科学分析学术共同体的构成要素

1. 基本要素

要素是指维持客观事物的存在及其运动所必需的最小单位，基本要素是指构成要素中最基本的同时也是最必不可少的因素。构成师生学术共同体的基本要素包括主体要素和客体要素。主体要素由导师和学生构成，首先导师是构成师生学术共同体的主体之一。导师是"依据现行社会中创新人才和研究人才的标准，在学校里，以传授研究生专业知识、培养研究生科研、创新、实践能力为目的，并且对研究生的思想道德负责，以把学生培养成为满足当前社会需要的优秀人才为目标的人"[1]。受到传统尊师重教思想影响的学生在师生关系的构建中处于被动状态，需要导师的主动接触和适当引导，同时学生在课堂和学习中也习惯于接受老师的知识灌输，自主学习的意识和能力较差，因此，导师在师生学术共同体构建中发挥着必不可少的主体责任。导师需要主动引导学生参与讨论，鼓励学生提出问题，思考学术创新的可行性，在轻松的学术讨论的氛围中培养学生的问题意识，提高学生的学术能力，同时逐渐拉近与学生之间的情感距离，推动学术共同体的和谐发展。大学是知识传递的殿堂也是知识创新的摇篮，在教学和科研两大任务中学生都具备发挥巨大作用的潜力，因此学生是师生学术共同体构建的另一个不可或缺的主体要素。师生学术共同体中学生在导师指导下参与到活动中，不仅可以提高自己对马克思主义理论学科知识的理解，提高自己的学术素养，增强自己的写作能力，丰富马克思主义理论学科人才队伍建设，并且学生在参与学术活动

---

❶　梁锦涵. 导师与研究生科研能力的关系研究 [D]. 青岛：青岛大学，2016: 16.

中提出的疑问和创新型的观点还可以进一步提升教师的教学能力和学术水平，实现"教学相长"。学生在高等教育阶段身心仍然处在不断发展的阶段，学术能力也需要进一步的培养，因此在师生学术共同体的构建中应该努力体现学生的主体地位。在导师的适当引导下激发学生的研究热情，培养学术产出的必备能力，健全学生的身心发展，推动学生更好成长。客体是主体认识和改造的对象，在学术共同体中成员具有相似或一致的研究问题，学术共同体的研究问题构成了共同体存在的客体要素。一方面共同体一致的研究问题是共同体存在的基础，成员在对研究问题的深究溯源过程中与其他成员自发结成学术共同体，有利于成员之间整合资源，进行讨论，推动成员在研究领域更加深入的发展，同时大致相同的研究问题可以充分发挥导师在师生学术共同体中的指导作用，既助力学生和导师的发展，又可以提高导生对学术共同体认同感和归属感，提高共同体的凝聚力和向心力。

2.核心要素

核心要素是影响客观事物存在和发展的最重要的因素。学术原则、问题意识、合作意识是师生学术共同体构建和发挥其重要作用的核心要素。学术原则是师生学术共同体构建的原因、发展的动力，同时也是衡量学术共同体成功与否的量尺。在师生学术共同体中，成员的活动和合作都是出于对学术的追求，只有成员们都树立为推动马克思中国化研究学科发展的学术意识，才能更好地在实践活动中打好理论基础，与成员们展开交流和探讨，完成导师的学术任务，才能以更加坚强乐观的心态面对学术研究中的挫折和挑战，才能增强师生学术共同体的凝聚力，发挥共同体集中成员优势力量的优点，提高导生的学术能力。问题意识是构建马克思中国化研究学科师生学术共同体的核心要素之一。马克思主义在我国革命和建设中的应用证明了其科学性和实践性，为了确保我国的现代化建设在社会主义的方向上，在马克思主义中国化理论的正确指导下顺利推进，马克思主义中国化研究学科必须树立问题意识，充分了解当前社会关切的问题，进行符合客观规律、时代与人民要求的理论创新，为我国的发展提供理论指导和行动指南，同时在设立马克思主义一级学科时强调"加强高校思想政治理论课建设"是设立的原因之一，而与马克思主义中国化研究学科对接的高校思想政治理论课是"毛泽东思想与中国特色社会主义理论体系概论"，为了提升高校思政课的教学质量，马克思中国化研究学科的导师必须树立问题意识，深化对马克思主义中国化的研究，以更加科学严谨、有理有据的方式回答学生的疑问。但当前马克思主义理论研究学科学术产出的提升空间较大，"具体而言，在学理研究上对马克思主义思想理论贡献不足，政策解读多，深度创新不足；在解决实际问题上提供决策咨询的理论不深，口号多了，提供方案不够；在推进党的理论宣传上，照本宣科'宣'的任务完成得好，而讲理透彻'传'的效果不足。"❶因此问题意识深刻影响师生学术共同体的构建和导师与学生的成长发展，导师应该以身作则，引导学生树立问题意识，在学术研究方面推动学术共同体的理论研究更加深刻、政策建议更加科学可行，在思想政治教育课方面更加科学解答学生在学习、生活和工作中产生的疑问，维护意识形态安全。合作意识是师生学术共同体构建的另一核心要素，"学术共同体是具有相同或相近的价值取向、精神追求、文化背景和专业技能的学术工作者相互探究、交流和协作的一个学术活动平台。"❷学术共同体成员间的相互交流和协作是发挥共同体优势的重要渠道，只有共同体成员都具备合作意识才能有效推动共同体成员间的协作。在师生学术共同体的相互交流和协作中可以集合成员的有效观点，在学术产出中构建更加合理和深刻的论述体系，同时也可以及时发现文章中的问题，修改错误。导师与学生之间的相互交流和合作也可以拉近师生间的距离，维护学术共同体中交流合作的轻松氛围。

3. 影响要素

规章制度和基础设施建设是学术共同体构建的影响要素。师生学术共同体是在统一的道德规范基础上建立起来的，在以师门为主要形式的师生学术共同体中，导师会和学生在交流的基础上形成全体成员共同认可的学术规范和行为规范，但是学术共同体的健康发展，不仅需要共同体内部的规范来约束，更加需要由高校、学院和导生共同参与构建的制度体系来保障。合理的导生双选制度、学术共同体评价机制、导师的引入退出机制、共同体矛盾协调机制、导师变更制度和监督制度是有效维护导生利益，及时化解共同体内部可能出现的各种矛盾，推动学术共同体健康规范发展的制度举措。基础设施是影响学术共同体发展的又一因素，良好的学术环境和基础设施建设可以拓宽学术共同体的发展上限，推动共同体内成员的发展。学术共同体定期的活动安排对空间和场地提出一定要求，因此高校应该为马克思主义学科配备足够的固定教室、流动教室和研讨室，同时建

❶ 张雷声，顾钰民，韩喜平，等.新时代马克思主义理论学科建设（笔谈）[J].理论与改革，2019,227(3):1–17.

❷ 杨扬，王冬梅.导师与研究生学术共同体构建路径探析[J].长沙大学学报,2022,36(5):99–102，112.

立配套的预约制度，避免师生在场地和空间问题上花费较多的时间精力。属于师生学术共同体的固定教师可以消除学生对陌生环境的影响，更加放松投入学术讨论中，而且有利于提高成员对共同体的情感和认同，客观上推动共同体的团结。同时高校应配备与马克思主义各二级学科对应的图书资料室，马克思主义学科的专业性较强，马克思主义中国化研究学科作为其二级学科之一，以马克思主义理论为基础，以马克思中国化的过程和中国化的马克思主义理论成果为研究对象，因此与马克思主义中国化研究学科相配套的图书资料室为师生学术共同体的构建提供良好的客观基础，有利于学生阅读经典，扎深理论基础。同时还可以加强马克思主义学院的数字化资源平台建设，引进马克思主义理论资源库，让学生在丰富的图书资源和影像资料中加深对马克思主义中国化的过程和成果的理解。马克思主义的理论创新不仅为推动马克思主义学科发展也需要为我国实践提供理论指导，师生必须立足实践，脚踏实地提出切实可行的建议措施，因此高校可以为学生创造更多的实践平台和更多的实践机会，让师生在实践调查、理论宣讲的实践过程中加深对理论的理解，提高理论创新的实践性，同时也可以推动师生学术共同体的凝聚力。此外，中国尊师重道的传统、导师与学生交流的频率、导师的性格特点等也是师生学术共同体构建的重要影响因素。

二、培养学术共同体意识

1. 马克思主义中国化研究学科研究生培养方式

（1）树立学习意识，学会主动学习

属于高等教育体系的研究生教育旨在培养全面发展、在本门学科内掌握坚实系统的专门知识、能够满足学科科研和教学要求的专门人才。研究生的培养目标对学生的自主学习能力提出了更高的要求。学生在攻读研究生学位时只有树立自主学习的意识，在课程之外，积极主动吸收本学科的专业知识，不断探索未知陌生领域，提高自己的学科素养和创新能力才能满足国家和社会提出的发展要求。研究生教育阶段与本科时期有所不同，学生拥有更多可以掌握的自主时间，因此必须学会主动学习，首先要树立主动学习的意识、培养良好的学习态度。建构主义学习理论认识到学习不是学生简单被动接受信息的过程，而是学生自己建构的过程。学习者根据自己独特的生活经验和背景对外部信息进行加工处理，形成自己的理解。马克思主义中国化研究学科属于马克思主义理论的一级学科，而马克思主义理论可以归属于文科范围内，对于文科生来说自主学习意识是格外重要的。对于前人研究而形成固定解释的知识，只有学生主动地联系自己的经验背景进行理解才可以真正被掌握，才可以进一步将知识外化运用到自己的研究中。

将自主学习的意识转化为行动，马克思主义中国化研究学科是将马克思主义中国化的过程及中国化的马克思主义理论作为研究的重点，因此，系统掌握马克思主义的基本原理是重中之重。马克思主义经典作家将自己的理论汇集成专著，因此想要系统掌握马克思主义基本原理就必须系统地阅读马克思主义理论专著，这是马克思主义中国化研究学科的学生自主学习的关键一环。马克思主义学院安排的课程由于时间条件的限制，往往只能覆盖《资本论》《德意志意识形态》等少数书籍，且只能就文章的某几个段落展开讨论进行重点解读，因此作为马克思主义中国化研究学科的学生必须学会自己主动阅读专业相关书籍，在书籍中经历"提出疑问—寻找答案—理解新知"的动态过程，逐渐提高自己的理论素养，正如习近平总书记指出："学习理论最有效的办法是读原著、学原文、悟原理。"❶ 在读原著的过程中要做到"学"与"悟"，意味着对学生阅读方式的要求也更加严格，学生应该努力做到精读文章，一字一句去理解马克思主义经典作家的写作意图，同时可以利用互联网的途径下载查看领域内专家的解读来加深自己的理解。马克思主义的经典著作数量繁多，且马克思本人以手稿形式保存下来的书籍对学生特别是没有相关学习经验的学生来说阅读起来较为困难，因此要想系统掌握马克思主义基本理论，就必须保持耐心，将阅读名著作为一个长期的常态化的学习过程，正如习近平总书记所说："把读马克思主义经典、悟马克思主义原理当作一种生活习惯、当作一种精神追求。"❷

（2）学会在导师的指导中学习吸收知识

导师是研究生培养过程的第一责任人，导师的指导是学生成长不可或缺的途径之一，研究生在与导师沟通交流中解答疑惑获取知识，在导师的指导下培养论文写作的技巧和能力，逐渐完成从学生到研究者的蜕变。因此学生必须正确看待和处理师生关系，为师生沟通创造良好的情感基础。作为导生关系中不可或缺的一方，学生对导生关系的理解至关重要。当前学生对导生关系的理解存在两种错误倾向，一方面由于受到市场经济思潮的影响，学生为了获得更好的就业机会缴纳学费，攻读研究生学位，因此部分研究生会将导生关系异化为供求关系，以消

---

❶ 习近平. 辩证唯物主义是中国共产党人的世界观和方法论 [J]. 求是，2019（1）：4–8.
❷ 习近平. 在纪念马克思诞辰 200 周年大会上讲话 [N]. 人民日报，2018–05–05（2）.

费者的心态来处理导生关系，认为导师只是知识的供应者，而自己则是缴纳学费来获取知识和学位的消费者，对导师缺乏一定的尊重，对导师提出的要求、制订的培养计划执行力较差，抗拒与导师交流，消极地对待导生关系。另一方面，尊师重道是我国的优良传统，正所谓"古之圣人，未有不尊师者也""为学莫重于尊师"，但是在研究生教育阶段，导师与学生在很大程度上是一对一的关系，导师不再只限于讲台之上，还会出现在研究生的日常生活中。部分学生仍然将导师放在遥不可及的威严位置上，难以适应与导师频率较高的交流，在学习和生活中出现问题需要和导师交流时产生害怕和恐惧的情绪，担心在导师面前暴露自己的缺点，引起导师反感等，因此这部分学生很少主动与导师交流，导生之间之出现导师单方面联系学生的现象。这两种错误倾向都不利于导生关系的健康发展，阻碍学生与老师交流，因此学生要想获得导师的指导，必须改正自己的错误思想，正确看待导生关系，在尊重导师的基础和前提之上，敞开心扉，遇到诸如原理理解困难等学习和生活方面的困难，及时主动找导师沟通寻求帮助，与导师建立真诚的导生关系。

（3）注重课堂的重要作用

马克思主义学院根据学生的培养要求开设了马克思主义经典著作导读、马克思主义中国化经典著作导读等诸多专业课，旨在通过课堂提高学生的学科素养。包括马克思主义中国化研究学科在内的马克思主义理论一级学科在 2005 年开设以来不断发展，学院的教师队伍也在学科发展的过程中不断扩充，集结了越来越多的优秀人才，在优秀的学科带头人和青年教授的组织下开展的马克思主义理论的专业课质量越来越好，作为马克思主义理论学子应该抓好、抓牢学院提供的把手，利用课堂学习教师们对马克思主义经典著作的独特理解，学习教师展开观察、分析、研究事物的视角和方法，同时也可以将自己在阅读原著中的疑问与老师和同学交流，老师丰富的知识储备可以给予学生专业的解答，有助于更好理解知识，同时课堂上其他参与的同学由于不同的学科背景、人生经历和价值观也可以帮助提出疑问的学生走出误区，加深对知识的理解。此外，与教师和学生的友好交流不应该被限制在课堂上，在课堂之外学生也可以与同学就某个原理、某句话展开讨论，畅所欲言。

2. 马克思主义中国化研究学科导师培养方式

（1）提高导师的学术能力

导师承担着知识传播者和学术研究者的双重角色，此处的学术仅仅在狭义上指导师在学科方面的学术造诣。"高等教育的主要商品是知识",无论是作为传播者还是研究者,学术能力都是大学老师必须具备的核心因素。导师只有在具备丰富的知识储备之后,才能充分思考学生在学习过程中想要得到什么,可能会出现什么问题等,同时才具备回答学生之问,指导学生科研的能力。 马克思主义理论是马克思主义中国化研究学科的师生必须掌握的基础性知识,但是学生在理解原理的过程中或多或少会出现疑问,因此对导师自身的学科素养提出了要求,要求导师不仅可以自己理解还应该能够将原理清晰明了的解释给学生。同时导师队伍也是马克思主义理论学科研究人员的队伍,当前我国的马克思主义理论学科受到极大重视,中共中央提出要"巩固马克思主义理论一级学科基础地位""发展中国特色社会主义政治经济学,丰富发展马克思主义哲学、政治经济学、科学社会主义"❶。马克思主义中国化作为下属的二级学科在马克思主义理论学科中处于极其重要的位置,且当前我国顺利实现了第一个百年目标,迈入了以中国式现代化推进中华民族伟大复兴的新阶段,在学科要求和实践要求上都需要马克思主义理论的教师队伍加强理论创新,推动学科发展,为实践提供更多符合要求的理论指导,因此提高导师的学术能力至关重要。

（2）提高导师的教学能力,努力打造精品课程

课堂是学生提高学术素养的基础平台,教师对课程的安排和管理会直接影响学生的学习态度和学习习惯,因此导师必须提高自己的教学能力,努力开设质量上乘的课程。美国教育学家厄内斯特·博耶将大学老师的学术研究划分为探究的、整合的、应用的、教的学术研究,在重新定义学术的概念时将"教的能力"也包含到其中,体现了大学老师教学能力的重要性。导师的教学能力是需要经过锻炼和实践的,在学科方面的素养是导师教学的基础要求,真正把知识清晰有效传递给学生的教学能力需要一步步积累。对理论的掌握是马克思主义学科学习和研究的基础,作为马克思主义理论学科的学生如果理论基础不牢固,很难进行有效的学术产出,因此涉及马克思主义相关理论的课程质量至关重要。但是目前部分高校的马克思主义理论课程存在着影响教学质量的问题,课程设置的时长较少,大部分课程处于16节到40节范围之内,由于时间较少且马克思主义理论著作数量繁多,难以覆盖全部。且教师在授课的过程中呈现两种极端化的现象,一部分教师沉迷于自己一味输出,学生发言的机会较少,课堂气氛不活跃,学习效果不佳;

❶　新华社.中共中央印发《关于加快构建中国特色哲学社会科学的意见》[Z/OL].中国共产党新闻网,（2017-05-16）[2020-05-07]. http://cpc.people.com.cn/n1/2017/0516/c64387-29279466.html.

另一部分教师全程或者在大部分的时间里安排同学进行小组或者个人的展示，让学生自己来讲，在这个过程中教师参与的部分过少。这两种授课方式都会影响到授课质量，容易使课堂呈现消极的氛围。这种消极的教学氛围可能会引发学生失望的情绪，不仅阻碍学生的学习，还会影响学生对学科的情怀。因此教师必须尽可能地打造优质的课程，在课堂上坚持以学生为主体的同时，加强老师对课堂的主导，引导学生就某个理论或者某句话展开讨论和交流，鼓励学生大胆发言，创造友好活泼的课堂氛围。老师与学生之间的交流不仅可以提高学生对理论的理解，同时还可以加深教师与学生之间的联系，为教师提供更多的观点和信息，实现教学相长，正如博耶所提到的："为了确保学术之火不断燃烧，学术就必须持续不断地交流，不仅要在学者的同辈之间进行交流，而且要与教室里的未来学者进行交流。"❶ 同时面对课程时间的限制，老师在授课的过程中除了帮助学生更好理解理论之外，还应该注重方法的传授，即教会学生原著应该怎么读、原理应该怎么悟，引导学生形成良好的阅读习惯。马克思主义理论的学习虽然不可避免晦涩，但是作为教师应该努力提高课程特别是著作导读类课程的趣味性，结合现代技术改进课堂质量，力求用更加易于理解、更加生动的语言来解释原理，提高课堂对学生的吸引力，让学生在学习的过程中逐渐找到乐趣。

（3）培养导师之间的合作意识

微观层次的学术共同体即以一个或几个导师与其学生共同组成的学术共同体，彼此之间不应该处于隔绝状态，作为其中关键因素的导师之间也不应该出现合作意识淡薄、缺乏合作实践的僵局。导师之间的合作和交流可以擦出更多创新的火花，创造出更多的学术成果，最终实现双赢甚至多赢。因此必须首先提高教师的合作意识和合作意愿，只有在教师愿意改变自己孤立的状态，提高合作意识，产生与其他教师合作的意愿时，老师之间的合作实践才会产生。教师之间的合作实践不仅局限于学术方面，在教学方面也同样可以发挥重要作用。为了提高自己所授课程的质量，教师可以组成教学团队，通过互相观摩课程，以旁观者的视角提出改进课程的意见，在一次又一次的改进中逐渐塑造优秀的专业课程。导师之间的合作不仅可以发生在马克思主义中国化研究学科，还可以与马克思主义基本原理、马克思主义发展史、中国近现代史基本问题研究等其他六个二级学科的教师展开合作，与其他哲学社会科学学科和理科的教师展开合作和交流，"提升马克思主义理论学科在解决经济社会发展重大问题中能力和水平，提升马克思主义

❶ 欧内斯特·L.博耶.关于美国教育改革的演讲[M].北京：教育科学出版社，2002：88.

学科及其体系建设中的理论自觉、理论自信和理论自强"。❶

（4）正确看待和处理导生关系

导生关系贯穿着研究生教育，是研究生人际关系中最重要的一环，教育部印发的《研究生导师指导行为准则》《关于全面落实研究生导师立德树人职责的意见》等多个文件也体现了导生关系对研究生培养的重要作用。作为导生关系中另外一个关键要素的"导师"也必须正确看待和处理导生关系，努力推动"导师—研究生"和谐关系的构建。当前部分导师在对待导生关系时也存在一些错误倾向，导师将培养学生和传授知识仅当作自己谋生的手段，对导师身份的理解只停留在"一份工作"上，甚至有的导师把导生关系片面等同于领导和员工的关系，利用导师身份一味要求学生"帮忙"。同时由于研究生教育近年来普遍呈现扩招的趋势，导师所带的学生从一个发展成两个，甚至多个，在这种情况下部分导师难以做到公平对待每位学生，对其中能力较为出众的同学关注较多，而对其他学生采取放养的态度，最终导致导生关系僵化。

导师正确看待导生关系，首先必须明确导师爱护学生的具体责任。导师"爱"生体现在两个方面，一方面导师必须关注学生学术素养的提高、学术产出的情况，另一方面导生关系也会扩展到生活领域，"我国研究生教育中导师与研究生双方的教育是生活、学习、学术、道德、品格等全方位的交流与关怀"。❷因此导师爱学生也必须重视学生的人格塑造，关心学生的日常生活，做好准备为学生提供必要的情感支持。同时导师正确看待导生关系，需要转换自身思想，做好准备成为一个学习者。在高等教育阶段，导师不再像传统教师一样只作为知识的传授者，正如柏林大学的创始者威廉·洪堡所说："在高层次，教师不是为学生而存在，教师和学生都有理由共同探求知识。"❸"把新知识的创造和旧思想的改造作为高等教育的任务，这个任务在教师和学生共同的肩上，大家都是探索者，教师和学生完全是科研的伙伴关系。"因此导生之间既是传授与被传授的关系也是合作的关系，特别是马克思主义理论学科的研究生教育近年来吸收了较多的跨学科的同学，不同的专业背景为马克思主义理论创新提供更多的可能性，且目前马学科的研究生以年轻人为主，年轻人作为活跃在互联网上的群体，对各种学习平台的掌

❶ 顾海良.马克思主义理论学科的学科特征与学理依循[J].大学与学科,2020,1(1):86-95.
❷ 施鹏,张宇.论研究生教育中和谐师生关系及其构建路径[J].学位与研究生教育,2015(5):37-41.
❸ 伯顿·克拉克.探究的场所——现代大学的科研和研究生教育[M].杭州:浙江教育出版社,2001：19.

握更胜一筹，对互联网中的热点的抓取较为准确，有利于师生学术共同体捕捉热点，进行符合时代和人民要求的理论研究和创新。同时正确看待导生关系，也要求导师明确师生对话的重要性。"一个人的发展取决于他直接和间接进行交往的其他一切人的发展。"❶师生之间的有效对话可以拉近师生之间的距离，帮助学生走出误区。苏格拉底提出的"精神助产术"就是通过发问与回答的方式，驳倒错误认知，逐渐接近正确答案，以对话来启发学生，激发学生的潜能。

导师在正确看待导生关系的基础上还必须将思想转化成行动，在与学生的相处中做到正确构建和处理导生关系。首先就导师自己而言，应该做到严格要求自身，努力提高自身的思想道德水平，规范行使导师权力。导师在指导学生的过程中，自身的性格特点、处事风格等都会影响到自己与学生之间的交流，影响到学生的成长，因此导师应该树立正确的学术态度，将认真、严谨、积极、耐心等优良品质在言传身教的过程中传递给学生，为学生树立正确的榜样，更要在制度和道德规范允许的范围内行使导师权力，助力学生健康成长。其次导师应该构建导生之间恰当的情感距离，一方面导师应该合理利用社交工具来拉近师生之间的情感距离。"人际关系理论认为，人们的交往频率与相互间的密切关系呈正相关，双方频繁的交往互动有利于形成共同话题和共同感受。"❷当前微信等社交工具突破了距离、时间的限制，逐渐成为师生之间沟通的主要渠道，因此导师可以利用微信平台来提高与学生交往沟通的频率。但是网络平台上互相发送的文字与平常所接触的对话区别较大，看似不带有感情色彩的文字可以被导师和学生理解成不同的意义，例如不同年龄段对互联网平台上小黄脸表情的理解天差地别，在年轻人中僵硬的微笑、挥手再见的表情普遍被解读为"阴阳怪气"等负面信息，但是在部分老师的理解中微笑和挥手都是表示友好的情绪，因此导师与学生之间存在的理解差会成为阻碍师生沟通的一大障碍。导生之间在学术造诣、权力地位等许多方面天然存在着格差，再加上受到传统师道的影响，导师在双方关系中更容易影响学生。在权力势差和沟通上的乌龙的影响下，学生很容易把导师的话解读出负面信息，从而产生悲伤懊恼的情绪，久而久之就变得抗拒与导师交流，因此导师需要努力打通与学生之间沟通的壁垒，拉近师生间的距离。另一方面导生之间的关系也不应该过分亲密，避免出现亲子关系、保姆关系等其他不利于导生健康

---

❶ 马克思，恩格斯. 马克思恩格斯全集（第3卷）［M］. 北京：人民出版社，1979：515.
❷ 郑文力. 知识创新中的导师与研究生学术共同体运作范式探究——基于自组织视角 [J]. 当代教育论坛,2018(2):64-69.

发展的模式。导师在与学生相处的过程中应该谨记自己的特殊身份，不与学生过分频繁沟通，在平等适度的原则指导下构建健康和谐的导生关系。最后导师在构建导生关系中应该平等公正地对待每位学生。每位学生的生长环境、家庭背景、社会经历都不同，因此形成了不同的人生观和价值观，研究兴趣自然也有所不同，导师应该在尊重学生个体差异的基础上因材施教，结合自己的专长为学生提供尽可能的帮助。

3. 师生学术共同体意识培养

"师生学术共同体就是以导师为核心，以其所指导的博士研究生和硕士研究生为主要成员，所形成的具有比较稳定的问题领域和相对一致的价值取向的教学和研究团队。"❶ 在培养马克思主义中国化研究学科师生学术共同体意识的过程中，必须培养师生共同的价值理念、道德规范、学术兴趣，增强导生双方的信心，构建师生学术共同体的良好氛围，在思想上为构建学术共同体做好准备。

（1）培养共同的价值信念

马克思主义中国化研究学科的师生学术共同体中，师生是在马克思主义理论的基础上对马克思主义中国化的理论和过程进行研究的，因此师生培养和保持对马克思主义的信心是师生共同体的价值信念中必不可少的一环。马克思和恩格斯创立了马克思主义，第一次科学地揭开了资本主义制度下工人被剥削的本质，论证了资本主义被社会主义所代替的历史必然性，使工人阶级认识到自己的革命力量，为工人阶级的革命提供了科学的世界观和方法论。马克思主义理论体系是科学性和价值性的统一，体现了其"为全人类的解放而奋斗终身"的崇高的价值道义。马克思主义传入中国后，中国共产党人在革命、建设和改革的实践中逐渐把马克思主义与中国具体实际和中华优秀传统文化相结合，创造了包括毛泽东思想、中国特色社会主义理论体系、习近平新时代中国特色社会主义思想在内的马克思主义中国化的理论宝库，实现了我国从站起来到富起来再走向强起来的伟大跨越，充分证明了马克思主义和中国化的马克思主义理论的科学性。马克思主义中国化研究学科的学生是马克思主义理论的学习者和研究者，将来也会成为马克思主义的重要传播者，因此保持对马克思主义的信仰是首要坚持的。且当前我国在创造伟大的成就的同时也面临着不少挑战，只有坚持对马克思主义的信仰才能避免"历史虚无主义"等错误思潮的渗透，在学术和工作中坚持正确的政治方向。

---

❶ 江涛，杨兆山.构建师生学术共同体的实践探索——以东北师范大学的文科研究生培养为例 [J].黑龙江高教研究,2014(7):99-101.

马克思主义中国化研究学科的师生学术共同体所构建的是"学术"的共同体，因此在塑造全体成员共同的价值追求时也应该包括塑造共同体的成员对学术的重视，坚持科研至上。马克思主义理论学科的理论性较强，学生可能在学习理论知识、进行理论研究和创新的较长一段时间内会面临学习和科研缺乏趣味性、没有学术产出等问题，影响学术研究。同时受到市场经济理论影响的部分师生仅仅将论文的写作和发表作为自己评职称和找到好工作的手段之一，这种错误思潮也会影响师生学术共同体的构建。只有教师和学生都树立科研至上的理念，把学术作为自己的事业，才能树立良好的心态，才能为学术研究投入更多的时间和精力，才能自觉构建和维护师生学术共同体。

（2）培养共同的学术兴趣

学术共同体创建的基础之一就是共同或者相似的研究领域和内容。"学术研究方向的统一是学术共同体建立的基础"，❶ 在共同体成员确立共同的学术研究领域的基础上，学术共同体整合资源，汇集各方观点的优势才能充分显现出来。导师与学生研究方向的一致可以充分发挥"濡染观摩之效"，帮助学生解决理论的理解与运用等方面的问题，不断提高学生产出的能力和水平。共同的学术兴趣也会促进导师与学生之间的交流，拉近导生之间的距离，推动学术共同体的和谐构建。学生的学科背景和研究兴趣决定部分同学想选择的研究方向与导师不完全一致的情况，但是马克思主义中国化研究学科作为马克思主义理论的二级学科，与其他六个二级学科之间联系密切，马克思主义基本原理学科为马克思主义中国化研究提供理论基础，国外马克思主义研究为我国马克思主义理论研究提供宝贵经验，因此处于马克思主义中国化研究学科师生学术共同体的学生应该结合自己的兴趣能力和导师的研究方向，在与导师充分交流的基础上确立自身的学术兴趣。

（3）培养共同的共同体规范

导师与学生组建的学术共同体将学术和科研作为主要的目标，同时作为学生的第一责任人，导师有责任对学生的日常生活以及在以师门为主要阵地的学术共同体组织的活动中的表现进行一定的约束和指导。导师与学生共同认可的共同体准则既可以规范导师的行为，也可以提高共同体成员的组织性和纪律性，推动共同体的健康发展，因此培养学术共同体成员认可的共同体规范是培养学术共同体意识的关键一步。潘懋元先生的"家庭学术沙龙"是师生学术共同体的成功案例，"在长期的沙龙实践之中，潘先生不断发展出一套学术原则，并将其很好地运用

❶ 廖昱潇.导师与研究生学术共同体建设研究[D].南昌：南昌大学,2019.

在沙龙之中形成了一定的'沙龙规矩'。"❶ 学术共同体的规范应该包括学术规范和行为规范两个方面，学术是师生共同体构建的最初意义，且硕士研究生作为初步踏入研究领域的新人，博士研究生作为未来马克思主义中国化研究学科的主体，导师指导学生树立正确的学术规范至关重要。首先必须要求学生树立正确的学术观，避免在功利主义的影响下做出抄袭嫁接的不当行为，正如唐纳德·肯尼迪强调"就为学术生涯做准备而言，没有什么事情比高尚的学术行为更为重要的了"。❷ 其次导师可以根据教育部社会科学委员会发布的《高等学校哲学社会科学研究学术规范（试行）》对学生的学术引文规范、学术成果规范、学术评价规范等方面进行指导，确保学生的论文产出从选题到引用都是符合规范的，为一篇质量上乘的论文、为马克思主义中国化研究学科的人才队伍建设奠定基础。

导师与研究生学术共同体的规范还应该包括对学生的日常生活、课程和学术共同体组织的活动的规范，即行为规范。导师可以在尊重学生的个体差异、考虑学生的学习习惯等方面，以友好协商的方式与学生共同制定共同体的行为规范。首先，必须制定学生的学习规范，明确学生必须上课认真，适当指引学生制订每周或每个月自主阅读的计划等，以此来保证学生在课堂和自主学习过程中的质量和效率。在制定基本的学习规范后，导师可以通过定期询问学生最近的阅读情况、阅读感受、上课感悟等方面的问题来了解学生的学习状态和学习习惯，及时发现学生的问题，给予适时的干预和指导，为研究生学术研究奠定良好的理论基础。其次，导师与学生构建的共同体中会定期举行学术沙龙、读书分享会等学术活动，因此为了确保学生在活动中的参与程度，导师也应该在充分吸收学生意见的基础上制定相应的活动规范。学生在长期接受以教师为中心的填鸭式传统教学后，可能会出现抗拒在活动中发表观点、分享经验的现象，因此导师可以制定一些活动要求来克服学生的抗拒心理，例如要求每位学生在讨论会上都必须进行一次发言等。此外，研究生的日常生活也是影响共同体建设的重要因素，因此导师可以制定适当的生活纪律要求来规范研究生的在校生活，例如要求研究生进行适当的体育锻炼等。导师对研究生生活的关切可以拉近师生之间的距离，使导师可以及时发现研究生生活中的问题和困难，提供一定的情感或者物质帮助，维护学生的身心健康，为学术研究提供一个健康的体魄。

---

❶ 肖海涛. 试论师生学术共同体的构建——以潘懋元先生的家庭学术沙龙为例 [J]. 江苏高教，2007(5):22-25.

❷ 唐纳德·肯尼迪. 学术责任 [M]. 阎凤桥，等，译. 北京：新华出版社，2002：6.

（4）构建学术共同体的良好氛围

库尔特·考夫卡等社会学家提出了场域理论，即人的每一个行动均被行动所发生的场域所影响，场域不仅仅等同于物理环境，还包括了处于相同环境下的其他人的行为等因素。因此构建学术共同体的良好氛围也会对学术共同体的导师和学生的行为产生影响，并且这种影响具有一定的持续性，会影响一届又一届加入到学术共同体的新成员。学术共同体的良好氛围应该包括对内和对外两方面，对内营造轻松、自由、民主的氛围；对外则坚持开放，与其他师生学术共同体建立联系和沟通。师生学术共同体中最主要的关系就是以导师为主导、以学生为主体的导生关系，因此导师应该充分发挥自己的主导作用推动学术共同体内部良好氛围的建立。潘懋元先生的家庭学术沙龙能够成为师生学术共同体的典范，家庭般温馨的环境氛围是必不可少的，在轻松的聊天中体会真理、感悟人生，"生活中，潘先生从来不会板起面孔训人。更不会板起面孔对学生说'要学会做人'"。❶ 学术共同体中的师生应该努力优化共同体的内部氛围，导师坚持以学生为本，尊重学生的学习自由，鼓励学生探讨问题，提出质疑，尊重学生的人格独立，展开平等对话，以发展的眼光来看待学生，以恰当的方式和措辞对学生提出意见，努力营造学术共同体的良好内部环境，提高学术共同体内成员的归属感。学生也在尊重导师的基础上与导师展开平等对话，与导师共同维护师生共同体的良好氛围。学术共同体对外应该塑造开放的学术氛围，古希腊柏拉图在雅典附近所创办的"学园"，是欧洲历史上第一所固定的学校，也可以被看作是早期的师生学术共同体。学园以柏拉图等权威人物为中心，师生自由讨论，共同探究学术，但是学园的封闭性和排他性难以推动学术的持续性发展。当前"知识分子越来越专业化，他们缺乏对自身知识体系的反思能力，仅仅适合做一些对已有知识体系的添补性工作，完全丧失了创新的能力"。❷ 因此塑造学术共同体的良好氛围也应该包括营造开放的对外态度，加强与马克思主义理论其他二级学科、政治经济学等其他相关学科的的学术共同体的交流，一方面马克思主义中国化研究学科应该加强与其他马克思主义理论二级学科友好交流，推动马克思主义理论学科"领航"式的发展，同时马克思中国化研究学科也可以谋求与其他学科学术共同体的交流与合作，打破学科之间的壁垒，推动理论创新，同时与其他学科的交流和合作也可以验证学术共同体提出的理论创新的科学性和可行性，进一步提高马克思主义中国

---

❶ 肖海涛. 试论师生学术共同体的构建——以潘懋元先生的家庭学术沙龙为例 [J]. 江苏高教，2007(5):22−25.

❷ 许纪霖. 知识分子十论 [M]. 上海：复旦大学出版社，2003：22.

化研究学科的理论创新能力，为中国特色社会主义实践提供行动指南。

三、正确处理学术共同体中的各种关系

1. 建立减少出现学术共同体内冲突的体制机制

以师生关系为主要关系的师生学术共同体可能由于导师与学生在学术追求、价值观念等方面的差异产生各种矛盾，矛盾的发生和激化都会影响到学术共同体的发展，因此学校和学院需要建立有效的避免学术共同体冲突的预防机制。

首先，学校和学院建立合理导师引入机制和评估导师育人能力的量化机制。当前马克思主义理论学科进入快速发展时期，急需更多的人才队伍，但是2005年马克思主义理论学科开始作为一级学科招收硕士生，距今仅仅只有十几年的时间，无法满足学科对人才的需要，且高校开设马克思主义理论类本科专业的学校较少，因此各高校的马克思主义理论普遍呈现扩招趋势，导师指导的学生从一个到多个。在学科发展的推动下，近年来马克思主义理论专业招收了相当大比例的跨专业学生，包括教育学、小语种、管理学等。本科教育阶段是培养学生的基础知识和学科素养的关键时期，因此在研究生教育阶段跨专业学生的马克思主义理论基础知识掌握、学科素养提高、写作能力培养等对导师的自身实力和育人能力提出了更高的要求。针对当前情况，高校需要建立合理的马克思主义中国化研究学科导师引入和遴选机制，虽然马克思主义理论学科作为一级学科的时间较短，具有马克思主义理论教育背景的导师数量较少，但高校应该建立合理的导师引入机制，对导师的马克思主义理论素养、学术能力、道德品质等方面严格要求。同时导师既需要传授知识也需要承担育人的职责，高校在引入后，应该设立动态考察阶段，在这个阶段中通过让教师承担短期导师等实践项目，参照教师的指导形式、指导时间、指导成果等参数评估导师的育人能力，确保学科的每一个导师都具备合格的能力指导学生的成长。为了保持合理的"师生比"，高校有责任建立评估导师育人能力的量化机制，确保导师所指导的学生数量与导师的时间和精力相匹配。高校可以通过对导师的学术产出、指导能力、行政工作、自身意愿等方面进行评估，再结合学院的计划招生名额量化导师可以指导的学生数量。导师招收学生的量化机制既可以为学生的良好发展提供保障，进而推动马克思主义理论学科的领航发展，确保导师可以平衡好科研、行政和生活领域，为良好的导生关系打好基础，推动师生学术共同体的和谐发展。

其次，高校需要变革当前的导师选择制度，构建合理可行的导生双选制度。当前高校在确定研究生导师时采取导师和研究生双向选择的制度，即导师可以选择自己满意的学生，学生也可以选择自己心仪的导师，只有导生互选之后才会确认指导关系。但是在执行双选制度的过程中存在一些需要改进的地方，一方面当前导生互选的时间较为仓促，导生之间的接触和相互了解较少，部分高校在研究生入学前就必须完成导师选择的工作，有的则必须在开学第一周或者第二周就进行导生互选，在这个过程中师生可能只在短时间内接触过一次，容易在日后学术共同体的活动中出现学生学术兴趣不高、导生性格差异较大等问题，为共同体的构建埋下隐患。另一方面在选择导师的过程中学生了解导师相关信息的渠道较少，高校的官方网站是主要渠道之一，但是官网导师介绍中一般只包括姓名、性别、籍贯等基础信息和行政职务、研究方向、学术成果等信息，缺乏对导师近期研究课题、处事风格等重要信息的描述，时效性和针对性较差，导致学生在选择的过程中只能根据导师发表的学术成果多少、职务高低来选择导师，成为造成师生关系恶化的重要原因。因此高校应该构建更加合理的导生互选机制，一方面保证导师的信息更加全面具体，介绍导师的研究方向和近期的科研项目，帮助学生更加了解导师的相关信息，在结合自己兴趣专长的基础上做出自己的选择；另一方面可以适当延长导生互选的时间，在导生初步互选成功之后设立允许更换的适应期，在适应期内学生可以参加学术共同体组织的学术沙龙、读书分享等相关活动，在亲身了解和感受共同体氛围后做出最终决定。同时在师生互选之前或者初步达成互选后，导师有责任对学生进行深入的谈话，就专业基础、学术追求、人生规划等问题对学生进行较为全面的了解，导师也应该对课题组的情况、对学生的要求和期望、科研补助、培养计划等重要信息进行更加直白和深入的阐述，最大程度上实现导生在学术、性格方面的一致，为和谐的导生关系和师门环境奠定基础。

最后，要适当加强马克思主义理论学科学生的奖助学金的力度，激发学生学习和科研的热情，在客观条件上推动研究生参与科研活动。马克思主义理论学科研究的学术性较强，产出学术成果的周期较长，学生容易会出现兼职、实习补贴生活费的现象，因此应该将学生的奖助基金提高到与其他学科一致，减少学生的后顾之忧。

2. 正确处理学术共同体中的利益关系

利益关系指的是不同利益主体的利益之间的社会联系，包括利益主体之间横纵两个方向上的利益联系。横向上的利益关系是指同一层次上的利益主体之间的利益，纵向上的利益关系是指不同层次的利益主体之间的利益联系。师生学术共同体的利益关系主要发生在老师与学生之间、学生与学生之间。利益具有主体不同性，但是实现利益的途径却是社会性的，需要全体共同体成员的努力，因此学术共同体中的利益关系必然存在。导师的职称评定、学生的毕业要求都与论文挂钩，导师和学生都追求论文的数量和质量，同时受到拜金主义思潮的影响，导生双方都更容易出现以自我为中心、看重自身利益的情况出现，因此必须重视学术共同体内部产生的利益关系，建立相应的制度措施维护学术共同体的和谐发展。

研究成果和论文产出的署名权是师生学术共同体中最容易产生利益矛盾的因素之一，必须谨慎处理。首先，导师和高校可以就项目的参与和归属问题建立合理机制，在项目开始前建立机制进行初次分配。在师生学术共同体的活动中某个值得研究的问题在学术讨论中被提出后，导师可以首先通过谈话的方式了解学生的参与意愿，结合学生的研究能力和写作能力公开透明地选择参与到研究中的成员。学生的研究和写作能力是随着实践的深入而不断发展的，因此在进行初次分配的过程中学生的意愿和兴趣应该成为首要的因素，在参与到项目的过程中学生逐渐感受到科研的乐趣，才能有效克服学术中出现的问题和困难。其次，在论文产出后就作者次序等问题，导师可以建立有效的贡献衡量机制。导师可以根据所观察或者体验到的情况对作者进行初步的分配，同时参与到项目中的成员可以就自己的参与时长、撰写内容的采纳程度等方面对自己的贡献值进行评估，之后经由学术共同体的全体成员在结合导师和参与者的双重意见下进行匿名投票等方式进行作者次序的排序。

由学术共同体完成的科研项目和论文产出理应被学术共同体的成员共同享有，但是论文署名位置是有限的，因此高校可以建立学术共同体评价机制，确保导生可以更好更公平地享有学术成果。在对学生和导师的研究成果做出评价时，不仅要关注师生各自学术论文的发表情况和项目完成情况，还应该将学术共同体的组织情况、活动形式、导师参与到学术共同体的时间长短、学生的学术发展情况纳入导师的评价机制中，将学生参与到学术共同体的时间、活动种类、参与程度、同学和导师的学术发展情况纳入学生的评价机制中去，学术共同体的学术成果虽然署名权有限，但是由学术共同体成员共同完成的项目和论文也可以以"学术共同体成果"的形式被其他成员共有，被学院和高校的评价机制认可，因此可以有效避免学术共同体中出现的涉及利益关系的问题。

3. 正确处理学术共同体中的价值关系

价值关系是反映客体满足主体需要的关系，在学术共同体中导师与学生之间由于普遍较大的年龄差距、生活经验等因素可能对相同的客体产生不同的看法和态度，学生与学生之间也会因为兴趣爱好、专业背景等因素对相同的学术观点产生分歧。且当前受到实用主义和市场经济思潮的冲击，一部分学生将找到满意的工作作为读研的最终目的，难以静下心来花较长的时间进行学术研究也是学术共同体中出现价值方面矛盾的原因之一。

为了应对学术共同体中出现的价值关系问题，首先导师应该与学生多沟通，尝试在矛盾发生时解决问题。在师生之间的矛盾初露端倪时，例如学生认为导师安排的马克思主义经典著作分享会的成效不显著不愿意参加时，导师采取的沟通方式至关重要。部分导师在师生矛盾发生时采取"冷处理"、妥协放任或者强制的错误办法。一味地将师生矛盾冷处理不把矛盾在放置中消解，只会加深师生间的隔阂，不利于学术共同体轻松愉快氛围的构建；在师生出现矛盾后迅速妥协，放任学生脱离活动，脱离共同体，没有发挥导师教书育人的职责，不利于学术共同体的团结，瓦解成员的归属感；将师生矛盾粗暴的按导师自己的方式解决，忽视学生的情感和主体性逐渐破环学术共同体平等友好的内部环境，这三种错误方式都是不可取的。在矛盾初现时，导师应该采取沟通的方式，了解学生的真实想法，转化视角站在学生的角度思考问题，同时尝试提出适当的解决方法化解矛盾，努力与学生达成一致，将矛盾化解在摇篮里。当学生在意识到与导师之间存在价值方面的冲突时也可以主动提出与导师进行沟通，尝试向导师沟通自己的想法，维系良好的师生关系。其次高校可以建立矛盾调节机制，即在导师与学生的矛盾进一步恶化，师生双方的对话和沟通无效时，引入学校或者学院的第三人来进行协调。学院可以创建导生关系寻求帮助的微信小程序，在学生入学前进行相应的告知，确保导师和学生知晓渠道的存在。导生之间的矛盾及其容易扩大化成舆论事件，因此学院应该确保对小程序上信息的响应程度，在收到反馈后联系登记方进行核实再次确认是否需要帮助，选择恰当的人选展开调节工作，充分了解导师和学生各自的需求，找出产生分歧的原因，引导导生双方解决矛盾，确保导生间的矛盾不会进一步恶化。高校应该建立合理的导师变更程序，在经过多方努力之后，导生间的价值冲突仍然没有得到有效解决时可以根据双方的意愿开启导师变更程序。目前导师变更程序虽然存在但是启动较为困难，变更导师的程序烦琐、要求严格，同时受到导师间的情感联系等因素的影响，学生寻求新导师较为困难，因此高校应该构建更为合理的导师变更机制，努力消除环境、人际交往等因素的影响，明确导师变更的流程和材料，在学生入学前进行详细的告知。最后高校应该建立与学术共同体结构配套的监督机制，对学术共同体中的活动、项目安排等进行有效监测，在导生的矛盾需要解决时根据监测机制进行相应的追责，维护师生学术共同体的健康发展。

四、师生学术共同体的结构及构建路径

1. 师生学术共同体的形式结构

马克思中国化研究学科的师生学术共同体由宏观、中观、微观的层次构成。首先宏观上的马克思中国化研究学科的师生学术共同体，是指由所有开设马克思中国化研究学科的高校的师生共同组成的学术组织；中观层次是指某个高校内的马克思中国化研究学科的师生组成的学术组织；微观的师生学术共同体则是指高校马克思主义中国化研究学科中的一个或几个老师与他们所指导的学生组成的学术互助组织，一般以"师门"的形式出现。微观的马克思中国化研究学科是构成宏观学术共同体的基础，也是学术共同体意识和制度建设探讨的基础。在构建马克思中国化研究学科的师生学术共同体的过程中为了避免各层级的各共同体出现交流隔阂，阻碍马克思中国化研究学科的发展，推动宏观层面的学术共同体的构建，各高校可以选取代表成立马克思主义中国化研究学科的师生学术共同体中心，学术共同体中心的成员可以在考虑各高校人员的建设意见的基础上制定师生学术共同体学术成果衡量机制，为推动学术共同体的和谐发展创造条件，同时可以制定马克思主义中国化研究学科的推荐阅读书单、师生学术共同体的活动建议和活动规范等相关文件，推动学术共同体的统一建设和健康发展。构建马克思中国化研究学科的师生学术共同体，必须重视宏观、中观、微观三个维度的均衡发展。首先必须重视微观层面的师生学术共同体的建设，木桶效应强调木桶容纳水的极限是由桶壁上最短的木板决定的，只有木桶中所有的木板都足够高，木桶才可以盛满水，因此为了推动学术共同体和马克思中国化研究学科的发展，共同体成员应该充分发挥共同体集合优势资源、取长补短的优势，提高每位成员的学术素养，推动微观层次的学术共同体建设，为学术共同体整体发展提供良好基础。

宏观维度和中观维度的马克思主义中国化研究学科师生学术共同体构建对学科发展和人才培养具有同样重大的意义。各微观学术共同体的主要研究问题有所区别，在构建中观和宏观学术共同体的过程中共同体发挥自己的研究专长，与其他学术共同体进行交流和合作，强强联合，拓宽自己研究问题的深度，同时在与其他共同体交流中检验自身研究方向的科学性，因此构建各高校内部和各高校联合形成的马克思中国化研究学科的师生学术共同体可以进一步推动共同体成员的各自发展，促进学科发展，同时也可以推动马克思主义一级学科下属的其他二级学科的发展。构建马克思主义中国化研究学科的师生学术共同体包括宏观、中观、微观维度的形式结构是推动学科发展、推动师生发展的重要基础。

2. 师生学术共同体的内容结构

（1）"三位一体"的价值取向

在构建师生学术共同体的过程中，明确"学术共同体的构建和活动是为了什么""组织的标准是什么"是首要问题，为此必须先确立师生学生共同体"三位一体"的价值取向，指导学术共同体进一步的发展。

师生学术共同体的构建是为了推动学科发展。2005年国务院学位委员会、教育部发布的《关于调整增设马克思主义理论一级学科及所属二级学科的通知》开启了马克思主义理论学科的建设历史，2015年中共中央办公厅、国务院办公厅印发的《关于进一步加强和改进新形势下高校宣传思想工作的意见》中明确指出："要提升马克思主义理论学科的引领作用，实施马克思主义理论学科领航计划。"2019年，中共中央办公厅、国务院办公厅印发的《关于深化新时代学校思想政治理论课改革创新的若干意见》再次强调"建立和完善马克思主义理论学科体系，实施马克思主义理论学科领航工程"，马克思主义中国化研究学科在马克思主义中处于重要位置，因此在推动马克思主义理论学科"领航"的过程中，马克思主义中国化研究学科应该将"领航发展"的迫切任务作为自己的奋斗目标，树立推动马克思主义中国化研究学科和马克思主义的优质发展的意识，以马克思主义中国化研究学科的师生学术共同体为主要载体，推动马克思主义中国化理论的不断创新。学术共同体中成员是以学术发展为共同的奋斗目标，这也与马克思主义中国化研究学科的发展要求相契合，"学科建设以学术、学理为基础，把提高学术、学理影响力放在首位，是基于学科建设基本规律对马克思主义理论学科的必然要求"。❶因此促进学科发展是师生学术共同体的价值导向之一。

❶ 顾海良. 马克思主义理论学科的学科特征与学理依循 [J]. 大学与学科,2020,1(1):86-95.

"满足社会发展的需要"是学术共同体的构建的重要价值导向，一方面马克思主义理论体系具有实践性，正如马克思所说"哲学家们只是用不同的方式解释世界，而问题在于改造世界"，马克思主义是指导人们认识世界和改造世界的科学的世界观和方法论。另一方面马克思主义理论学科的产生是为了解决现实存在的问题，为了应对在经济发展过程中错误思潮影响下出现马克思主义理论教师队伍不足，群众马克思主义理论信念缺失的问题，马克思主义开始作为一级学科发展，无论是马克思主义理论本身还是马克思主义学科都具有实践性，都必须立足实践进行理论产出。师生学术共同体的价值归宿不可只局限在促进学科发展，还应该满足社会发展的需要。马克思主义中国化研究学科的学术共同体进行学术产出对社会发展的贡献体现在思想和实践两各方面。在思想上的社会责任体现在意识形态工作上，意识形态是关乎国家和政权安全的大事，习近平总书记提出的"两个巩固"即"宣传思想工作就是巩固马克思主义在意识形态领域的指导地位，巩固全党全国人民团结奋斗的共同思想基础"，❶"三个维护"强调意识形态工作"事关党的前途命运，事关国家长治久安，事关民族凝聚力和向心力"。❷ 当前"历史虚无主义"等错误思潮的流行影响我国的意识形态工作，影响马克思主义思想的指导地位，因此作为马克思主义中国化研究学科的学术共同体的学术研究应该关注各种错误思潮产生的不良影响，维护马克思主义的指导地位，坚定人民群众对马克思主义和中国化的马克思主义的信心，维护我国的意识形态安全。思想政治教育工作是维护我国意识形态安全的重要举措，也是马克思主义理论学科的学科定位，教育部发布的《普通高等学校马克思主义学院建设标准》强调马克思主义应该"坚定学生的马克思主义科学信仰""坚定为祖国和人民矢志奋斗的信念"，❸因此学术共同体的活动也应该服务于大学生的思想政治教育工作，提高理论对历史和社会现实的解释力，注重解决学生在思想政治学习过程中产生的问题，维护我国的意识形态安全。在实践中马克思主义中国化研究学科也要树立责任意识，为社会的发展需要提供理论指导，习近平总书记强调："坚持以马克思主义为指导，必须落到研究我国发展和我们党执政面临的重大理论和实践问题上来，落到提出解决问题的正确思路和有效办法上来。"中国特色社会主义进入新时代以来

❶ 习近平.习近平关于全面建成小康社会论述摘编 [M].北京：中央文献出版社，2016：103.
❷ 习近平.习近平关于全面建成小康社会论述摘编 [M].北京：中央文献出版社，2016：103.
❸ 普通高等学校马克思主义学院建设标准 [EB/OL].http://www.moe.gov.cn/srcsite/A13/s7061/201709/t20170926_315339.html.

我们取得了巨大的成就，同样也面临着挑战，当今世界科技的发展孕育着新的变革，新变革推动国际政治、经济格局不断发生变化，同时我国的经济发展进入了新发展阶段，迫切需要实现高质量发展，满足人民群众对美好生活的需要。马克思主义中国化研究学科应该要立足于国家和社会发展提出的问题，发挥马克思主义中国化研究学科学术产出的应用能力，为中国特色社会主义的实践提供更加切实可行的政策建议，丰富马克思主义中国化思想的理论宝库，指导中国特色社会主义现代化事业和中华民族伟大复兴的发展。

满足导生发展的需要也是学术共同体的价值导向之一。一方面在学术共同体的建设中应该尊重学生的科研兴趣。在研究生教育阶段在导师研究方向和学科发展需要的双重推动下，学生的研究兴趣经常不被重视，不利于学生在学术方面的长期发展，因此在学术共同体中对学生科研兴趣的重视是共同体价值导向之一。另一方面学术共同体的活动构建也应该能够满足导师的发展需要，在客观上提高在学术共同体中起主导作用的导师的积极性，提高导师在学术共同体中的获得感也是构建"三位一体"的学术共同体价值归宿的重要内容。

（2）师生学术共同体的具体活动安排

马克思主义中国化研究学科的师生在构建学术共同体时可以通过偏学术性和偏生活性的活动来提高学生的马克思主义素养和理论研究水平，培养导师和学生的学术共同体意识，加强学术共同体的构建和巩固。

导师为研究生制订完整的培养计划：导师可以在与学生交流的基础上结合学生的学术兴趣、自身的研究方向，在致力于实现国家对马克思中国化研究学科的研究生的培养目标的基础上为学生制订完整的培养计划。导师制订的培养计划应该建立在马克思主义中国化研究学科的研究生的培养目标上，例如根据国务院学位委员会和教育部在 2005 年发布的《马克思主义理论一级学科及所属二级学科简介》，马克思主义中国化研究应该培养"具有坚定的马克思主义信仰和社会主义信念，树立建设中国特色社会主义的共同理想""比较系统地掌握马克思主义中国化的发展进程与理论成果""了解本学科的最新动态"的硕士研究生。研究生的培养计划应该包括两个维度，首先是体现综合学科培养的统一要求、导师的期望和学生的意愿的总体培养计划，总体性的计划可以使学生明确自己的奋斗目标，指引自己的学术和生活。其次是具体到不同阶段的培养计划，以更加具体的方式明确学生在每个阶段的学习任务、学习目标，既可以指导学生按照计划完成任务，扎实学生的理论基础，切实提高学生的学术能力，同时阶段性的培养计划也可以帮助导师更好地监测学生在每个阶段的完成情况，及时发现学生在学习和情绪上可能存在的问题，进行有效的指导。

指导学生论文创造的全过程：马克思主义中国化研究学科的学生的学位论文和小论文是反应学科的建设水平、导师的指导能力和学生的发展情况的重要指标，因此导师应该对研究生的论文的产出进行全过程的指导。首先在论文选题阶段，通过研究生的选题汇报评定选题是否具有创新型、研究性，确保学生所选择的题目是符合学科规范，可以进行学术研究的有意义的选题；其次在论文写作的过程中，关心学生的写作进度，及时发现学生在写作中存在的问题，针对学术规范、写作要求、畏难情绪等许多方面给予学生适时的支持；最后在论文修改的过程中针对论文的情况以较为恰当的方式提出修改意见，帮助和引导学生提高论文的质量和水平。

提高学生的学术素养：学术研究能力和论文写作能力是马克思主义学科学生应该具备的基本学术能力。学术研究和论文写作能力的培养需要经过长期的引导和练习，在短暂的课程中难以直接掌握，因此以导师为主导的学术共同体是培养学生的学术研究和论文写作能力的主要平台。导师可以通过发挥示范作用，让学生在耳濡目染中逐渐模仿导师问题发掘的过程和学术研究的主要思路，同时也可以鼓励学生将在共同体活动讨论中提出的问题记录下来，进行论文框架的搭建和内容的实际撰写，在实践中逐渐提高自己的写作能力，导师也可以通过让学生切实参与到课题项目中的方式，在导师的指导下承担一定的论文写作任务，不断提高学生的学术研究能力和论文写作能力。

读书分享会：学术共同体可以定期开展读书分享会，所读的书籍可以包括马克思主义经典著作和马克思主义中国化理论著作两个部分。马克思主义经典著作与学习马克思主义理论是息息相关的，马克思主义理论知识是马克思主义学科的基础，是马克思主义中国化研究学科研究对象的本源，因此对马克思主义理论知识的掌握至关重要，而最初没有经过任何人解读的马克思主义蕴藏在马克思主义经典作家的著作中，正如习近平总书记所说"马克思主义经典著作蕴含和集中体现着马克思主义基本原理，是马克思主义理论的本源和基础"，因此马克思主义学科的学生在构建系统的马克思主义理论基础时必须以原著为依据，在阅读原著、品味原著中加深对马克思主义的理解。在马克思主义中国化的过程中产生的著作是学习弄通中国化的马克思主义理论的最佳途径，因此在学术共同体的读书分享会中马克思主义中国化的理论著作也是重要的学习内容。当前马克思主义理论"本科—硕士—博士"一体化人才培养的体系尚未完全建立，因此在学科发展的要求下吸收了较多的跨专业学生，跨专业学生的马克思理论素养较为薄弱，且马克思主义经典著作的阅读要求较高，学生在阅读的过程中会出现诸多疑问，因此以师生学术共同体为单位的马克思主义著作的分享会在扎实学生的理论基础中发挥着重要作用。导师可以用固定的周期，选择统一的书籍，要求学生在自主阅读后提前准备好自己的问题和原著中不理解的语句，在讨论会上导师和学生一起进行交流以加深对理论的理解。

参加学术会议：学术会议一般是为促进学科发展、加深交流而举办的学术性活动，参会人员一般为各学科各领域内的专家学者，在学术会议上分享自己的研究成果、心得体会等，因此是了解学科最新动态、理解理论的绝佳机会。学术共同体的成员应该珍惜参加学术会议的机会，在聆听与会人员的阐述和与专家学者交流的过程中加深对马克思主义和中国化的马克思主义理论的理解，激发自己进行理论创新的热情，提高自身学术能力。

学术沙龙：马克思主义来源于实践，又应用到实践中去。学会应用马克思主义的立场、观点和方法来分析问题和解决问题是马克思主义学科学生必备的素养。因此学生可以定期开展学术沙龙形式的时事热点讨论会，客观分析社会现象，挖掘现象背后的本质，积极提出解决办法。学术沙龙的形式与读书分享会和讨论会相比更加轻松，沙龙地点的选择也不必局限于教室和研讨间，可以在咖啡厅等容易放松的地方推动学生畅所欲言。在学术沙龙中所谈论的主题也不局限于"政治""经济建设"等较为宏观的话题，学生自己在生活和学习中遇到的问题、别人的经历等都可以作为讨论的主题。学术沙龙一方面让学生以更加轻松愉悦的方式学习马克思主义理论，也可以拉近师生间的距离，促进共同体的和谐稳定。

组织具有马克思主义特色的社会实践项目：习近平总书记指出："当代中国正经历着我国历史上最为广泛而深刻的社会变革，也正在进行着人类历史上最为宏大而独特的实践创新。这种前无古人的伟大实践，必将给理论创造、学术繁荣提供强大动力和广阔空间。"❶ 微观、中观维度的师生学术共同体的导师可以在寒暑假或者节假日适当安排学生参加社会实践项目，深入人民群众的实践中，有利

❶ 中共中央宣传部. 中国共产党宣传工作简史（下册）[M]. 北京：人民出版社，2022：595.

于提高理论创新的实践性，生成有利于指导社会主义实践的理论产出。在参与社会实践的过程中学术共同体可以组成理论宣讲团，在理论和政策宣讲的过程中提高学生对马克思主义和中国化的马克思主义的深入理解，为学术共同体的理论产出奠定良好理论基础。

后记

马克思、恩格斯研究人类社会发展，建构历史唯物主义叙述框架，认为全部人类历史的第一个前提无疑是有生命的个人的存在，但"只有在共同体中，个人才能获得全面发展其才能的手段，也就是说，只有在共同体中才可能有个人自由"。德国社会学家马克斯·韦伯认为，现代学术研究一定要通过团队合作来完成。因为学术已达到了空前专业化的阶段，无论就表面还是本质而言，个人只有通过最彻底的专业化，才有可能具备信心在知识领域取得一些真正完美的成就。在这种背景下，个人的研究无论怎么说，必定是极其不完美的。为了适应现代学术创新需求，深入探讨马克思主义中国化研究学科导师和研究生学术生态现状及趋势，推进良性合作关系构建，特进行此项研究。

全书由田建军设计结构框架和最终统稿，伍燕完成第一章"绪论"，张雪松承担第二章"核心概念和理论基础"，田建军、窦佳敏、高晗完成第三章"导师与研究生学术关系的实证考察"，陈永红、化剑完成第四章"马克思主义中国化研究学科师生学术共同体构建的重要意义"，李思佳承担第五章"马克思主义中国化研究学科师生学术共同体构建的 SWOT 分析"，常越璇承担第六章"马克思主义中国化研究学科师生学术共同体构建路径"。

感谢教育部高校示范马克思主义学院和优秀教学科研团队建设项目"马克思主义中国化研究专业师生学术共同体意识培养研究"（19JDSZK111）、国家社会科学基金一般项目"习近平总书记关于新时代思想政治理论课重要论述的逻辑体系和实践转化研究"（21BKS170）和西安交通大学马克思主义学院出版基金的支持。感谢西安交通大学马克思主义学院韩锐副院长、科研秘书贾士壮老师、研究生院薛周利副院长、医学院研究生辅导员杨亚萍老师、陕西科技大学马克思主义学院阮云志副院长的鼎力相助，感谢中国纺织出版社有限公司郭婷女士的辛勤工作，感谢张圣春女士提供指导。在撰写过程中，我们吸收了学术界研究的最新成果，也参考了同行专家、学者的论著，未能在参考文献中一一列出，谨在此深表谢意。

尽管我们为完成书稿付出极大努力，但由于学识水平、理论视野、分析能力有限，难免有不尽如人意之处，敬请读者和专家批评指正。某些分析可能存在缺陷，敬请专家批评指正。